新编高职高专物流管理专业系列教材

XINBIAN GAOZHI GAOZHUAN WULIU
GUANLI ZHUANYE XILIE JIAOCAI

集装箱与多式联运

JIZHUANGXIANG YU DUOSHI LIANYUN

主　编　王娟娟　屈琦超

重庆大学出版社

内容简介

本书介绍了有关集装箱的相关知识和技能训练,包括集装箱的发展历程、集装箱的标准化、集装箱的种类结构、集装箱的各种运输方式、集装箱的码头、集装箱多式联运及集装箱的运费计算等。本书可供高职院校学生作为教材使用,也可供从事集装箱相关工作的人员参考学习。

图书在版编目(CIP)数据

集装箱与多式联运 / 王娟娟,屈琦超主编. --重庆:
重庆大学出版社,2022.8
新编高职高专物流管理专业系列教材
ISBN 978-7-5689-3403-9

Ⅰ.①集…　Ⅱ.①王…②屈…　Ⅲ.①集装箱运输—
多式联运—高等职业教育—教材　Ⅳ.①U169

中国版本图书馆 CIP 数据核字(2022)第120937号

集装箱与多式联运
主编　王娟娟　屈琦超
策划编辑:顾丽萍

责任编辑:谢　芳　　版式设计:顾丽萍
责任校对:刘志刚　　责任印制:张　策

＊

重庆大学出版社出版发行
出版人:饶帮华
社址:重庆市沙坪坝区大学城西路21号
邮编:401331
电话:(023)88617190　88617185(中小学)
传真:(023)88617186　88617166
网址:http://www.cqup.com.cn
邮箱:fxk@cqup.com.cn(营销中心)
全国新华书店经销
重庆俊蒲印务有限公司印刷

＊

开本:787mm×1092mm　1/16　印张:14.75　字数:343千
2022年8月第1版　2022年8月第1次印刷
印数:1—2 000
ISBN 978-7-5689-3403-9　定价:49.00元

前　言

2016年,《长江经济带发展规划纲要》正式印发,强调以长江黄金水道为依托,加强内河运输和江海联运。2017年,上海港成为全球第一个突破4 000万TEU(标准箱)大关的港口。2019年8月,国家发展和改革委员会印发《西部陆海新通道总体规划》,西部陆海新通道利用铁路、公路、水运、航空等多种运输方式,加强"一带一路"建设,推动中国与东盟经济贸易合作的发展。这些都是我国集装箱业务发展的强大支撑和证明,行业的发展急需培养高质量、高技术的相关人才。

本书是一本介绍集装箱运输相关知识的工作手册式教材,按照读者对集装箱的认识顺序进行讲解,更加符合学生的认知规律,也更加符合教学规律,每一张活页都是独立的知识点和实践练习。课程实训项目最大限度地与具体岗位对接,更能提高学生的职业素养。本书还将课程思政案例巧妙地融入不同的知识点,培养学生的创新意识。

本书以能力培养为目标,以实训项目为导向,使学生在每一部分都能将理论知识与实践操作、技能提升结合起来。本书按照读者对集装箱的认识顺序进行讲解,包括十个能力单元。前三个单元着重对集装箱的发展、结构尺寸以及种类等进行详细的讲解。第4到第9能力单元对集装箱的几种运输方式、单据以及码头等业务流程和过程进行精心布置。最后一单元描述了集装箱运费的计算,方便学生解决问题。

本书由重庆城市管理职业学院王娟娟和重庆工业职业技术学院屈琦超担任主编。具体编写分工如下:能力单元4,5,6,7,8,9,10由王娟娟编写,能力单元1,2,3由屈琦超编写。

本书在编写过程中参考了同行专家的有关著作、教材和文章,力求使本书突出实务操作性。其中,重庆市冷藏冷链协会提供了很多意见和建议,在此表示感谢。最后,谨向这些文献资料的作者以及专家学者表示衷心的感谢。由于编者水平有限,书中难免有欠妥和错误之处,恳请读者批评指正,我们定会努力进行修正与完善。

编　者

2022年2月

能力单元1　集装箱的发展变迁

没有集装箱,就没有全球化。

——《经济学家》杂志

学习目标

- 了解集装箱的几个发展阶段以及各个阶段的特点;
- 了解集装箱的发展现状以及将来集装箱发展的趋势;
- 了解并熟悉集装箱的相关业务部门;
- 了解集装箱的基本术语。

知识点

标准箱;巴拿马级;发展历程。

导入案例

超大型集装箱船再添新丁 "中远海运室女座"上午交付

由中船集团上海外高桥造船有限公司为中远海运集装箱运输有限公司建造的超大型(20 000 TEU)集装箱船"中远海运室女座"号于2018年5月命名交付。这是外高桥造船本月连续交付两艘40万t超大型矿砂船(VLOC)之后完工交付的第三艘新船,创造了中国单个船厂单月完工总量突破100万载重吨的新纪录。

2018年,全球已投入营运的19 000 TEU以上集装箱船共有79艘,另有58艘同级别船订单。其中,中船集团手持订单17艘,占有全球30%的份额。由外高桥造船为中远海运集运建造的首艘20 000 TEU船"中远海运金牛座"号已于2018年年初完工交付,是中国船厂建造交付的最大箱位集装箱船,被列为国家级重大创新项目。此次交付的"中远海运室女座"号作为20 000 TEU船俱乐部的最新成员,也将投入远东—欧洲精品航线,将为中远海运集团打造世界一流班轮公司做出新的贡献。

该船由中船集团第七〇八研究所和外高桥造船联合设计,是中船集团和中远海运集团两大央企携手打造的世界级精品船,标志着我国在超大型集装箱船开发、设计和建造领域已跨入世界先进行列,成功跻身国际超大型集装箱船"建造俱乐部"。

"中远海运室女座"号总长399.8 m,型宽58.6 m,最大吃水16 m,设计航速22.5节

(1.852 km/h),最大载重量20万t。该船的甲板面积接近4个标准足球场,从船底至顶部约高73 m,相当于上海国际饭店的高度。该船充分考虑航线揽货种类和配载操作的实际需求,加大配载灵活性,提高冷箱、危险品箱、重箱和高箱的有效装载能力,最大载箱量达到20 119 TEU。(新民晚报)

资料表明,如果集装箱船的吃水在14.5 m左右,船体宽度在50 m,正好是船舶通过苏伊士运河的最大限度。另据国际造船专家测算,18 000 TEU的集装箱运输船属于"马六甲级(Malaccamax)",因为这种超巨型集装箱船的吃水可达到21 m左右,正好是可以通过马六甲海峡的船舶最大的吃水限度。但是新的造船工艺和先进设计水平可以使满载18 000 TEU的集装箱船的最大吃水减少到"仅仅"18 m……

最新一代12 500 TEU的集装箱运输船至少需要11万~13.5万马力(8万~10万kW),按照现在世界造船工业发展速度和使用的造船材料、设计水平和生产工艺,制造出输出功率达到如此高水平的内燃机主机是可能的。目前,德国MAN B&w内燃机公司已经生产出输出功率达到9.63万马力(7万kW),14缸的K98MC船用柴油机,只需单轴驱动就足够推动15万t载重吨级集装箱船,航速达到25节……

尽管现代化的造船技术——造船的硬件和软件,还有设备先进的集装箱枢纽港,都会给超级集装箱船的不断问世和升级换代打开"绿灯",但是到目前为止,大多数人采取观望态度,真正愿意为超级集装箱船投入巨资的船舶公司为数极少。2001年8月,*Lloyd's List* 杂志刊登的德鲁航运咨询公司的一篇文章称,许多人一直认为,在运载能力为4 000 TEU的集装箱船上的每只标准箱位(20 foot slot)的成本是2 315美元,同样在一艘1万TEU运力的集装箱船上的每只标准箱位的成本可以降到1 449美元。但是文章接着指出,这个箱位成本数据并没有完全反映出事实的全部,还有许多隐蔽成本没有被全部推出。例如,集装箱支线运行成本、集装箱陆地运输成本、雇员成本等均没有进入成本核算方程。

练习题

1.船舶吃水是指_____

_____

2.巴拿马级是指_____

_____

3.苏伊士级是指_____

_____

4.马六甲级是指_____

_____

5. *Lloyd's List* 是指_____

_____

6.TEU是指_____

_____

7.节是指_____

_____

项目1　集装箱运输的入门知识

按照集装箱船的发展情况,可分为第一、二、三、四、五、六代集装箱船,每代的集装箱有所不同。

第一代集装箱船。出现于20世纪60年代,横穿太平洋、大西洋的17 000～20 000总吨集装箱船可装载700～1 000 TEU。

第二代集装箱船。出现于20世纪70年代,40 000～50 000总吨集装箱船的集装箱装载数增加到1 800～2 000 TEU,航速也由第一代的23节提高到26～27节。

第三代集装箱船。出现于1973年石油危机以来,这代船的航速降至20～22节,但由于增大了船体尺寸,提高了运输效率,集装箱的装载数达到了3 000 TEU。因此,第三代船是高效节能型船。

第四代集装箱船。出现于20世纪80年代后期,集装箱船的航速进一步提高,集装箱船大型化的限度则以能通过巴拿马运河为准绳,集装箱装载总数增加到4 400个。由于采用了高强度钢,船舶质量减小了25%。大功率柴油机的研制大大降低了燃料费,又由于船舶自动化程度的提高,减少了船员人数,集装箱船经济性进一步提高。

第五代集装箱船。作为第五代集装箱船的先锋,德国船厂建造的5艘APLC-10型集装箱可装载4 800 TEU,这种集装箱船的船长船宽比为7∶8,船舶的复原力增大,被称为第五代集装箱船。

第六代集装箱船。1996年春季竣工的Rehina Maersk号集装箱船最多可装载8 000 TEU,人们说这个级别的集装箱船拉开了第六代集装箱船的序幕。

大型集装箱船舶的增加,其中推动作用较大的是马士基航运。马士基航运是航运业的领导者,自从艾玛马士基和其姊妹船问世后,航运业就进入了万TEU时代。

2019年2月11日,ONE旗下一艘名为MOL Tribute的超大型集装箱船装载了19 190 TEU的集装箱货物,打破了此前马士基旗下的一艘名为Mumbai Maersk的集装箱船所创下的单船实际最大载箱量19 038 TEU的纪录。Monaco Maersk轮于2019年5月31日在马来丹戎帕拉帕斯港最大载箱量为20 568 TEU的超级大船实现了19 284 TEU的实际装载箱量。

【案例】

集装箱船大型化是必然趋势还是即将结束?

船舶大型化是未来发展的必然趋势还是即将到达终点?关于集装箱船大型化的发展趋

势再次引发业内的争议。

观点一：集装箱船大型化趋势恐将持续

克拉克森的数据显示，近10年来，12 000 TEU以上超大型集装箱船船队运力年均增速达到48.6%。业内人士认为，船舶大型化是未来发展的必然趋势。随着技术改进、能源结构改变，集装箱船可能会作为海上浮式仓储中心，按这一发展趋势，集装箱船大型化趋势恐将持续。

航运分析师认为，大阪、香港、汉堡港口桥梁的限制等因素都会对超大型集装箱船进出造成影响。因此，船舶大型化发展还需要港口升级配套设施，以提高集装箱装卸效率，降低航运成本。分析师指出，集装箱船大型化发展的关键在于能否使班轮公司实现盈利。2018年，全球集运市场出现小幅下滑，从供需方面来看，2018年，全球集运量约为2亿TEU，增长4.5%，与2017年相比增速放缓。此外，2018年，新船交付量同比增长18%，其中10 000 TEU及以上集装箱船运力交付占比82%，这表明大型集装箱船仍是交付主力。就水深、港口桥式起重机等配备、航道参数等综合因素，分析师指出，以亚欧航线28个挂靠港口为例，只有丹吉尔、不来梅、汉堡、哥德堡、奥胡斯、勒阿弗尔、格但斯克这7个港口无法满足20 000 TEU超大型集装箱船靠泊。有17个港口可接纳25 000 TEU集装箱船，包含釜山、上海、宁波、盐田、丹戎帕拉帕斯、光阳、厦门、巴生、阿尔赫西拉斯、费力克斯托、安特卫普、威廉、鹿特丹、泽布吕赫、敦刻尔克、马耳他、阿里山港等港口都可满足超大型集装箱船的靠泊及装卸要求。

观点二：集装箱船大型化即将到达终点

船舶大型化可以降低单位成本、减少油耗，但超大型集装箱船在市场繁荣时期容易满载，市场萧条时却只有降价才能满载。同时，超大型集装箱船规模尺寸太大，运营调度弹性也很低，A380客机决定停产也是类似原因。

就目前航运市场发展来讲，集装箱船的大型化也将在一定合理范围内，并非仅受船舶建造技术的制约，港口、码头和装卸设备等升级配套也需要诸多实验、数据论证与大量资金投入。此外，全球经济景气与集运市场的发展态势也影响市场需求。分析师指出，超大型集装箱船能达到规模经济、降低单位成本、提高燃油效率，并实现节能低碳效果。在航运公司争相定造超大型集装箱船的情况下，大型船的规模经济效益也遭到弱化，留下的是供给过剩的恶果。因此，有业内人士预测，集装箱船大型化即将步入历史。2020年第四季度，地中海航运定造的23 000 TEU超大型集装箱船即将问世。目前，中国正在研究建造25 000 TEU集装箱船的可能性。上海船舶运输科学研究所的"25 000箱级集装箱船型开发"项目在2019年早些时候通过了由中船工业第七〇八研究所组成的专家组的验收。

不过，船舶不断加大已经引发疑虑，航运公司是否会真的下单订船也受到了关注。另外，全球船厂大多数船坞长度都在400 m以内，能建造20 000 TEU以上集装箱船的船厂并不多。

（资料来源：国际船舶网）

练习题

1.案例中聚焦的两种观点分别是什么？简述马士基航运。

_____

_____

_____

2.这两种观点你支持哪一种？并分析2021年苏伊士运河被集装箱船舶堵塞的案例。

_____

_____

项目2　集装箱运输的发展历程

早期集装箱运输实践的时间很长,但发展缓慢。随着成组运输的扩大以及改进,集装箱的运输发展终于突破了运输装卸作业的"瓶颈",改变了件杂货运输的落后方式,从而更好地实现了货物"门到门"运输。

现代集装箱的萌芽出现在英国,它的发展大约经历了四个阶段,分别是萌芽阶段、海运发展阶段、扩张阶段和成熟阶段。

1.2.1　萌芽阶段(1801—1955年)

工业革命最早出现在英国,随着工业产量的不断提升,工业产量和运输工具产生矛盾。这就迫切需要运输工具的改变,以适应工业产量的提升。

在1801年,英国的詹姆斯·安德森博士已提出将货物装入集装箱进行运输的构想。1830年,英国人率先在铁路上使用一种装煤的容器,同时,在日杂货运输方面也出现使用大容器来装运的实例。1845年,英国铁路曾使用载货车厢互相交换的方式,视车厢为集装箱,使集装箱运输的构想得到初步应用。19世纪中叶,在英国的兰开夏已出现运输棉纱、棉布的一种带活动框架的载货工具,这就是集装箱的雏形。

正式使用集装箱来运输货物是在20世纪初期。1900年,在英国铁路上首次试行了集装箱运输,后来相继传到美国(1917年)、德国(1920年)、法国(1928年)及其他西方国家。

1853年,美国铁路也采用了容器装运法,这是世界上最早出现的集装箱运输的雏形,但由于当时条件的限制,被迫中止。1880年,美国正式试制了第一艘内河用的集装箱船,并在密西西比河试航,但并未被人们所接受。1917年,美国在铁路上试行集装箱运输。

1928年9月,在罗马举行了一次世界公路会议,会上发布了"关于在国际交通运输中如何使用集装箱的论文",讨论了公路和铁路联运的最优集装箱运输方案,同时,会上成立了国际集装箱运输委员会。1933年,在法国巴黎成立了一个民间组织——国际集装箱运输局,为集装箱所有人进行登记,并且协调集装箱各方的合作关系。

1933—1939年,公路和铁路之间的竞争激烈,矛盾突出,集装箱运输的发展停滞不前。直到第二次世界大战爆发后,美国需要运输大量的军用物资,美国陆军部组织了一个"发展经济有效的军事运输系统"的专题研究,这才使图盘和集装箱作为媒介的成组运输系统快速发展起来。

1952年,美国陆军建立了"军用集装箱运输快速运输勤务系统",实现了集装箱运输的快速发展。

这个阶段的集装箱运输的特点是:由于工业革命的推动,首先在英国进行了陆路运输的试验,但是发展缓慢,集装箱运输的优越性并没有体现出来。随后扩展到美、德、法、日、意,但是公铁联运各方面的条件不成熟,使其发展一路受阻。

练习题

1.用思维导图画出萌芽阶段集装箱的发展。

2.绘制你心目中的集装箱,说明其具有的特点。

3.集装箱公铁联运之间的优势有哪些? 总结出集装箱运输的特点。

_____

_____

_____

4.检索一篇关于集装箱运输的论文或者相关国家政策,并阐述个人观点。

_____

_____

_____

_____

5.举例说明成组运输是什么,并说明其优点。

_____

_____

_____

1.2.2　海运发展阶段(1956—1965年)

随着第二次世界大战(简称"二战")中美国军用勤务系统中集装箱运输的出色表现,加上二战后发达国家世界经济贸易的蓬勃发展,集装箱运输快速发展的机遇到了,这些发达国家都强烈需要改变落后的件杂货运输方式。

在这一时期,集装箱运输的创始人美国人马尔科姆·麦克莱恩(Malcom Mclean)进行了集装箱海陆联运的实验,该实验引发了世界交通运输的一场革命。

马克林首先在陆上进行了试用,建造了一些可拆卸的拖车载体,称为"Container"(集装箱)。货物装在箱内,到了货主场地或仓库后,把整个箱子卸下,拖车的拖头和底盘就可以拉走,再去拖另一个箱子。这样提高了运输速度,而且取得了很好的经济效益。在卡车运输成功之后,他又想:如果把这一方法推广到海上运输中,必将取得更好的效果。

1954年5月,法国国际研究院理事长在一次讲演中提到"如果使杂货成组化,实现'门到门'运输以后,装卸费用可以减少30%"。1955年,马克林收购了泛大西洋轮船公司(Pan-Atlantic)和佛罗里达湾码头公司的所有股票,之后,就着手推行其集装箱化的计划。首先,泛大西洋轮船公司造了一批尺寸为35 ft①(长)、8 ft(宽)、8 ft(高)的集装箱(这是当时美国州际公路能允许通行的最大尺寸),并把一艘T-2型油轮("马科斯顿"号)进行了改装,为了能装载集装箱,特意在甲板上设计了一个平台。

1956年,工程师凯斯·坦特林(Keith Tanlinger)和马尔康·马克林(Malcom Mclean)设计出了波纹铁质集装箱,其结构沿用至今。他们又将其设计专利让出,让所有人都可以使用,也推进了集装箱的发展。1956年4月26日,"马科斯顿"号在甲板上装载了16个35 ft集装箱,在新泽西州纽瓦克至得克萨斯州休斯敦航线上开始试航。后来改装的"理想"号,其甲板装载数从16个增加到48个,试营运3个月,获得了巨大成功。平均每吨货物的装卸费从5.85美元降低到0.15美元,仅为原来装卸费的1/39。

1957年月10月,马尔康·马克林将6艘C-2型货轮改装成带有船用集装箱卸桥(Shiptainer)的箱格结构的全集装箱船,全船可装载226个35 ft×8 ft×8 ft的集装箱,每个集装箱的总质量为25 t。第一艘船命名为"盖脱威城"(Gateway City)号,仍在纽瓦克到休斯敦航线上航行。同年,又改装了一艘全拖车船(Full Trailer Ship),承运装在拖车上并与拖车一起运输的集装箱,开始向波多黎各派船。"盖脱威城"号在迈阿密靠港后,只用了90 min,卸下的货物就送到了收货人手中,这一成绩充分体现了马克林的理念价值。

1960年4月,当集装箱运输的优越性充分显示以后,为了进一步表明把集装箱从陆上推广到海上的正确构思,马克林决定把泛大西洋轮船公司正式改名为"海陆运输公司"(Sea-Land Service lnc.),这就是世界上最有名的集装箱船舶公司之一的海陆公司。

海陆公司成立以后,于1961年5月进一步实现了从纽约到洛杉矶和旧金山之间的陆上集装箱

图1.1 马尔科姆·麦克莱恩

① 1 ft=0.304 8 m

运输。1962年,经由巴拿马运河的美国东西两岸航线上的第一艘集装箱船"伊丽莎白港"号开始营运。该轮装载了475个35 ft的拖车连同集装箱,从西岸驶向东岸,航行了18天后,在卸船时只花了24 h就完成了装卸任务。此后,马克林又开辟了从纽约到阿拉斯加等国内航线。

这个阶段的集装箱运输的特点是:集装箱运输从陆路扩展到了国内沿海运输方面,但是仅限于国内沿海航线运输。船型以改装的半集装箱船为主,其典型船舶的装载量不过500 TEU,速度也较慢,主要采用长度分别为24 ft,27 ft,35 ft的非标准集装箱,只有极少数专用码头上有岸边装卸桥。但其优越性已经得以显示,这为以后集装箱运输的大规模发展打下了良好的基础。

练习题

1. 用思维导图画出萌芽阶段集装箱的发展。

2. 讨论从件杂货运输到集装箱运输的发展,其优点有哪些。

_____

_____

_____

3. 描述凯斯·坦特林和马尔康·马克林的设计,他们的哪些精神值得我们学习?

_____

_____

_____

1.2.3　扩张阶段(1966—1983年)

这个阶段,集装箱运输的优越性表现得越来越突出,以海上运输为主导,公路、铁路等共同发展的国际集装箱运输业务越来越繁忙。

1966年4月,海陆运输公司以经过改装的全集装箱船开辟了纽约—欧洲的运输航线。1967年9月,美国马托松轮船公司将"夏威夷殖民者"号全集装箱船投入北美—太平洋沿岸航线。接着,日本和欧洲各国的船舶公司先后在日本、欧洲、美国和澳大利亚等地开展了远洋集装箱运输。随着集装箱运输的发展,集装箱船舶的行踪已遍布全球范围。1971年年底,世界主要的13条航线基本上实现了件杂货集装箱化。

1970年,全球的集装箱大约有23万TEU,1983年达到208万TEU,世界集装箱专用泊位到1983年已增至983个。世界主要港口的集装箱吞吐量在20世纪70年代的年增长率达到了15%。一些专用泊位的码头前沿均装备了装卸桥,如在鹿特丹港的集装箱码头上出现了第二代集装箱装卸桥,每小时可装卸50 TEU。码头堆场上轮胎式龙门起重机、跨运车等机械得到了普遍应用,底盘车工艺则逐渐趋于没落。在此时期,先进运输方式的管理体系逐步形成,电子计算机也得到了更广泛的应用。1980年5月,在日内瓦召开了由84个贸发会议成员国参加的国际多式联运会议,通过了《联合国国际货物多式联运公约》。该公约对国际货物多式联运的定义、多式联运单证的内容、多式联运经营人的赔偿责任等问题均有所规定。公约虽未生效,但其主要内容已为许多国家所援引和应用。

这个阶段的集装箱运输的特点是:集装箱运输航线从美国沿海走向全球远洋航线,并且实现了集装箱联运。与集装箱有关的新工艺、新机械、新箱型、新船型以及现代化管理不断涌现出来。

1.2.4　成熟阶段(1984年以后)

在这一阶段,集装箱运输已遍及全球,发达国家件杂货运输的集装箱化程度已达80%以上。20世纪90年代,集装箱运输市场竞争日趋激烈,各船舶公司为了求生存、求发展,纷纷组建联营体和"环球联盟"。1993年,世界20家最大"全球承运人"到1996年仅剩下13家。

1984年以后,世界航运市场摆脱了石油危机带来的影响,开始走出低谷,集装箱运输又重新走上稳定发展的道路。有资料显示,发达国家件杂货运输的集装箱化程度已超过80%。据统计,到1998年,世界上约有各类集装箱船舶6 800多艘,总载箱量达579万TEU。集装箱运输已遍及世界上所有的海运国家。随着集装箱运输进入成熟阶段,世界海运货物的集装箱化已成为不可阻挡的发展趋势。

集装箱运输进入成熟阶段的特征主要表现在以下两个方面。

1)硬件与软件的成套技术趋于完善

干线全集装箱船向全自动化、大型化发展,出现了2 500~4 000 TEU的第三代和第四代集装箱船。一些大航运公司纷纷使用大型船舶组织了环球航线。为了适应大型船停泊和装卸作业的需要,港口大型、高速、自动化装卸桥也得到了进一步发展。为了使集装箱从港口向内陆延伸,一些先进国家对内陆集疏运的公路、铁路和中转场站以及车辆、船舶进行了大量的配套建设。在运输管理方面,随着国际法规的日益完善和国际管理的逐步形成,实现了管理方法的科学化、管理手段的现代化。一些先进国家已从原仅限于港区管理发展为与口岸相关各部门联网的综合信息管理,一些大公司已能通过通信卫星在全世界范围内对集装箱实行跟踪管理。先进国家的集装箱运输成套技术为发展多式联运打下了良好的基础。

2)开始进入多式联运和"门到门"运输阶段

实现多种运输方式的联合运输是现代交通运输的发展方向,集装箱运输在这方面具有独特优势。先进国家由于建立和完善了集装箱的综合运输系统,使集装箱运输突破了传统运输方式的"港到港"概念,综合利用各种运输方式的优点,为货主提供"门到门"的优质运输服务,从而使集装箱运输的优势得到充分发挥。"门到门"运输是一项复杂的国际性综合运输系统工程,先进国家为了发展集装箱运输,将此作为专门学科,培养了大批集装箱运输高级管理人员、业务人员及操作人员,使集装箱运输在理论和实务方面都得到了逐步完善。

这个阶段的集装箱运输的特点是:船舶运力、港口吞吐能力和内陆集疏运能力三个环节之间衔接和配套日趋完善,与集装箱运输有关的硬件和软件日臻完善,各有关环节紧密衔接、配套建设;集装箱运输多式联运获得迅速发展,发达国家之间的集装箱运输已基本实现了多式联运,发展中国家多式联运的增长势头也十分可观。

练习题

1.调查重庆寸滩码头,阐述其港口吞吐能力与内陆集疏运能力。

_____

_____

_____

2.了解目前长江水路集装箱运输的通航能力。

_____

_____

_____

3.以"渝新欧"为例介绍门到门的运输。

_____

_____

_____

_____

项目3 集装箱运输的发展趋势

我国作为世界集装箱制造大国,多年来不断通过各式集装箱把货物源源不断地运向世界各地,在当今全球贸易中,超过总货值80%的货物是使用集装箱运输的,集装箱已成为全世界最大数量的运输载体。

1.3.1 集装箱的发展趋势

2018年4月,中国金属集装箱产量为1 111.9万 m³,同比增长117.8%。2018年1—4月中国金属集装箱累计产量为3 635.4万 m³,累计增长25.2%。

集装箱产业属劳动密集型产业,劳动力的低成本优势使中国在世界范围内拥有比较优势;另外,我国的铁路和公路的集装箱率为6%左右,还远远低于全球75%的水平,集装箱化仍有很大的发展潜力,未来我国集装箱运输业发展带来的巨大需求量将使集装箱制造业拥有良好的发展空间。

随着集装箱下游应用市场的逐步扩大,集装箱制造行业将会面临一个极为庞大的市场。可以说未来中国集装箱运输行业仍有很大的发展和提升空间,中国正在实现从集装箱运输大国向强国的转变。

逐渐变化发展的集装箱运输行业趋势主要表现在以下五个方面。

1)集装箱船舶更趋大型化

根据荷兰金融分析机构Dynaliners统计数据,截至2018年1月1日,全球共有451艘10 000 TEU及以上在运营超大型集装箱船(ULCS)。

集装箱船舶大型化对港口的影响非常大,对如港口水深、泊位的长度、港口装卸效率、港口的货源等都会产生影响。我们应该通过对船舶大型化对港口影响的研究来为港口提出积极的应对策略。

2)集装箱箱体更趋标准化、大型化

集装箱是标准化程度较高的产品,内外部尺寸、各种性能试验和各零部件都要遵守ISO(国际标准化组织)、GB(国家标准)、CCIA(中国集装箱行业协会)等标准。据统计,进入21世纪以来,40 ft箱的增长率所占比例已超过20 ft箱,未来将有更多的45 ft箱甚至更大尺度箱。

3)集装箱箱型更趋专用化

货源结构的变化提高了适箱货物的比重,也为框架集装箱运输的发展带来了更大的空间。未来将有更多货种进入框架集装箱运输领域,尤其是冷藏货、危险货、干散货、液体散货、服装、设备和车辆等特殊货种的箱运量将快速增长,所占比例也将增加。可以预见,专用框架集装箱将有不断增加的趋势。

4)集装箱箱型更趋智能化

装箱的智能化主要是指通过RFID(射频识别)、MEMS(微机电系统)传感控制、4G/5G通信网络等相关信息技术,实现全球范围内全供应链的集装箱远程监测、跟踪与管理。随着现代物流和全球贸易的发展,智能化已成为集装箱发展的重要趋势。

2017年8月15日,"全球智能集装箱产业联盟"成立大会暨第一次会员大会在深圳隆重举行。在2018年德国柏林国际轨道交通展上,有一个奖项颁给了"TRAXENS数字货运列车"项目——这是欧洲首列使用物联网(IOT)技术、可实现数字化运营的货运列车。托运人可以在世界的任何角落对他们的货物进行实时定位,并在货物到达关键位置时得到警示提醒。

5）集装箱业务运力过剩、竞争激烈

在过去的10多年里，承运人的努力都集中在降低成本方面，即主要是通过利用更大的船舶降低单位运量成本，但这是以牺牲网络灵活性和供应链其他部分（尤其是码头）的成本为代价的，这些部分不得不投入巨资为超大型集装箱船提供服务。

随着电子商务给客户需求带来的变化，受益货主的目标是使他们的供应链更加灵活，交易数字化、区块链、货物跟踪和预测分析将发挥越来越大的作用。

另外，通过自动化提高生产率。船舶大型化使岸上处理过程的自动化变得更加重要。集装箱船每天在港成本与其吨位大小成正比，集装箱投资巨大，船舶的固定成本在营运成本中占极高的比例，减少在港时间、加速周转是提高效益的关键。

如果采用赫芬达尔-赫希曼指数（Herfindahl-Hirschman Index, HHI）来衡量，行业仍处于高度竞争状态。

根据2018年9月23日的Alphaliner数据，当前的班轮行业HHI指数约为1 030。根据欧洲标准，HHI指数小于1 500为充分竞争型市场。

练习题

1. 列举智能化集装箱可能用到的技术。

_____

_____

2. 如何解决集装箱运力过剩的问题？

_____

_____

3. 赫芬达尔-赫希曼指数是指什么？

_____

1.3.2　中国集装箱的发展

中国集装箱运输是从20世纪50年代开始起步的。我国的集装箱运输也是从铁路运输开始的，1955年4月，我国铁路部门开始办理国内小型集装箱运输，而水路运输集装箱则是中国水运部门在1956年、1960年、1972年三次借用铁路集装箱进行短期试运。

中国的集装箱运输自1973年9月天津接卸了第一个国际集装箱开始，自"渤海一号"件杂货船从日本神户捎带小型集装箱驶抵天津港开始，天津港便成为我国最早从事集装箱业务的港口。同年9月开辟了用杂货船捎运小型集装箱从上海至横滨、大阪、神户的航线，中国远洋运输总公司在上海开辟了我国第一条国际集装箱班轮航线，标志着我国集装箱运输步入专业化发展道路。到1978年年底，全国仅有上海、天津、广州、青岛4个港口主要依托杂货班轮装卸集装箱,且年吞吐量仅为1.8万TEU。

历经了20世纪70年代的起步、80年代的稳定发展,到90年代,中国国际集装箱运输引起全世界航运界的热切关注。至此,中国拥有了一支现代化的集装箱船队,建成了一批集装箱专用深水泊位。经过近30年的发展,进入21世纪以来,我国集装箱运输进入了持续全面发展阶段。2002年,港口集装箱吞吐量首次以3 721万TEU超过连续46年保持世界首位的美国。2003年,上海港和深圳港双双跨入年吞吐量千万标准箱大港行列,位居世界集装箱大港的第三名和第四名。

改革开放以来,伴随着中国国民经济的快速增长和外贸事业的蓬勃发展,中国集装箱运输突飞猛进。2007年是中国集装箱运输发展历史上具有里程碑意义的一年,2007年中国集装箱吞吐量达到1.13亿TEU,首次突破一亿大关,比2006年增长22.3%。

受世界经济增长速度减缓、主要消费国家需求缩减影响,2008年,中国传统适箱货源出口量增幅明显回落,全国主要港口完成集装箱吞吐量1.26亿TEU,同比增长12.2%,增幅创20年来新低。2008年1—11月,中国内河主要港口集装箱吞吐量为889.63万TEU,增长20.7%,增速虽高出沿海港口近8个百分点,但较2007年的增速回落明显。受外在经济环境影响,中国外贸集装箱运输市场从2008年初繁荣的顶端逐渐步入萧条,总体运价水平进入下降通道。

受国际金融危机影响,2009年是中国港口集装箱运输发展最困难的一年,在经历20年井喷式增长后,2009年中国港口集装箱吞吐量转为下降,2009年全国港口集装箱吞吐量为1.21亿TEU,同比下降6%,但仍连续8年保持全球第一。

2010年上半年,随着全球经济回暖,我国集装箱驶入快车道。适箱货出口形势良好,推动我国出口集装箱运输需求稳步增长。规模以上港口集装箱年初就超出金融危机前水平,上半年增速达到22.3%,成为上半年增长最快的货种之一,并创出历史最高水平,形势好于预期。

2011年,中国第一列以集装箱编组的国际货运班列从重庆首发,至今开行6年,已铺划西、中、东3条陆路集装箱运输通道。至2017年5月,依托新亚欧大陆桥和西伯利亚大陆桥,中国铁路已有中欧班列运行线51条,国内开行城市达到28个,到达欧洲11个国家29个城市。

现今,中国已初步形成了布局合理、设施较完善、现代化程度较高的集装箱运输体系。

快速发展是我国集装箱运输发展最显著的特点。我国集装箱运输起步虽晚于世界近20年,却以世界上少有的年均35%的增幅实现了连续7年雄踞世界第一的跨越式发展。我国沿海港口的集装箱化率已达到或接近国际先进水平。

我国集装箱运输有力地支撑了国民经济和对外贸易的发展,也对全球经济的发展发挥了重要作用。如今,高效、便捷的港口集装箱运输体系已经成为外贸运输的"绿色通道",有力地支撑着我国进出口贸易的高速发展。我国港航业的迅速发展有力地支持了全球航运业的发展。中国现已崛起,成为世界上最大的集装箱化出口国,占据了全球集装箱吞吐量的1/3,充分说明中国在世界经济和航运业格局中占据着重要地位。

目前无论是"一带一路"倡议,还是"长江经济带"和"京津冀协同发展"等国家重大战略,其落实均需物流行业的有效支持,集装箱多式联运作为加快物流流转效率的重要手段,受到了各项国家战略规划的支持,包括《"十三五"现代综合交通运输体系发展规划》《推进物流大通道建设行动计划(2016—2020年)》《关于推动交通提质增效提升供给服务能力的实施方案》等,2014年国务院印发的《物流业发展中长期规划(2014—2020)》中将"着力降低物流成本"列在发展重点第一位,将"多式联运工程"列为重点工程第一位。2017年1月,交通运输部等18部委联合发布的《关于进一步鼓励开展多式联运工作的通知》是对发展多式联运的顶层设计,标志着我国已将多式联运发展上升为国家层面的制度安排,政府将持续加大对多式联运的支持力度。

练习题

1.简述西部陆海新通道集装箱运输的现状。

_____

_____

2.简述中国目前吞吐量排名前10的港口。

_____

_____

3.简述重庆现有码头及其吞吐量。

_____

_____

项目4　集装箱运输的业务机构

1.4.1　集装箱班轮公司

在集装箱水路运输中,集装箱班轮公司是主要参与方,它完成集装箱海上和内河的干、支线的航运任务,中国作为集装箱不断发展壮大的国家,大型集装箱班轮公司如雨后春笋般涌现。

Alphaliner运力数据显示,截至2018年11月1日,全球班轮公司运力100强中排名前三的分别是马士基航运、地中海航运和中远海运集运。第四名到第十名依次为达飞轮船、赫伯罗特、日本神运、长荣海运、阳明海运、太平船务和现代商船。全球班轮公司运力排名20的公司总运力为2 011.41万TEU,占全球集装箱总运力的88.66%。

2018年在榜的中国(不包括港澳台)班轮公司中,中远海运集运排名第3位,安通控股(泉州安盛船务)排名第14位,中谷新良海运排名第15位,海丰国际排名第18位,中外运集运排名第22位,宁波远洋排名第34位,大连信风海运排名第49位,太仓港集装箱海运排名第57位,上海海华轮船排名第60位,上海锦江航运排名第65位,大连集发环渤海集运排名第78位,天津达通航运排名第79位,日照海通班轮排名第81位,广西鸿翔船务排名第82位。2018年全球班轮公司排名见表1.1。

表1.1　2018年全球班轮公司排名

排名	公司	TEU	艘数	运力占比
1	APM-Maersk	4 024 081	708	17.74%
2	Mediterranean Shg Co	3 283 709	518	14.47%
3	COSCO Group	2 818 703	473	12.42%
4	CMA CGM Group	2 642 115	508	11.65%
5	Hapag-Lloyd	1 617 385	222	7.13%
6	ONE(Ocean Network Express)	1 526 288	220	6.73%
7	Evergreen Line	1 180 853	202	5.21%
8	Yang Ming Marine Transport Corp.	632 647	97	2.79%
9	PIL(Pacific Int. Line)	417 670	135	1.84%
10	Hyundai M.M.	408 947	70	1.80%
11	Zim	347 517	70	1.53%
12	Wan Hai Lines	254 001	96	1.12%
13	IRISL Group	154 415	50	0.68%
14	Antong Holdings(QASC)	140 325	115	0.62%
15	Zhonggu Logistics Corp.	135 962	99	0.60%
16	KMTC	133 021	64	0.59%
17	X-Press Feeders Group	128 203	83	0.57%
18	SITC	106 900	78	0.47%
19	SM Line Corp.	87 474	21	0.39%
20	Arkas Line/EMES	73 900	40	0.12%

练习题

1.介绍中国远洋海运集团有限公司。

2.分析集装箱班轮公司近5年的排名对比情况。

3.集装箱班轮公司排名的主要指标。

4.集装箱班轮公司怎样做才能够增加运量?

5.了解中国船王、北碚之父,谈谈他的人生对我们的启示。

1.4.2 集装箱租箱公司

集装箱本身的价格是比较昂贵的,在开展集装箱运输业务的过程中,如果购置集装箱船舶的同时,又要以一定比例(通常是1:3)购置大量集装箱的话,就会造成运输成本的大幅度提升,固定资本太多,造成流动资金受限,最终资金链断裂。同时,在集装箱运输的流转过程中,要解决集装箱的回空、堆放、保管、维修、更新等问题,其中的费用、管理等也是比较棘手的。因此,集装箱租箱业务应运而生。其实,国际集装箱租赁业务几乎与集装箱的海上运输业务同时产生。在集装箱租赁业务起步初期,租箱业务的规模很小,班轮公司多使用自备集装箱。到了20世纪60年代末70年代初,随着集装箱运输业务的扩大、集装箱制造业的迅猛发展以及集装箱国际标准化的制定,集装箱租赁业务异军突起。2015年全球租箱市场格局如图1.2所示,2014年与2015年的租箱企业业绩对比见表1.2。

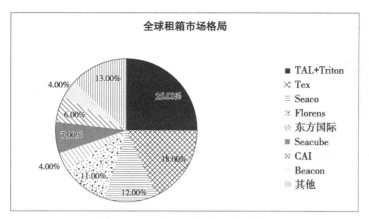

图 1.2　2015年全球租箱市场业务

表 1.2　2014年与2015年的租箱企业业绩对比

企业	租赁收入/亿美元		净利润/亿美元		总资产/亿美元		EBITDA同比/%
	2015年	2014年	2015年	2014年	2015年	2014年	
Tex	5.42	5.63	1.09	1.94	43.86	43.59	−2.71
TAL	6.08	5.94	0.94	1.28	44.34	42.42	−5.68
Triton	7.16	—	1.7	—	48	—	—

注:Triton数据为去年前三季业绩;数据来源均为企业业绩报告。

1.4.3　无船承运人

无船承运人是集装箱运输中经营集装箱货运的揽货、装箱、拆箱以及内陆运输,经营中转站或内陆站业务,但并不经营船舶的承运人。在西方国家,这类承运人应在政府海运部门登记,并在海运部门和航运公会监督下进行业务活动。但他们与船舶公司的关系属于货方与船方的关系,实际上是中间承运商,具有双重身份。对真正的货主,他是承运人,但对船方,他又是托运人。

无船承运人(Non Vessel Operating Common Carrier,NVOCC),他们自己没有船,但是可以出具提单,且提单具有和一般有船承运人(也就是船舶公司)的提单相同的法律效力。但是NVOCC和一般传统的货运代理公司还是有着明显的区别。

有船营运公共承运人(Vessel Operating Common Carrier, VOCC),也称船舶承运人或远洋公共承运人(Ocean Common Carrier, OCC)。班轮公司(Shipping Lines)就是VOCC,通常也是多式联运中的实际承运人(Actual Carrier)。

练习题

1.介绍集装箱租赁公司Tex。

2.查阅目前集装箱的租赁市场。

3.企业为什么选择租赁集装箱?

4.无船承运人和承运人有何区别?

1.4.4 国际货运代理人与无船承运人的区别

货运代理长期以来扮演着双重角色——代理人(Agent)与本人(Principal),FIATA国际货运代理业示范规则以及很多国家货运代理的标准交易条件中,也都将货运代理区分为代理人与本人。

1)二者的业务不同

作为当事人的无船承运人,是以自己的名义分别与货主和实际承运人订立运输合同,通常将多个货主提供的散装货集中拼装在一个集装箱中,与实际承运人洽订舱位。作为纯粹代理人的货运代理人,其主要业务就是揽货、订舱、托运、仓储、包装、货物的监装、监卸、集装箱装拆箱、分拨、中转及相关的短途运输服务、报关、报检、报验、保险、缮制签发有关单证、交付运费、结算及交付杂费等。

2)二者的利润来源不同

国际货运代理企业作为代理人从事国际货运代理业务,是指国际货运代理企业接受进出口货物收货人、发货人或其代理人的委托,以委托人名义或者以自己的名义办理有关业务,收取代理费或佣金的行为。

无船承运人根据《中华人民共和国国际海运条例》(以下简称《条例》)的规定,只能依其向交通运输部报备的运价从托运人处收取运费,赚取运费差价,不得从实际承运人处获取佣金;而货运代理人则根据《中华人民共和国国际货物运输代理业管理规定实施细则》(以下简称《细则》)的规定,既可向货主收取代理费,又可同时从承运人处取得佣金。

3)二者的权利、义务和责任不同

无船承运人作为本人,与托运人订立的是海上货物运输合同,合同中充当承运人角色,享有承运人的权利,如留置权等,同时因其签发了提单而对运输过程中货物的灭失、损坏、迟延交付等承担责任。此外,无船承运人与实际承运人对货物在运输途中所遭受的损失通常承担连带赔偿责任。作为纯粹代理人的货运代理人与托运人订立的是委托合同,合同中通常充当受托人角色,享有受托人的权利,承担受托人的责任和义务,仅负有以合理的注意(Due Care)从事委托事务的义务,仅在因其过错给委托人造成损失时承担赔偿责任。很明显,二者的权利、义务与责任存在很大的不同。

无船承运人与托运人是承托关系,与收货人是提单签发人与持有人的关系。托运人订舱时,无船承运人根据自己的运价本向托运人报价,以托运人的身份向船舶公司洽订舱位,安排货物的运输。待货物装船后,收到船舶公司签发的海运提单的同时,无船承运人签发自己的提单给托运人。

无船承运人与托运人之间所形成的是为提单所证明的海上货物运输合同关系,适用《中华人民共和国海商法》(以下简称《海商法》)及国际公约有关提单运输的法律规定;而作为纯粹代理人的货运代理人与原始托运人(客户)之间签订的是书面的运输委托协议,二者之间是委托合同的法律关系,适用《中华人民共和国合同法》(以下简称《合同法》)有关委托合同的法律规定,同时由于目前国际上还没有专门规范货运代理的国际公约,因而各国法律在规范货运代理人时不可避免地存在着冲突。

《海商法》对承运人的定义为"承运人是指本人或者委托他人以本人名义与托运人订立海上货物运输合同的人",《海商法》更强调了承运人作为契约一方的意义。

根据《条例》第七条的规定,"无船承运业务经营者是以承运人身份接受托运人的货载,签发自己的提单或者其他运输单证的人"。也就是说,无船承运人是和托运人订立货物运输合同的一方当事人,即无船承运人符合《海商法》要求其作为契约一方的规定,具有承运人的法律地位。

4)二者签发单证的性质不同

无船承运业务涉及两套提单的流转:无船承运人自己的提单(House B/L)和船舶公司的提单(Master B/L)。无船承运人接受托运人的订舱,办理货物托运手续,并接管货物,应托运人的要求签发 House B/L,提单关系人是托运人和实际收货人。同时以自己的名义向船舶公司订舱,得到船舶公司签发的 Master B/L,提单关系人是无船承运人及其在目的港的代理。国际货运代理人与托运人是被委托方与委托方的关系,他与收货人不存在任何关系。

与 FIATA 提单(如无船承运人提单、多式联运提单等)不同,签发货运代理运输凭证的货运代理明确宣称其不是承运人。货运代理运输凭证确认货运代理有权依其选定的承运人的惯常条件与承运人签订运输合同。货运代理同意将其在运输合同下的权利转让给货运代理运输凭证持有人,方便其直接向承运人提起诉讼。这样,在信用证允许的情况下,货运代理企业可以代理人而非承运人的身份签发货运代理运输凭证代替提单作为运输证明,并实现国际贸易下的结汇。

练习题

1. NVOCC 是指(　　)。

　　A.班轮承运人　　　　B.实际承运人　　　　C.无船承运人　　　　D.多式联运经营人

2.国际货运代理人以自己名义与第三方订立合同时,代理人与委托人之间是(　　)。

　　A.直接代理关系　　B.间接代理关系　　C.内部关系　　　　D.外部关系

3.货运代理企业为客户提供的产品是(　　)。

　　A.货物运输服务　　B.货物运输能力　　C.舱位　　　　　　D.货运总量

4.House B/L 是由(　　)签发的单证。

　　A.班轮公司　　　　B.无船承运人　　C.买方的代理人　　D.卖方的代理人

5.有权签发 House B/L 的人不包括(　　)。

　　A.无船承运人　　B.货运代理人　　　C.船长　　　　　　D.船务代理人

6.国际多式联运经营人是(　　)。

　　A.承运人　　　　　B.承运人的代理人　　C.发货人　　　　D.收货人

7.无单放货的责任由(　　)承担。

　　A.承运人　　　　　B.货运代理人　　　　C.收货人　　　　D.发货人

8.多式联运经营人对货物承担的责任期限是(　　)。

　　A.自己运输区段　　　　　　　　　B. 全程运输

　　C.实际承运人运输区段　　　　　　D.第三方运输区段

---

5)特殊情况的区分

在海上货物运输合同关系中,断定货运代理人是无船承运人角色还是纯粹代理人角色并非易事,有赖于每个案件的具体事实与特定管辖权下法律的规定。通常法院要综合考虑货运代理人与客户之间的所有情况,包括合同、双方往来的信函、费率、提单、先前交易等。下面就根据常见的几种情况来区分这两个不同的角色和其责任。

(1)收入取得的方式不同

无船承运人根据《条例》的规定,只能依其向交通运输部报备的运价从托运人处收取运费,赚取运费差价,不得从实际承运人处获取佣金;而货运代理人则根据《国际货物运输代理业管理规定实施细则》的规定,既可向货主收取代理费,又可同时从承运人处取得佣金。

(2)签发提单的权限、性质和责任不同

无船承运人有权向托运人签发无船承运人提单,该提单表明无船承运人为运输合同下的承运人,对托运人承担契约当事人的责任;而作为纯粹代理人的货运代理人则无权以承运人的身份签发提单,同时根据《条例》的相关规定也不能作为承运人或无船承运人的代理人签发承运人性质的提单。

(3)依合同的约定和复杂情况的判定

合同中是否对货运代理人的法律地位有明确的约定,或操作中是否以当事人的角色出现以及以往业务操作的习惯做法等。例如货运代理人签发了名为"提单"的单证,并不意味着该货运代理人就是承运人。相反,如其在签发的单证中使用了"货运代理人",也并非当然地意味着货运代理人就是代理人,当有其他事实表明货运代理人作为承运人行事时,则被认定为当事人。更为复杂的是,在多式联运情况下,货运代理人可能就一部分运输作为本人(承运人)(如陆路部分的运输),另一部分运输(如海运)作为代理人。在这种情况下判断的标准常常是托运人是否知道谁为实际承运货物的承运人。在加拿大一案例中,无论是货运代理人与铁路和海运承运人订立的运输合同,还是有关货运代理人所提供服务性质的任何细节,货运代理人都没有提供给托运人,因而加拿大联邦法院判定,货运代理人是作为承运人行事的。

6)依合同的约定和复杂情况的判定

(1)无船承运人与托运人是承托关系,与收货人是提单签发人与持有人的关系

托运人订舱时,无船承运人根据自己的运价本向托运人报价,以托运人的身份向船舶公司洽订舱位,安排货物的运输。待货物装船后,收到船舶公司签发的海运提单的同时,无船承运人签发自己的提单给托运人。

货物抵达目的港,收货人凭其所持有的无船承运人签发的正本提单到无船承运人代理的营业所办理提货手续。而在此之前,无船承运人的代理机构已经从实际承运的船舶公司处收取了该货物。无船承运业务涉及两套提单的流转:无船承运人自己的提单(House B/L)和船舶公司的提单(Master B/L)。

无船承运人接受托运人的订舱,办理货物托运手续,并接管货物,应托运人的要求签发House B/L,提单关系人是托运人和实际收货人。同时以自己的名义向船舶公司订舱,通过船舶公司的班轮实际承载该货物,得到船舶公司签发的Master B/L,提单关系人是无船承运人及其在目的港的代理。国际货运代理人与托运人是被委托方与委托方的关系,他与收货人不存在任何关系。

(2)无船承运人具有契约承运人的法律地位

根据《条例》第七条的规定:"无船承运业务经营者是以承运人身份接受托运人的货载,签发自己的提单或者其他运输单证的人。"也就是说,无船承运人是和托运人订立货物运输合同的一方当事人,即无船承运人符合《海商法》要求其作为契约一方的规定,具有承运人的法律地位。

《条例》第七条又规定:"无船承运人是通过国际船舶经营者完成国际海上货物运输。"换句话说,无船承运人本身并不提供、经营船舶,相对于实际承运人而言,无船承运人是契约承运人。而国际货运代理人则是委托方代理,帮助托运人安排货物运输,向托运人提供代理服务。

【案例】

2013年1月1日,被告上港公司与案外人海华轮船公司签订代理协议,约定由上港公司作为海华轮船公司的湖北(经上海中转)至日本、中国台湾、中国香港、东南亚航线的湖北地区货物运输代理。同日,被告上港公司与案外人上港长江公司签订《集装箱内支线运输协议》,约定被告上港公司集装箱及货物从上海港往返武汉、黄石、九江的内支线运输,由上港长江公司负责。

2013年3月22日,被告上港公司(乙方)与案外人帝元公司(甲方)签订销售合同,约定由上港公司"负责代理将甲方的集装箱货物从起运港经水路通过中转港运往目的港,并在起运港签发全程提单"。帝元公司"就其出运的货物支付运费及附加费给乙方"。

随后,帝元公司将两票纯棉纱布制成品交由被告上港公司从中国武汉运往日本东京。货物发票号分别为WDC130612(1)、WDC130613(1),记载的出卖人为帝元投资(香港)有限公司(以下简称"帝元香港公司"),买受人为白十字株式会社,货物CIF总价为188 034.56美元。2013年6月14日,被告上港公司签发了两份抬头为诺邦海运公司的多式联运提单(编号分别为SIPG2013083、SIPG2013084),该两份提单载明托运人均为帝元香港公司,收货人为凭托运人指示,通知方为白十字株式会社,承运船舶为XU TONG JI 6,集装箱箱号分别为TGHU3698555、TGHU3698987。

上述货物由上港长江公司运至上海港后,被告上港公司将涉案货物交由海华轮船公司运往日本。2013年6月27日,海华轮船公司签发了两份提单(编号为HHWUH13000011901、HHWUH13000012101),该两份提单记载的托运人、货物发票号均与被告上港公司签发的诺邦海运公司提单一致,但收货人和通知方均记载为诺邦海运公司,承运船舶为FU HAI 9 HAO,集装箱箱号分别为TGHU9601020、GVCU5355084。

2013年6月9日、6月20日,帝元香港公司就涉案货物向原告保险公司投保货物运输险。原告出具了两份保险单(编号为AWUHA2624213Q001602A、AWUHA2624213Q001516V),保险金额共计206 838.02美元。

2013年7月15日、7月17日,诺邦海运公司向白十字株式会社发出到货通知单,该通知单记载承运船舶为XU TONG JI 6。日本关东海关为涉案货物出具输入许可通知书,该通知书也载明收货人为白十字株式会社。白十字株式会社收货后发现货物湿损严重,遂委托日本海事鉴定协会对涉案货物损坏情况进行鉴定。该公估机构于2013年9月10日出具公估报告,认定涉案货物湿损系淡水从底部浸入集装箱所致,最有可能发生在武汉到上海的支线船舶运输区段或者集装箱堆场,同时认定涉案货物属于医疗用品,一经湿损即丧失使用价值,且不能循环利用,只能作为垃圾处理。因日本销毁货物的处理费用明显高于中国,收货人白十字株式会社于2014年2月24日声明将货物退回中国处理。据此,白十字株式会社委托双日株式会社就涉案货损向原告保险公司进行索赔,并接收保险赔偿金。经与被保险人协商,原告保险公司就涉案货物赔付保险赔偿金199 796.55美元,白十字株式会社出具了收据及权益转让书。

练习题

1.该案例的焦点集中在什么问题上？

_____

_____

_____

2.该案例如何进行责任划分？请说明原因。

_____

_____

_____

_____

_____

_____

_____

_____

_____

_____

_____

_____

能力单元2　集装箱的标准化

学习目标

- 掌握标准化的内容和特点；
- 掌握集装箱的标准化尺寸和集装箱的主要结构；
- 熟悉集装箱的必备标识和自选标识。

知识点

集装箱的尺寸；集装箱的结构；集装箱的标准化；集装箱的标识。

导入案例

集装箱就是航运业内标准化精髓的一种体现

大数据与航运业结合的案例中，不论是阿里巴巴联姻马士基航运推出"舱位宝"，中远海运集团与阿里巴巴确定将中远海运集装箱拼箱业务在一达通外贸综合服务平台上线，达飞轮船与阿里巴巴展开合作，国际物流服务平台"运去哪"与马士基航运联手打造互联网订舱新模式——"集运头等舱"，还是马士基集团宣布与IBM公司合作，成功完成了第一个区块链测试。通过这一系列事件不难发现，集装箱班轮业是航运业与"互联网＋"和大数据"牵手"最积极的领域，原因何在？

亿海蓝高级副总裁刘倩文认为，大数据之所以先和集装箱领域融合，是因为集装箱是标准化的典范。

上海国际航运研究中心信息化研究室、港航大数据实验室主任徐凯表示，不论是物联网还是电子商务，他们都存在自动化和标准化的特点，集装箱就是航运业内标准化精髓的一种体现。

有一种说法是：集装箱改变世界。实际上，我们是通过把货物运输标准化了以后来改变航运业原有的运输方式。我们不仅可以把小批量的货物精准装船，还能把不同的货物通过拼箱来运输。这些都是集装箱化带给我们的好处。集装箱化的本质就是标准化的体现，这与"互联网＋"中服务于长尾市场中小客户的模块化服务思想相一致，是通过标准化和精细化来把原来一些粗放的管理变成精细的管理，将高成本单一化的服务变为低成本可配置的服务，变成可度量、可控制和有尺寸的管理和服务，对传统的商业模式进行改进。标准化是对整个行业的一种改良。打个比方，原来各品牌的手机充电接口各不相同，充电器的通用性、灵活性都不好,但是后来进化成了标准接口,就是一种进步,也为大家带来了便捷。这种标准化对船舶、航运、港口行业来说就是一种直接的进步。

正是因为集装箱的标准化,才使通过智能化手段,比如摄像头等能够更好地进行箱号和货物识别,获得第一手大数据。从方法上来看,对集装箱进行大数据统计也更容易。业内还有人士认为,相比干散货、油轮运输,集装箱船班次密、周转快,更有"大数据"的生成基础与深度资源,具备开展"大数据"研发和应用的优势。集运联盟形成了"航线群""运力群"与货载流、资金流、信息流,无论体量、传速均远远超过了其他运输方式,便于构建"大数据"模式。

刘倩文介绍,散货船和油运市场虽不像集装箱班轮业最近表现突出,频频与电商牵手,但也深受大数据的影响。大数据先和集装箱领域融合是因为集装箱是标准化的典范,散货相对来说很多方面都没有标准化,所以对于非标准化的领域,通过物联网做大数据的难度就更高。但从目前的情况来看,大数据也可以作用于散货船和油运市场。可以通过分析掌握的全样本大数据AIS(Automatic Identification System),分析和测算出一艘散货船装载的是煤还是钢,甚至可以根据AIS的数据间接地预测到货流,不仅可以知道船,还可以知道货,准确度虽然会受各种因素的影响,但十分有效,尤其对大船的预测准确率更高。在这方面已经有一些成功案例,包括我们知道的国际上很多数据服务商如Clarkson、Marintrafic,还有国内的亿海蓝等,他们都有平台可以查询AIS数据,以及利用某些工具查看某一类型船舶的运营情况。

刘倩文说,亿海蓝公司在AIS数据的基础上加入了一些其他维度的信息和数据,如船舶的类型和吃水量等,能推断出大宗商品的流量和流向信息。此外,亿海蓝通过收购一些拥有大数据资源的公司,比如集卡拖车软件公司金科信等获得大量数据,通过整合船、箱、车的数据来解决供应链上的数据整合。通过供应链的整合,一方面,可以在信息整合的基础上推出信息化的整合方案;另一方面,可以帮助货主追踪他们所有货物运输的全球状况。下一步,这些有价值的数据还可以帮助客户更准确、更快速地描绘出宏观数据,甚至可以细分到每一个货种。

全球贸易90%依靠海运完成,航运业的发展直观反映全球经济的发展变化。掌握航运大数据,对分析整个世界经济贸易的变化和发展趋势,挖掘新的投资机会意义重大。没有大数据等于在盲人摸象,数据就在那里,只需要换一个角度,关注细节和结构,结论往往就会发生变化;在大数据中通过对一些细节的分析,就可以看到事物的本来面貌。

练习题

1.航运业与"互联网+"和"大数据"可以在哪些方面合作?

_____

_____

2.你了解到的集装箱标准化体现在哪些方面?

3. 散货船和油运市场为什么不如集装箱市场与"互联网+"和"大数据"合作得紧密？

项目1　集装箱的标准化过程

2.1.1　标准化的概述

标准化是指在经济、技术、科学和管理等社会实践中，对重复性的事物和概念，通过制订、发布和实施标准达到统一，以获得最佳秩序和社会效益。公司标准化是以获得公司的最佳生产经营秩序和经济效益为目标，对公司生产经营活动范围内的重复性事物和概念，以制订和实施公司标准，以及贯彻实施相关的国家、行业、地方标准等为主要内容的过程。

标准的制订、发布、贯彻和实施是一个过程，是许多人、许多部门甚至许多国家共同协调工作的过程，这个过程就是"标准化"。为在一定范围内获得最佳秩序，对实际或潜在的问题制订共同的和重复使用的规则的活动，称为标准化。标准化的重要意义是改进产品、过程和服务的适用性，防止贸易壁垒，促进技术合作。按照国际标准化组织ISO的定义：标准化是为了所有有关方面的利益，特别是为了求得最佳的经济效果，并适当考虑到产品使用条件与安全要求，在所有有关方面的协作下进行有秩序的特定活动，制订并实施各项规则的过程。

1）基本原理

标准化的基本原理包括四个方面：统一原理、简化原理、协调原理和最优化原理。

（1）统一原理

统一原理就是为了保证事物发展所必需的秩序和效率，对事物的形成、功能或其他特性，确定适合于一定时期和一定条件的一致规范，并使这种一致规范与被取代的对象在功能上达到等效。随着时间的推移和条件的改变，旧的统一就要由新的统一代替。

（2）简化原理

简化原理就是为了经济有效地满足需要，对标准化对象的结构、形式、规格或其他性能进行筛选提炼，剔除其中多余的、低效能的、可替换的环节，精炼并确定出满足全面需要所必要的高效能的环节,保持整体构成精简合理,使之功能效率最高。实质不是简单化而是精练化,其结果不是以少替多,而是以少胜多。

(3)协调原理

协调原理就是为了使标准的整体功能达到最佳,并产生实际效果,必须通过有效的方式协调好系统内外相关因素之间的关系,确定为建立和保持相互一致,适应或平衡关系所必须具备的条件。相关因素之间需要建立相互一致关系(连接尺寸)、相互适应关系(供需交换条件)、相互平衡关系(技术经济招标平衡,有关各方利益矛盾的平衡)。

(4)最优化原理

按照特定的目标,在一定的限制条件下,对标准系统的构成因素及其关系进行选择、设计或调整,使之达到最理想的效果,这样的标准化原理称为最优化原理。

2)标准化的基本特性

标准化的基本特性主要包括法规性、经济性、科学性以及民主性。

(1)法规性

标准化过程必须遵守法律法规,而标准化也需要法律法规权威机构审查批准。标准可分为两类:一类是强制性标准,一类是自愿性标准。事实上,即使是自愿性标准,也并非"完全自愿",只是在一定程度上自愿。

(2)经济性

经济性是指全面、全过程、全局的最佳经济效果、最佳秩序和社会效益。

(3)科学性

标准化在制定过程中,内容和过程都必须具有科学的依据。它必须符合科学的基本原理和规律,包含科学技术的最新成果。同时,必须具有前瞻性,能够指导实践过程朝着更有利的方向发展。

(4)民主性

标准化是为了所有有关方的利益,在所有有关方的协调努力下进行的有秩序的特定活动,这一活动必须以民主协商的方式进行。

3)标准化的作用

标准化是组织现代化生产的重要手段和必要条件,是消除贸易障碍、促进国际贸易发展的通行证,是国家资源合理利用、节约能源和节约原材料的有效途径,也是进行多式联运以及国内、国际运输的基础。

促进经济全面发展,提高经济效益。标准化应用于科学研究,可以避免在研究上的重复劳动;应用于生产,可使生产在科学的和有秩序的基础上进行;应用于管理,可促进统一、协调、高效率等。标准化保障身体健康和生命安全,大量的环保标准、卫生标准和安全标准制定发布后,以法律形式强制执行,对保障人民的身体健康和生命财产安全具有重大作用。由于生产的社会化程度越来越高,分工越来越细,这就必须通过制定和使用标准来保证各生产部门的活动,在技术上保持高度的统一和协调,以使生产正常进行。标准化为科学管理奠定了基础,依据生产技术的发展规律和客观经济规律对企业进行管理等,促进企业的发展进步。

通过标准化以及相关技术政策的实施,可以整合和引导社会资源,激活科技要素,推动自主创新与开放创新,加速技术积累、科技进步、成果推广、创新扩散、产业升级以及经济、社会、环境的全面、协调、可持续发展。

练习题

1.试举例说明标准与标准化,并分析标准化的特性。

_____

_____

_____

2.分析标准化的作用。

_____

_____

_____

3.介绍国际标准化组织ISO。除了ISO,还有哪些标准化组织?

_____

_____

_____

4.我国相关标准制定的单位有哪些?

_____

_____

_____

2.1.2 物流标准化

1)物流标准化的内容

（1）物流硬件标准化

物流硬件主要包括货物的包装、托盘、集装箱等成组单元,集装箱运输车辆、火车、船舶、飞机等运输工具,叉车、龙门吊、起重机、岸壁装卸桥等搬运堆码的装卸工具,以及其他配套的设施设备。这些设备通过物流模数的逐渐配套和适应,能够极大地提高装卸、搬运效率,降低物流成本,同时能够达到节能环保等效果。

（2）物流软件标准化

物流软件不仅仅是指物流运作过程中的仓储软件、运输软件以及码头软件等,还指物流运作过程中所涉及的管理方法和相互配合的方法。如托盘堆码、集装箱装箱的方法,仓库货架的选择、货物的堆垛存放、仓库的管理以及运输工具、运输路线的选择等,还有码头装卸工艺流程、物流责任的划分等问题。这些软件的标准化更能促进物流有效进行。

物流的软件、硬件是缺一不可的,硬件是软件的基础,软件保证了硬件有效运行。只有软件、硬件的标准统一、共同发展,才能保证物流和谐发展。

2)物流标准种类

物流标准包括基础标准、分系统技术标准和工作标准及作业规范三类。

(1)物流基础标准

物流基础标准是制定其他物流标准应遵循的、全国统一的标准,是制定物流标准必须遵循的技术基础与方法指南。其主要的基础标准如下:

①专业计量单位标准。物流标准是建立在一般标准基础之上的专业标准化系统,除国家规定的统一计量标准外,物流系统还要有自身独特的专业计量标准。

②物流基础模数尺寸标准。基础模数尺寸是指标准化的共同单位尺寸,或系统各标准尺寸的最小公约尺寸。目前,国际标准化组织(ISO)认定的物流基础模数尺寸是600 mm×400 mm。

③集装基础模数尺寸。集装基础模数尺寸是最小的集装尺寸,是在物流基础模数尺寸基础上按倍数推导出来的各种集装设备的基础尺寸。

④物流建筑基础模数尺寸。主要是指物流系统中各种建筑物所使用的基础模数,在设计建筑物的长、宽、高、门窗以及跨度、深度等尺寸时,要以此为依据。

⑤物流专业术语标准。包括物流专业名词的统一化、专业名词的统一编码以及术语的统一解释等。

⑥物流核算、统计的标准化。物流核算、统计的规范化是建立系统情报网、对系统进行统一管理的重要前提条件,也是对系统进行宏观控制与微观监测的必备前提。这一标准化包含下述内容:a.确定共同的、能反映系统及各环节状况的最少核算项目;b.确定能用以对系统进行分析并可为情报系统收集储存的最少统计项目;c.制订核算、统计的具体方法,确定共同的核算统计计量单位;d.确定核算、统计的管理、发布及储存规范等。

⑦标志、图示和识别标准。物流中的物品、工具、机具都在不断运动,因此,识别和区分十分重要,对物流中的物流对象,需要既易于识别又易于区分的标识,这就可以用复杂的条形码来代替肉眼识别的标识。

(2)分系统技术标准

①运输车船标准。对象是物流系统中从事物品空间位置转移的各种运输设备,包括从各种设备有效衔接、货物及集装的装运、与固定设施的衔接等角度制定的车厢、船舱尺寸标准、载重能力标准、运输环境条件标准等,以及从物流系统与社会的关系角度出发制定的噪声等级标准、废气排放标准等。

②作业车辆标准。对象是物流设施内部使用的各种作业车辆,如叉车、台车、手车等。

包括尺寸、运行方式、作业范围、作业重量、作业速度等方面的技术标准。

③传输机具标准。包括水平、垂直输送的各种机械式、气动式起重机、传送机、提升机的尺寸、传输能力等技术标准。

④仓库技术标准。包括仓库尺寸、建筑面积、有效面积、通道比例、单位储存能力、总吞吐能力、温湿度等技术标准。

⑤站台技术标准。包括站台高度、作业能力等技术标准。

⑥包装、托盘、集装箱标准。包括包装、托盘、集装箱系列尺寸标准,包装物强度标准,包装、托盘、集装箱荷重标准以及各种集装、包装材料、材质标准等。

⑦货架、储罐标准。包括货架净空间、载重能力、储罐容积尺寸标准等。

(3)工作标准及作业规范

工作标准及作业规范是指对工作的内容、方法、程序和质量要求所制定的标准。物流工作标准是对各项物流工作制订的统一要求和规范化制度,主要包括:各岗位的职责及权限范围;完成各项任务的程序和方法以及与相关岗位的协调、信息传递方式,工作人员的考核与奖罚方法;物流设施、建筑的检查验收规范;吊钩、索具使用、放置规定;货车和配送车辆运行时刻表、运行速度限制以及异常情况的处理方法等。物流作业标准是指在物流作业过程中,物流设备运行标准,作业程序、作业要求等标准。这是实现作业规范化、效率化以及保证作业质量的基础。

练习题

1.简述通常集装箱运输托盘的尺寸。

_____

_____

2.简述通常仓库货架、叉车、运输道路等的尺寸。

_____

_____

_____

3.思考为什么国际标准化组织(ISO)认定的物流基础模数尺寸是600 mm×400 mm,并试着绘制其与标准托盘的组托图。

_____

_____

_____

项目2　集装箱的标准化尺寸

2.2.1　集装箱的定义

集装箱(container)在我国香港地区被称为"货箱",在我国台湾地区被称为"货柜",是指具有一定强度、刚度和规格,专供周转使用的大型装货容器。但单纯把它称为装货容器是不对的,更确切地说它应该是一种运输设备。

目前,中国、日本、美国、法国等国家都全面引进了国际标准化组织的定义。除了ISO的定义,还有《集装箱海关公约》(CCC)、《国际集装箱安全公约》(CSC)、英国国家标准和北美太平洋班轮公会等对集装箱下的定义,内容基本上大同小异。

按国际标准化组织(International Organization for Standardization, ISO)第104技术委员会的规定,集装箱应具备下列条件:

①能长期反复使用,具有足够的强度;

②途中转运不用移动箱内货物,就可以直接换装;

③可以进行快速装卸,并可从一种运输工具直接方便地换装到另一种运输工具;

④便于货物装满和卸空;

⑤具有1 m³或以上的容积;

满足上述5个条件的大型装货容器才能称为集装箱。

2.2.2　集装箱的尺寸

1)国际标准的尺寸

国际标准集装箱是指按照国际标准化组织(ISO)制定的标准设计和制造的集装箱。世界上95%的海运集装箱都符合ISO标准,国际标准做过多次增减修改,目前国际上通用的第一系列的集装箱规格尺寸主要分为A型、B型、C型、D型。表2.1为第一系列集装箱的外部尺寸和总质量。

表2.1　国际标准集装箱规格尺寸和总质量

规　格	箱　型	长　度		宽　度		高　度		最大总质量	
		mm	ft/in	mm	ft/in	mm	ft/in	kg	lb
40 ft	1AAA	12 192	40/0	2 438	8/0	2 896	9/6	30 480	67 200
	1AA					2 591	8/6		
	1A					2 438	8/0		
	1AX					<2 438	<8/0		

续表

规 格	箱 型	长 度		宽 度		高 度		最大总质量	
		mm	ft/in	mm	ft/in	mm	ft/in	kg	lb
30 ft	1BBB	9 125	29/11.25	2 438	8/0	2 896	9/6	25 400	56 000
	1BB					2 591	8/6		
	1B					2 438	8/0		
	1BX					<2 438	<8/0		
20 ft	1CC	6 058	19/10.5	2 438	8/0	2 591	8/6	24 000	52 920
	1C					2 438	8/0		
	1CX					<2 438	<8/0		
10 ft	1D	2 991	9/9.75	2 438	8/0	2 438	8/0	10 160	22 400
	1DX					<2 438	<8/0		

注:1 in=2.54 cm;1 lb=0.453 6 kg。

从表2.1可以看出,国际集装箱的长度有40 ft,30 ft,20 ft和10 ft 4种,高度有9 ft 6in,8 ft 6 in、8 ft和小于8 ft 4种,但是宽度均为8 ft,目前国际集装箱运输中采用1AA和1CC两种箱最多,其次是1AAA,1A,1C箱型。

20 ft也可以称作TEU, TEU是指Twenty-foot Equivalent Unit。TEU是集装箱的国际计量单位,也称为国际标准箱单位。这个单位用来表示船舶装载集装箱的能力,也是集装箱和港口吞吐量统计使用的重要单位。

TEU也称为1个国际标箱20 ft集装箱,1个40 ft的集装箱等于两个TEU,1个30 ft的集装箱等于1.5个TEU,1个10 ft的集装箱等于0.5个TEU。同时,还有另外一个单位,叫作自然箱(Natural Unit, UN)。在使用自然箱进行统计时,不管是1个40 ft、1个30 ft、1个20 ft,还是1个10 ft的集装箱,都作为一个集装箱统计。

2)国家标准的尺寸

表2.2 GB/T 1413—2008《系列1集装箱分类、尺寸和额定质量》

箱 型	长 度		宽 度		高 度		总 重	
	mm	ft/in	mm	ft/in	mm	ft/in	kg	lb
1EEE	13 716	45/0	2 438	8/0	2 896	9/6	30 480	67 200
1EE					2 591	8/6		
1AAA	12 192	40/0	2 438	8/0	2 896	9/6	30 480	67 200
1AA					2 591	8/6		
1A					2 438	8/0		
1AX					<2 438	<8/0		

箱 型	长 度		宽 度		高 度		总 重	
	mm	ft/in	mm	ft/in	mm	ft/in	kg	lb
1BBB					2 896	9/6		
1BB	9 125	29/11.25	2 438	8/0	2 591	8/6	30 480	67 200
1B					2 438	8/0		
1BX					<2 438	<8/0		
1CC					2 591	8/6		
1C	6 058	19/10.5	2 438	8/0	2 438	8/0	30 480	67 200
1CX					<2 438	<8/0		
1D	2 991	9/9.75	2 438	8/0	2 438	8/0	10 160	22 400
1DX					<2 438	<8/0		

说明:省略了集装箱长度、宽度、高度的允许公差。

1978年,国家标准(GB1413—78)规定了我国集装箱的型号为5D,10D,1CC和1AA 4种,其相应的质量为5 t,10 t,20 t和32 t。1985年该标准又做了修改(GB/T1413—85),增加了1A,1AX,1C和1CX 4种箱型。2008年,国家标准化管理委员会发布了国家标准《集装箱外部尺寸和额定质量》(GB/T 1413—2008)。

3)地区标准的尺寸

此类集装箱标准是由地区组织根据该地区的特殊情况制定的,此类集装箱仅适用于该地区。如根据欧洲国际铁路联盟(VIC)所制定的集装箱标准而建造的集装箱。

4)公司标准的尺寸

根据本公司的具体情况和条件制定的集装箱船舶公司标准,这类箱主要在该公司运输范围内使用。此外还有不少非标准集装箱,如非标准长度集装箱有美国海陆公司的35 ft集装箱、总统船舶公司的45 ft及48 ft集装箱;非标准高度集装箱主要有9 ft和9.5 ft两种高度集装箱;非标准宽度集装箱有8.2 ft集装箱等。

练习题

结合表2.1分析,为什么30 ft的集装箱实际尺寸并不是9 144 mm,而是9 125 mm?

_____

_____

_____

_____

项目3　集装箱的标准化结构

2.3.1　角件

角件在集装箱的起吊、搬运、固定、堆码和拴固作业中都起着关键作用。一般来说,箱体所承受的任何作用力也几乎全是通过角件来传递的。作为箱体的最外缘,角件还起着保护整个箱体的作用。集装箱上部的角件称作顶角件,下部的角件称为底角件。我国国家标准《集装箱角件的技术条件》(GB1835—1985)规定,角件分为甲、乙两种。甲种角件适合于1AA和1CC型集装箱,乙种角件适合于5D和10D集装箱。图2.1中,数字20的位置为底角件。图2.2即为角件的构造。

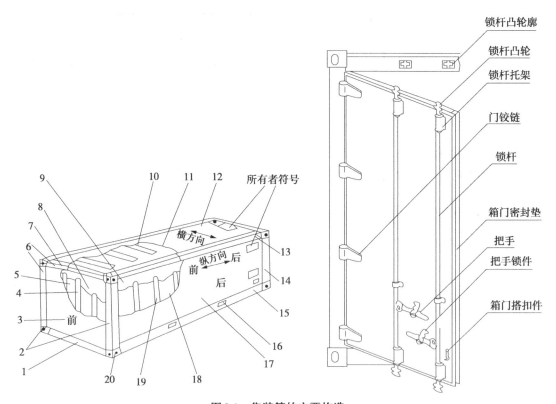

图2.1　集装箱的主要构造

1—下横梁;2,14—角柱;3—端壁;4—端柱;5—端壁板;6—前端框架;7—上横梁;

8—端壁内衬板;9—侧壁柱;10—顶梁;11—顶板;12—箱顶;13—上桁材;

15—下桁材;16—叉槽;17—侧壁;18—侧壁板;19—侧壁柱;20—角配件

图2.2 角件的构造

2.3.2 角柱

图2.1中,2,14的位置就是角柱,它起着连接顶角件和底角件的作用,是连接顶角件和底角件的立柱,也是集装箱的主要承重部件。

2.3.3 角结构

图2.1中的顶角件、底角件和角柱一起形成了角结构,它是承受集装箱堆码载荷的强力构建,三者是用焊接的方法连接在一起的。角结构是整个集装箱的承重结构,堆码时集装箱的质量通过角结构进行传递,底层集装箱应该堆置在规定的范围内,上下层的集装箱角件应该对准。

2.3.4 上、下横梁

图2.1中的上、下横梁指在箱体端部与左、右顶角件连接的横向构件。

2.3.5 上、下侧梁

图2.1中的13,15分别是上、下侧梁。上侧梁是指侧壁上部与前、后顶角件连接的纵向构件。左面的称为左上侧梁,右面的称为右上侧梁。下侧梁是指侧壁下部与前、后顶角件连接的纵向构件。左面的称为左下侧梁,右面的称为右下侧梁。

2.3.6 端框架

图2.1中的6就是前端框架。端框架包括集装箱前、后框架。前端的框架由两组角结构、上横梁和下横梁构成。后端的框架实际上是门框架,它由后面的两组角结构、门楣和门槛组成。

2.3.7 端、侧壁

图2.1中3指的是端壁,17指的是侧壁。它是指在端框架平面内与端框架相连接形成的封闭板壁。侧壁是指与上、下侧梁和角结构相连接形成的封闭板壁。

2.3.8 端、侧壁板

图2.1中5指的是端壁板,18指的是侧壁板。覆盖在集装箱端部外表面的板称为端壁板,同样的,覆盖在集装箱侧部外表面的板称为侧壁板。

2.3.9 端柱、侧壁柱、顶梁

图2.1中的4,19,10分别是端柱、侧壁柱、顶梁。端柱是连接支撑上、下横梁的构件,侧壁柱是连接支撑上、下侧梁的构件,顶梁是指连接支撑箱顶上侧梁的构件。

2.3.10 顶板

图2.1中的11是顶板,是箱体顶部的板。

2.3.11 箱顶

图2.1中的12是箱顶,是指在端框架上和上侧梁范围内,由顶板和顶梁组合而成的组合件,使集装箱封顶。

2.3.12 底梁

在底板下连接下侧梁,用于支撑底板的横向构件,从箱门一直排列到端板为止。底梁一般用"C""Z""T"形型钢和其他断面的型钢制作。

2.3.13 叉槽

图2.1中的16就是插槽位置,是指横向贯穿箱底结构、供叉车的叉齿插入的槽。20 ft的集装箱一般有一对插槽,有的设有两对插槽。40 ft的一般不设叉槽。由于底结构不是集装箱承重部件,因此叉槽不能叉重箱,只能叉空箱。

2.3.14 门铰链

图2.1中能看到门铰链的位置,它的作用是靠短插销使箱门与角柱连接起来,保证箱门能自由转动。

2.3.15 箱门锁杆

图2.1中能看到箱门锁杆的位置,它是设在箱门上垂直的轴或杆。锁杆两端有凸轮,锁杆转动后,凸轮即嵌入锁杆凸轮座内,把箱门锁住。同时,锁杆还起着加强箱门承托力的作用。

2.3.16 海关铅封件

海关铅封件通常设在箱门的把手锁件上,海关用于施加铅封的设置。现在铅封的种类以及功能也多样化。

2.3.17　鹅颈槽

在40 ft集装箱靠近前端的位置,在底架中间位置,宽度大约为1 029 mm,向内延伸大约最小为3 150 mm。

练习题

1.绘制集装箱旋锁,并描述集装箱旋锁的种类和设计原理。

_____

_____

_____

_____

2.描述集装箱铅封的作用,铅封的种类以及使用方法。

_____

_____

_____

_____

项目4　集装箱的标准化标记

国际标准化组织在ISO 6346—1981(E)《集装箱的代号、识别和标记》中指定了集装箱的标准化标记。国际标准化组织规定的标记有必备标记和自选标记两类,每一类标记中又分为识别标记和作业标记。必备标记中的识别标记包括箱主代号、顺序号和核对数字。必备标记中的作业标记包括额定重量和自重标记、空陆水联运标记和登箱顶触电警告标记。自选标记中的识别标记包括国家和地区代号、尺寸和类型代号。自选标记中的作业标记包括超高标记和国际铁路联盟标记。

2.4.1　必备标记

1)识别标记

识别标记包括箱主代号、顺序号和核对数字,共由4个字母加7个数字构成。

①箱主代号。国际标准化组织规定,箱主代号由3个大写的拉丁文字母表示,同时也是

集装箱所有人代号,所有的箱主代号都应向国际集装箱局(BIC)登记注册。目前在全球16个国家和地区设有国际集装箱局的注册机构,如我国北京就有此注册机构,所有的注册机构每半年向公众公布一次在册的箱主代号,见表2.3。

②设备识别代号。它是第四位拉丁字母,可以是"U""J"或"Z"。"U"表示这个设备是集装箱,"J"表示这个设备是集装箱所配置的挂装设备,"Z"表示这个设备是集装箱专用车和底盘车。

表2.3　集装箱箱主代号

序　号	公司名称	箱主代号	国家或地区
1	马士基	MSKS	丹麦
2	地中海航运	MSCU	瑞士
3	铁行渣华	PONU	美国/荷兰
4	长荣海运	CEGU	中国台湾
5	达飞轮船	CMAU	法国
6	美国总统	APLU	美国
7	韩进海运	HJSU	韩国
8	中海集团	CSLU	中国
9	中远集团	COSU	中国
10	日本邮船	NYKU	日本
11	川崎汽船	CKLU	日本
12	加拿大太平洋	CMLU	加拿大
13	以星航运	ZIMU	以色列
14	商船三井	MOLU	日本
15	东方海外	OCLU	中国香港
16	赫伯罗特	HLCU	德国
17	阳明海运	YMLU	中国台湾
18	现代商船	HYLU	韩国

箱主代号约70%为liner(班轮公司),30%为租箱公司(Container Leasing Company),这些租箱公司拥有许多货柜专供出租却几乎不涉足班轮运输业。常见的租箱公司有 TEX, CAI, Xtra, MATSON, INTERPOOL 等。

③顺序号。顺序号又称箱号,由6位阿拉伯字母组成,位于4位拉丁字母之后。当有效数字不是6位时,则在有效数字前用"0"补足6位。

④核对数字。核对数字是用来核对箱主代号和顺序号记录是否准确的依据。它位于箱号后,以一位阿拉伯数字加方框表示,如图2.3所示。

图2.3 集装箱标记

练习题

解释下列集装箱标记的意义。

UESU：_____

300246：_____

方框9：_____

COSU 018276：_____

_____

OOCL 982378：_____

在集装箱的识别标记中设置核对数字的目的是防止箱号在记录时发生差错。同一个集装箱会经过火车、卡车及船舶等运输从这个国家到那个国家,进出车站、码头、堆场等场所,每进行一次交换和交接,就要记录一次箱号。一旦发生记录差错,集装箱就会"失踪"。所以,核对数字的"自检测"作用就显得非常重要。

核对数字如何完成"自检测"作用,与箱主代号和顺序号有直接关系,具体计算方法和步骤如下:

①从数值表中按顺序取出箱上代号中的每一个字母和顺序号中每一个数字的等效数值,等效数值具体见表2.4,顺序号的等效数值就是其本身的数字。

②将每一个有效数值分别按次序乘以20~29的加权系数。

③将所有的乘积相加,将总和除以模数11,所得余数即为核对数,余数10的核对数为0。

表2.4 集装箱箱主代号的等效数值

顺序号	箱主代号			
数字或等效数值	字　母	等效数值	字　母	等效数值
0	A	10	N	25

续表

顺序号	箱主代号				
数字或等效数值	字　母	等效数值	字　母	等效数值
1	B	12	O	26
2	C	13	P	27
3	D	14	Q	28
4	E	15	R	29
5	F	16	S	30
6	G	17	T	31
7	H	18	U	32
8	I	19	V	34
9	J	20	W	35
	K	21	X	36
	L	23	Y	37
	M	24	Z	38

某集装箱的箱主代号和顺序号为"COSU 001234",那么其核对数字是多少？其N值为：

$$N=20×13+21×26+22×30+23×32+24×0+25×0+26×1+27×2+28×3+29×4=3\ 577$$

3 577/11余数为2,即为"COSU 001234"所对应的核对数字,见表2.5。

表2.5　核对数字的计算

序号	项　目	箱主代号				顺序号						合　计
		T	R	I	U	5	8	3	8	8	8	
1	等效数值	31	29	19	32	5	8	3	8	8	8	
2	加权系数	2^0	2^1	2^2	2^3	2^4	2^5	2^6	2^7	2^8	2^9	8 117
3	乘积	31	58	76	256	80	256	192	1 024	2 048	4 096	
4	余数	10										

随着物流信息技术的进步,如射频技术、电子标签等,箱号信息可以自动地读入自动设施中,记录错误的概率非常小。

练习题

1.假如某集装箱的箱主代号和顺序号为"COSU 001234",其核对数字为多少？

_____
_____
_____
_____

2.有两名海关工作人员在对堆场的集装箱进行检验时,发现堆场的集装箱上的一个
数字看不清楚,请帮海关人员确定这个数字是多少。

图2.4　集装箱标记

_____
_____
_____
_____

3.了解国际集装箱验箱师(IICL)。

_____
_____
_____
_____
_____

2)作业标记

①额定质量和自重标记。额定重量即最大工作总质量(Max Gross Mass),是集装箱自重
和箱内装载货物的最大容许质量之和,简称最大总重,以R表示。集装箱的自重(Tare
Weight)又称空箱质量(Tare Mass),以T表示。集装箱的最大净载货用Net Weight表示。三
种质量标出时,需要用千克(kg)和磅(lb)两种单位同时表示。

②空陆水联运集装箱标记。空陆水联运集装箱适用于空运,并可与地面运输方式(如公路、铁路及水运)相互交接联运。空陆水联运集装箱具有一些普通装箱所没有的功能、结构以及操作规范,例如其箱底可冲洗,有顶角件和底角件,有与飞机机舱内栓固系统相配合的装置,用滚装装卸系统进行装运,该集装箱的强度在陆地上仅能堆码两层等。而海运时,不能在甲板上堆码,只能在舱内堆码,且只能堆一层。

其长度与海上集装箱相同,有 10 ft,20 ft,30 ft,40 ft 4 种。国际标准化组织已颁发 ISO 8323 空陆水联运集装箱的新国际标准,原来的 ISO1496/7 为旧标准。国际标准化组织对该集装箱规定了特殊标记,该标记为黑色,位于侧壁和端壁的左上角,并规定标记的最小尺寸为:高 127 mm,长 355 mm,字母标记的字体高度至少为 76 mm,如图 2.5(a)所示。

③登箱顶触电警告标记。凡装有登箱顶梯子的集装箱应设有该标记。该标记为黄色底三角形,一般设在罐式集装箱和位于登顶箱顶的扶梯处,以警告登箱顶者有触电危险,如图 2.5(b)所示。

④超高标记。在黄色底上标出黑色数字和边框,距箱底约 0.6 m 处,长度至少为 300 mm,同时应贴在集装箱主要标记的下方。凡高度超过 2.6 m(8 ft 6 in)的集装箱都应贴上此标记,如图 2.5(c)所示。

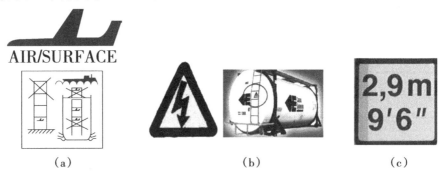

(a)   (b)   (c)

图 2.5 集装箱作业标记

2.4.2 自选标记

1)识别标记

1984 年的国际标准中,识别标记有国家代码,由 2~3 个拉丁字母组成。而到 1985 年,国家的新国际标准中取消了国家代码。所以现在的自选标记里面的识别标记主要由尺寸代码和类型代号组成。

①尺寸代号。尺寸代号以两个字符表示。第一个字符表示箱长,具体见表 2.6。

表 2.6 集装箱的箱长尺寸代号

代 码	箱长/m	箱 长	代 码	箱 长/m	箱 长
1	2 991	10 ft	D	7 430	24 ft 6 in
2	6 058	20 ft	E	7 800	

代　码	箱长/m	箱　长	代　码	箱　长/m	箱　长
3	9 125	30 ft	F	8 100	
4	12 192	40 ft	C	12 500	41 ft
5	备用号		H	13 106	43 ft
6	备用号		K	13 600	
7	备用号		L	13 716	45 ft
8	备用号		M	14 630	48 ft
9	备用号		N	14 935	49 ft
A	7 150		P	16 154	
B	7 315	24　0	R	备用号	

从表2.6可以看出,其中"1"表示该集装箱箱长为10 ft,"2"表示该集装箱箱长为20 ft, "3"表示该集装箱箱长为30 ft,"4"表示该集装箱箱长为40 ft。字母A—P表示该集装箱为特殊箱长集装箱。

第二个字符表示集装箱的箱宽与箱高。可以从表2.7中看出,"0"表示该集装箱的箱宽和箱高均为2 438 mm,"5"表示该集装箱的箱宽为2 438 mm,箱高为2 895 mm;字母"C"表示该集装箱的箱宽介于2 438 mm与2 500 mm之间,箱高为2 591 mm。

表2.7　集装箱的箱高、箱型尺寸代号

W	H		
	2 438 mm(8 ft)	2 438 mm(8 ft)<W ft 2 in)	W>2 500(8 ft 2 in)
2 438 mm(8 ft)	0		
2 591 mm(8 ft 6 in)	2	C	L
2 743 mm(9 ft)	4	D	M
2 895 mm(9 ft 6 in)	5	E	N
>2 895 mm(9 ft 6 in)	6	F	P
1 295 mm(4 ft 3 in)	8		
≤ft)	9		

②类型代号。类型代号也由两个字符组成,第一个为拉丁字母,表示箱型,第二个是阿拉伯数字,表示箱体物理特征或者其他特征。"G0"表示一端或两端有箱门,"G3"表示一端或两端有箱门,并且在一侧或者两侧也设有"局部"箱门。"S0"表示牲畜集装箱,"S1"表示汽车

集装箱。

对于能确定类型,但特征未确定或不明确的集装箱,可直接用类型组代号标示。如属于"通用"集装箱类型,但无法确定特征代号的,可直接标示为"GP",见附录。

练习题

1.解释下列符号的意思。

尺寸代号22表示:

_____

尺寸代号45表示:

_____

类型代号R1表示:

_____

类型代号P3表示:

_____

2.请计算图中集装箱的核对数字,并依次写出各个标记的含义。

XINU 800647 □	
45G1	
MAX.GROSS	32 500 KG
	71 650 LB
TARE	3 970 KG
	8 750 LB
NET	28 530 KG
	62 900 LB
CU.CAP.	76.2 CU.M.
	2 690 CU.FT.

_____
_____
_____
_____
_____
_____

3.某集装箱箱门所示内容有一部分标示不清楚,只知道该集装箱箱主代码为COSU,顺序号为800121,核对号不清楚,该箱的类型是22G1,最大总重为30 480 kg,自重为2 230 kg,净重为28 250 kg,容积为33.2 m³。

(1)COSU 表示:＿＿＿＿＿＿＿＿＿＿＿＿＿＿＿＿＿

(2)1 ft=＿＿＿in;1 in=＿＿＿mm;1 lb=＿＿＿kg

(3)国际标准集装箱的宽度均为＿＿＿ft。

(4)22G1 表示:＿＿＿＿＿＿＿＿＿＿＿＿＿＿＿＿＿＿

(5)核对号是＿＿＿,请计算核对号。

2)作业标记

①国际铁路联盟标记。为简化铁路集装箱运输手续,制定了《国际铁路联盟条例》。凡符合《国际铁路联盟条例》规定的集装箱,可以获得此标记,也是在欧洲铁路上运输集装箱的必要通行标记。国际铁路联盟国家代号见表2.8。

表2.8 国际铁路联盟国家代号

国　家	代　号	国　家	代　号	国　家	代　号
芬兰	10	瑞士	62	意大利	83
中国	33	英国	70	荷兰	84
日本	42	西班牙	71	瑞士	85
波兰	51	南斯拉夫	72	丹麦	86
保加利亚	52	瑞典	74	法国	87
罗马尼亚	53	土耳其	75	比利时	88
捷克	54	挪威	76	伊朗	96
匈牙利	55	奥地利	81	伊拉克	99

如图2.6所示,方框上方的"i""c"代表法文"International""Chemin Defer",表示该集装箱已取得"国际铁路联盟"各缔约国的承认。方框下方的数字"33"表示中华人民共和国铁路,此数字是国家代号。

图2.6　国际铁路联盟标记　　　　图2.7　中国船级社的检验合格徽

②检验合格徽。集装箱上的该标志主要是确保不对人的生命安全造成威胁,这个检验主要由各个船级社执行。世界上最早的船级社是1760年成立的英国劳氏船级社。此后一些国家相继成立了船级社,如美国船级社、法国船级社、挪威船级社、德国船级社和日本海事协会等,图2.7为中国船级社的检验合格徽。

③集装箱批准牌照。联合国欧洲经济委员会制定了一个《集装箱海关公约》,符合这个公约的集装箱可以装上"集装箱批准牌照",在各国间加封运输,不必开箱检查箱内的货物,如图2.8所示。

图2.8　集装箱批准牌照

④安全合格牌照。按照《集装箱海关公约》的规定,检查合格的集装箱,在箱体上有一块大于200 mm×100 mm的"CSC安全合格"字样的金属牌,上面有一些集装箱的批准日期以及主要参数等,如图2.9所示。

图2.9　安全合格牌照

练习题

1.分析案例,简述船级社的作用。

宁波海事局对2018年的港口国监督检查缺陷情况做了梳理(《2018年港口国监督检查典型案例》),案例中涉及航行设备、救生设备、消防安全等。2018年11月,宁波海事局PSCO对靠泊宁波舟山港某码头的散货船"V"轮实施港口国监督检查时,发现该轮左舷配备两个可吊式救生筏,在救生筏的上方设置了铁栏杆,阻挡了救生筏的吊放,PSCO依据公约的规定对该轮开具了缺陷证明。

通知船级社,船级社派验船师上船确认了上述缺陷,并要求船方移除铁栏杆,以满足可吊式救生筏能被吊起释放的要求。

_____

_____

_____

_____

2.简述检验合格徽、集装箱批准牌照以及集装箱安全合格牌照的作用。

_____

_____

_____

_____

3.国际铁路联盟标记IC 70表示什么?

_____

_____

_____

_____

_____

能力单元3　集装箱的种类及选择

学习目标

- 熟悉集装箱的分类方式,深入了解集装箱的种类,并且学会选择集装箱;
- 了解货物的分类,掌握适箱货,并熟悉典型货物等;
- 学会用计算的方式选择集装箱的箱型以及集装箱的数量。

知识点

集装箱的种类;集装箱的容重;适箱货。

导入案例

货车起火30万件显示屏受损　未合理定损即销毁全部货物
向责任方追偿的保险公司为"扩大损失"埋单

2014年12月,保险公司承保的一批液晶显示屏由被保险人委托一家物流公司从韩国运往南京。货物先从韩国海路运输至中国威海港,随后又装上货车陆路运往南京。岂料,在运往南京的途中,货车后轮胎起火,火势蔓延到集装箱,致使集装箱内的液晶显示屏损坏严重。

经鉴定,车辆起火的原因是货车轮胎内侧制动蹄复位弹簧断开造成制动蹄无法回位,制动蹄片与制动鼓摩擦产生高温,高温过热的制动鼓引燃轮胎,造成车辆起火燃烧。制动蹄复位弹簧的断裂是发生概率极低的偶然事故。

集装箱内共有47托盘,30万余件货物。事故后,保险公司委托公估公司、物流公司和被保险人代表对货物进行联合检验,发现20托盘货物严重受损,另外27托盘货物为轻微受损,轻微受损货物外包装内状况不明,在进行质量测试之前不能确定受损情况。各方对受损严重的20托盘货物做报废处理均无异议,但对另外27托盘货物的处理方式不能达成一致意见。之后,收货人的质检人员对27托盘货物进行了严格的肉眼分类检测、强光测试、通电测试等性能检测,不合格率为72.79%。因物流公司不接受被保险人提出的检测计划,故未参加后续检测。

最后,货物由被保险人全部销毁处理,保险公司依保单约定向被保险人进行了理赔,支付理赔款135万余美元。

两公估公司各自定损　金额差达77万余美元

保险公司以承运人物流公司未能在运输期间照管好货物致使发生货损为由,将物流公司诉至上海海事法院。

原告保险公司诉称,车辆在运输过程中轮胎起火导致运输货物损失,物流公司作为承运人,应当承担赔偿责任;根据公估报告,20托盘货物全损,价格为58万余美元,另27托盘货物损失为70万余美元;已向被保险人支付货损保险理赔款共计135万余美元,取得代位求偿权,请求法院判令物流公司赔偿全部金额。

被告物流公司辩称,火灾事故属于《中华人民共和国合同法》所规定的"不可抗力"免责事由;原告聘请的公估公司没有检验资质,公估师没有对液晶显示屏进行检验的资质及专业知识,检验过程缺乏科学性,因此原告的公估报告不能作为定损依据;按照己方公估报告认定,受损严重的20托盘货物的损失金额为45万余美元,受损较轻的27托盘货物损失金额为8万余美元,合计损失为53万余美元。

被保险人定损未尽公平合理　保险公司代位求偿未获全部支持

法院经审理后认为,涉案火灾事故是因制动蹄复位弹簧断开引起的"偶然事故",但被告物流公司委托的区段承运人是专门从事运输的经营者,其对车辆有检查、保养、安全使用的义务,被告未举证证明其已经尽到承运人的注意义务,也未证明涉案事故是尽到注意义务也无法避免的客观情况,因此,涉案火灾事故不构成"不可抗力"。

法院同时认为,从原告保险公司提交的检验报告看,原告保险公司几乎完全依据被保险人自行检测的结果进行定损。被保险人拒绝对外提供涉案货物的出厂检测标准,拒绝将受损货物提交第三方进行检验,并对受损货物采取严苛的检测标准,不管是否有残值,一概予以销毁处理。而保险公司认可被保险人主张的全部损失,虽然对保险合同的双方而言均无可厚非,但由被保险人导致涉案受损货物无法公平合理地得到定损,该不利后果应当由代位的保险公司自行承担。在原告保险公司未充分证明货损金额的情况下,法院认可被告物流公司提交的公估报告的证明力,认定涉案货损金额为53万余美元。

综上所述,法院判决被告物流公司向原告保险公司赔偿53万余美元及利息损失。一审宣判后,各方当事人均未提出上诉。

练习题

1.本案的聚焦点是什么?

_____

_____

_____

2.本案中所使用的集装箱是什么类型的集装箱? 简述集装箱的特点以及装箱过程。

_____

_____

_____

_____

项目1 集装箱的种类

集装箱由于用途和装载、运输要求不同,种类也特别丰富,具体包括以下集中分类方式。

3.1.1 按照制造材料分类

制造材料是指集装箱的侧壁、端壁、箱顶等主体部件材料,主要有3种制造材料——钢材、铝合金、玻璃钢,此外还有木头等集装箱。

1)钢制集装箱

钢制集装箱的外板和结构部件以钢板为原料,优点是强度大,结构牢,焊接性高,水密性好,价格低廉;缺点是质量大,防腐性差,维修费用高,使用期限一般为11～12年。但是若以不锈钢为原料,造价会比较高,不锈钢主要用来做罐式集装箱。

2)铝合金集装箱

铝合金是铝中添加了Cu,Mg,Mn,Zn等元素。以铝合金为原料,优点是质量轻,外表美观,防腐蚀,弹性好,加工方便以及加工费、修理费低,使用年限可达15～16年;缺点是造价高,焊接性能差。20 ft铝制集装箱的自重大约为1 700 kg,比钢制集装箱轻20%～25%。

3)玻璃钢集装箱

玻璃钢也称为纤维强化塑料,以玻璃钢为原材料,其优点是强度大,刚性好,内容积大,隔热、防腐、耐化学性好,易清扫,修理简便;缺点是易老化,拧螺栓处强度降低,重量大,与一般的钢制集装箱质量相差不多。

3.1.2 按照结构分类

集装箱按照结构可分为以下3类。

1)内柱式与外柱式

"柱"指的是集装箱的端柱和侧柱。内柱式集装箱即侧柱和端柱位于侧壁和端壁之内;反之则是外柱式集装箱。一般玻璃钢集装箱和钢制集装箱均没有侧柱和端柱,故内柱式和外柱式集装箱均是对铝合金集装箱而言。

2)折叠式与固定式

折叠式集装箱是侧壁、端壁和箱门等主要部件能很方便地折叠起来,反复使用时可再次撑开的一种集装箱。反之,各部件永久固定地组合在一起的称为固定式集装箱。折叠式集装箱(图3.1)主要用在货源不平衡的航线上,为了减少回空时的舱容损失而设计的。目前,使用最多的还是固定式集装箱。

图3.1　折叠式集装箱

3)薄壳式与预制骨架式

集装箱的骨架由许多预制件组合起来,并由其承受主要载荷,外板和骨架用铆接或焊接的方式连为一体,称为预制骨架式集装箱。通常是铝质和钢质的预制骨架式集装箱,外板采用铆接或焊接方式与骨架连接在一起,玻璃钢的预制骨架式集装箱,其外板用螺栓与骨架连接。薄壳式集装箱则把所有构件结合成一个刚体,优点是质量轻,受扭力作用时不会引起永久变形。集装箱的结构一般或多或少都采用薄壳理论进行设计。

练习题

　　1.了解不同集装箱的销售价格。

　　_____

　　_____

　　_____

　　2.简述集装箱的主要尺寸及质量。

　　_____

　　_____

　　_____

　　3.总结不同集装箱的特点。

　　_____

　　_____

　　_____

3.1.3 按照使用用途分类

1)通用干货集装箱（Dry Container）

通用干货集装箱也称杂货集装箱，以装运件杂货为主，用来装运文化用品、日用百货、医药、纺织品、工艺品、化工制品、五金交电、电子机械、仪器及机器零件等。这种集装箱使用范围极广，占集装箱总数的70%~80%，除冷冻货、活的动物和植物外，在尺寸、质量等方面适合集装箱运输的货物，均可使用干货集装箱。

2)冷藏集装箱（Reefer Container）

这种类型的集装箱具有制冷或保温功能，用来运输低温货或冷冻货，如鱼、肉、新鲜的蔬菜果蔬等。冷藏集装箱的基本类型有机械式冷藏集装箱、外置式冷藏集装箱、保温集装箱、液氮和干冰冷藏集装箱、冷冻板冷藏集装箱等，如图3.2所示。

图3.2 冷藏集装箱

①机械式冷藏集装箱是指设有制冷装置（如压缩式制冷机组、吸收式制冷机组等）的冷藏集装箱，只需要外界供电，就能制冷。在不同的运输场所，可分别由船舶电源、堆场电源或者专用车辆供电。

机械式冷藏集装箱是目前技术最成熟、应用最广泛的冷藏集装箱，但货物在装箱前需要预冷。机械式冷藏集装箱有"空冷"和"水冷"两种冷却方式。"空冷"指冷凝器放热时，利用空气带走热量，而"水冷"则指用循环水带走热量。采用"水冷"的集装箱装船时，既可以装到甲板上，也可以装到舱内。而40 ft的集装箱一般为"空冷"，只能装到甲板上。

机械式冷藏集装箱调温范围广，从常温到-30 ℃左右都能调节，通用性强，能运输不同温度要求的货物，箱内温度分布较均匀，适宜远距离运输，这是其相对于其他形式冷藏集装箱最突出的优点。

当然，机械式冷藏集装箱也有缺点，如设备复杂、初始投资大、维修费用高；箱内温度梯度要大于液氮冷藏集装箱；箱内需设风机、风道系统，会增加箱内货物的干耗、脱水。

②外置式冷藏集装箱，又称为离合式冷藏集装箱，箱内没有冷冻机而只有隔热设备，集装箱的端壁上设有进气孔和出气孔，箱子装在船舱中后，由船舶的冷冻装置供应冷气。在陆上运输时，一般与冷冻机相连。在堆场或码头需要配备有冷冻设备，或者进行集中供冷。在船舶上，依靠冷冻机舱制冷。

此种冷藏箱箱内温度能保持在-25 ℃以下，冷冻机故障率低，自重较轻，同时冷风从箱底吹进，温度分布良好，没有温差。有的还备有加温设备，可以使箱内温度保持在0~25 ℃。

外置式冷藏集装箱也有明显的缺点，须有外接的冷冻装置，且接拆冷冻装置比较费时。

3）通风集装箱（Ventilated Container）

通风集装箱外表类似于干货集装箱,适用于装运不需要冷藏但须通风、防止汗湿的杂货,如原皮、水果、蔬菜等。该箱箱体一般在其侧壁或端壁或箱门上设有4~6个供通风用的窗口,如果将通风窗口关闭,可作为干货集装箱使用,如图3.3所示。

图3.3　通风集装箱

通风集装箱的通风方式一般为自然通风,箱体一般采用双层结构,通风与排露效果好。"排露"是因为当箱体经过温差较大的地方时,箱体内部由于温度变化会产生"结露"和"汗湿",容易使货物变质。

练习题

1.冷藏集装箱的温度传输。

过去的冷链监控设备往往设计成一次性使用或者外部显示温湿度数据的形式而无法被责任人员实时掌握数据。最新的冷链监控系统能够实时将采集到的冷藏车内的温湿度数据上传至服务器,并通过软件系统直接展现温湿度数据曲线。

全国冷链流通公共信息服务平台,在商务部的指导下,旨在确保农产品冷链流通的安全性和可追溯性,提高农产品流通的信息化、标准化、集约化水平。那么,运输中的冷藏集装箱的数据如何输出和上传?

_____

_____

_____

_____

2.简述内置式和外置式冷藏集装箱的特点。

_____

_____

_____

_____

3.冷藏集装箱在集装箱船舶和堆场放置时的要求是什么?

_____

_____

_____

4.以下适合通风集装箱运输的货物是(　　　　),适合冷藏集装箱运输的货物是(　　　　)。

 A.香蕉   B.冻虾   C.新鲜菠菜   D.兽皮

 E.柚子   F.菠萝   G.果汁浓缩汁

4）罐式集装箱（Tank Container）

罐式集装箱用于装运酒类、油类、液体食品、化学药品等液体货物，其主要由液罐和框架构成，如图3.4所示。液罐一般为椭圆形或近似球形，采用双层结构。内壁采用不锈钢或其他刚性材料制成，但需涂布一层环氧树脂，防止液体货物腐蚀罐体。外壁采用保温材料。一般罐顶有圆形的装货口，罐底有卸货阀。罐式集装箱有高压液罐、低压液罐、保温液罐、带加热装置液罐等数种。框架采用高强度钢材制成，液罐放在框架中间。罐式集装箱的搬运操作、装货、卸货、储藏均需一定专门场所，可用于公路、铁路及水上运输。

图3.4　罐式集装箱

罐箱的外部框架尺寸完全等同于国际标准20 ft集装箱的尺寸（长20 ft，宽8 ft，高8 ft 6 in），角柱上也装有国际标准角件，管体顶部设有装货口，装货口的盖子必须水密，罐底有排出阀，可装载14 300～31 000 L（甚至更多）的流体货物。有些货物会随着温度的降低而变得黏稠，所以该类型的箱体下设有加热器，有的罐体上装有温度计。

在运输途中，半罐液体会对箱体产生巨大的冲击力，造成危险，因此运输时应保证货物满罐，同时要配备消防器材。

5）散货集装箱（Bulk Container）

散货集装箱是指顶部设有装货口，底部设有出货口的集装箱，类似于干货集装箱，在箱顶部还设有2～3个装货口，如图3.5所示。装货口有圆形和方形两种，箱门下方设有两个长方形卸货口。散货集装箱主要用于装运无包装的固体颗粒状和粉状货物，常用于装载粮食，也可装载各种饲料、树脂、硼砂、水泥、砂石等货物。

使用散货集装箱运输货物可以节约不菲的包装费用，减轻粉尘对人体和环境的损害，还可提高装卸效率

图3.5　散货集装箱

和降低物流成本。但在装载粮食时，由于检疫需要，有的散装集装箱的顶上还设有进行熏蒸用的附属装置。

6）敞顶集装箱（Open Top Container）

敞顶集装箱也称开顶集装箱，是指一种没有刚性箱顶的"集装箱"，其他构件与杂货集装箱类似，适于装载较高的大型货物和需吊装的重货。同时，其顶部有"硬顶"和"软顶"两种，"硬顶"是指顶部是一整块钢板，"软顶"是指顶部是可折式顶梁支撑的帆布、塑料或涂塑布的顶篷。

敞顶集装箱主要用来装载大型货物或者重型货物,货物可以从箱顶调入箱体内,这样便于装卸,也减轻了装箱的劳动强度。

【案例】

化工企业每月从上海至广州出货200 t某液体化工品,密度为0.9 g/mL,选择合理的物流方案,比较如下:

方案A:传统公路槽车运输。采用公路槽车运输,门到门运输,全程运输时间为4~5天。

方案B:罐式集装箱多式联运。

上海至广州运输距离达1 650 km,可采用公路、水路、公路门到门多式联运。每个罐式集装箱的体积为24 m³,按照货物密度,每箱可装20 t以上,每月200 t分为10个罐箱运输,全程运输时间为7~9天。

按照市场运价、罐箱租金、清洗费用等各项费用估算,在此案例中选择方案B可节省物流成本约30%。同时可提升公司安全环保的企业形象,增强企业的竞争力。

另外,在国内短途运输上,由于罐箱租金低廉,并且可罐车分离,可以做到专罐专用,省去不必要的清洗费用,因此比长期租用槽车更加经济和安全。

练习题

1.比较槽车和罐式集装箱有何不同。

_____

_____

_____

_____

_____

_____

2.简述罐式集装箱和散货集装箱的特点。

_____

_____

_____

_____

3.敞顶集装箱上面是否需要覆盖帆布? 如需要,所覆盖帆布的尺寸有哪些?

_____

_____

_____

_____

7)台架式集装箱(Open Top Container)

台架式集装箱(图3.6)又称框架集装箱、板架集装箱,主要靠箱底和四角柱来承受载荷。台架式集装箱主要分为两种:带有完整的上部结构和带有不完整的上部结构。具体有敞侧台架式、全骨架台架式、完整固定端壁的台架式(栅栏式和插板式)、完整折叠式、固定角柱以及折叠式集装箱等。

这些集装箱用于装载不适合用干货集装箱或开顶集装箱装载的长大件、超重件和轻泡货物。台架式集装箱适合装载形状不一、会产生集中负荷的重质物,需要从箱顶或箱侧面装载的货物,不怕风雨袭击的货物,超过标准集装箱公称尺寸的货物,如钢材、木材、机床、重型机械、钢管等货物。但没有水密性,怕水湿的货物不能装运。

台架式集装箱箱底两侧设有绑索环,能承受重货。箱底较厚,能够承受纵向强度,箱底的强度比普通集装箱大,而其内部高度则比一般集装箱低。在下侧梁和角柱上设有系环,可把装载的货物系紧。

图3.6　台架式集装箱

图3.7　平台式集装箱

8)平台式集装箱(Platform Container)

平台集装箱(图3.7)是无上部结构,只有高承载能力的箱底的一种特殊集装箱。一种是有顶角件和底角件的;另一种是只有底角件而没有顶角件的。其长度、宽度与国家标准集装箱的箱底尺寸相同,顶部和底部均装有角件的可使用与其他集装箱相同的紧固件和起吊装置。有的在底板两侧还设有供跨运车装卸用的凹槽,底板的侧面和端面还装设有系紧装置。

平台集装箱主要应用于装载超规格和质量非常大的货物,如超高货、超重货、清洁货、长件货、易腐货和污货等。

9)动物集装箱(Pen Container)

动物集装箱是指装运家禽和牲畜的集装箱,便于清扫和保持卫生,侧壁安装有上折页的窗口,窗下备有饲养槽,侧壁下方设有清扫口和排水口,可以定时给家禽或牲畜喂养食物。

两端壁开有箱门,采用钢制框架,装有铁丝网,通风良好,箱门可以全部打开和锁闭。能在运输过程中进行清扫和喂料,装载位置应在甲板上风浪影响较小的地方,在周围应堆装杂货集装箱,对风浪进行遮蔽。且车船上只装载一层,只能在甲板上装一层,不能堆装第二层,故产生了空载间隙。

10) 服装集装箱(Garment Container)

服装集装箱(图3.8)又称挂衣集装箱,指专门运输成衣的密闭式集装箱,有的是普通集装箱改装的,改装过程只需要几个小时。这种方法属于无包装运输,不仅节约了包装材料和包装费用,而且减少了人工劳动,提高了服装运输的质量,尤其是针对一些易皱不宜折叠的高档服装,如西装、衬衫等。

服装集装箱的箱板一般设有内衬板,这是为了防止衣服受潮和箱壁结露。这种集装箱在箱内上侧梁上装有许多横杆,每根横杆上垂下若干条皮带扣、尼龙带扣或绳索,成衣利用衣架上的钩直接挂在带扣或绳索上。

图3.8　服装集装箱　　　　　　图3.9　汽车集装箱

11) 汽车集装箱(Car Container)

汽车集装箱是一种专门运输汽车的特种集装箱(图3.9),这种箱型分为单层和双层,一种为10 ft,另一种为17 ft,这与汽车的高度为1.35~1.45 m密切相关。由于此类集装箱在运输途中受各种力的作用和环境的影响,因此集装箱的制造材料要有足够的刚度和强度,应尽量采用质量轻、强度大、耐用、维修保养费用低的材料,并且材料要价格低廉。

当然,在集装箱的发展过程中,类型也多,如组合式集装箱(G-container)、流动电站集装箱、流动舱室集装箱等。

知识拓展

装箱运费中包括了装卸费用,而散货运费中并未包括装卸费用。将大豆等货物装入一个个集装箱再一一卸空所花费的成本恐怕要比将它们一股脑儿倒在散货船舱内要高出许多。

对煤炭等污染性货物,若不在集装箱内使用塑胶衬垫,一笔清洗费用在所难免。由于大型集装箱船设计时力求在稳定性与载箱量两项指标上实现最大化,因此可装载大量40 ft集装箱,适于装运轻质货而非重货。

练习题

　　1.散货集装箱与干散货船有何不同？散货集装箱运输之后还必须经过哪些处理？

　　_____

　　_____

　　_____

　　2.动物集装箱装载时有哪些注意事项？

　　_____

　　_____

　　_____

　　3.简述平台式集装箱与台架式集装箱的区别。

　　_____

　　_____

　　_____

项目2　集装箱的选择

　　从集装箱发展的历程来看,极大地提高了装卸效率,降低了运输成本。但是货物的种类以及包装会极大地影响集装箱运输的装卸效率、安全性及货损程度。所以,针对货物的特性,选择合适的集装箱,再用正确的方法进行装卸,就显得特别重要。所以,了解货物的种类、属性及其对集装箱的要求,根据货物属性合理选择集装箱非常重要。

3.2.1　货物的分类

　　货物形状各异,品种繁多,选择合适的集装箱可以充分利用其容积,因此,按照货物正确分类显得特别重要。

1)按照适箱程度分类

　　最适合集装箱化的货物主要是货价高、运费也较高,且易破损或被盗的商品,如酒类、医药用品、针织品、小五金等。这类货物还有一个特点就是体积、质量以及形状等物理属性能很好地与集装箱的特征相适应。此类货物采用相应的集装箱运输,既能提高载箱能力,又能获得较高效益。

　　适箱货物主要是物理属性能较好地适应集装箱运输,价值相对低一些的货物,如纸浆、电线、袋装面粉等价值不高的货物,或者如生皮、炭精等易成为赔偿对象的货物。

边缘/临界货物,主要是指可以不使用集装箱运输,且本身价值或者运费很低的货物,如生铁、原木等,其本身受损和被盗的可能性也很小。

不适宜货物,主要是指根本无法使用集装箱运输,无包装运输反而效率更高的货物,如废钢铁、铁塔、大型发电机等。

2)按照货物性质分类

货物性质有三种类型,分别是普通货物、典型货物以及特殊货物。

(1)普通货物

此类货物的特点是批量不大、单价较高,且容易进行装卸和保管,易于按件计数。

①清洁货也称为精良货或细货,此类货物本身清洁而干燥,保管和运输时无特殊要求,且不容易污染串味或损坏其他货物,如棉、麻、纤维制品、橡胶制品及电器制品等。

②污货又称粗货,其本身具有发臭、发潮、发热、溶解、风化等物理或化学特征,容易产生渗漏、串味或者使其他商品遭受损失,如兽皮动物制品、水泥等粉尘类、沥青等油脂类和气味清冽的物品等。

(2)典型货物

此类货物的特点是本身已经带有包装,需要选择合适的集装箱进行装卸,对装卸要求更高。

①箱装货,是用不同材料的箱子作为包装材料,如纸板箱、金属壳箱及木箱等。

②瓦楞纸板货,是指包装比较精细的货物,如水果类、酒类、工艺品等。

③袋装货,是指用各种材料制成的袋子作为包装,如袋装面粉等。

④捆包货物,是指用捆包形式包装的货物,如棉布等。

⑤鼓桶类、滚筒类及卷盘货物,是指包装是圆形的、鼓形的或者由商品本身的形态决定的,如酒类或者油脂货等。货物本身是滚筒货的如塑料薄膜,货物本身是卷盘货的如卷钢等。

⑥托盘货物,这类货物本身就需要托盘进行承载。

(3)特殊货物

此类货物在外形上超长、超宽、超高,或者是物理化学性质特殊,如液体或者气体,冷藏货或者易腐货等。

①超长、超高、超宽和超重货物。这类货物的尺寸超过了国际集装箱标准而难以运输,如重型机械设备等。

②危险货。此类货物具有易燃、易爆、有毒或者带有腐蚀性等危险性,给装卸运输带来了难度,装卸运输过程中一定要注意安全等。

③散货。本身无包装的水泥、粮食、煤等,注意选择散货集装箱或者散装运输。

④动植物检疫货物。包括活的动植物、肉类等。装卸运输过程中要注意检验检疫,要选择合适的集装箱或者运输方式。

⑤冷藏货物。温度需要恒温或者是保持在一定温度以下的货物,如奶制品、肉制品以及

瓜果蔬菜等。

练习题

1.对于集装箱运输方案的设计,其中有一个非常重要的方面就是判断货物是否能够运用集装箱进行运输,是否是适箱货物。

水泥、玫瑰花、石油、马、推土机、采出的普通煤、无烟块煤、电脑等,试判断以上货物是否是适箱货物。

_____

_____

_____

_____

2.如何判断货物是否是适箱货物?如果不是适箱货物,如何解决?试举例(比如用液袋等)。

_____

_____

_____

_____

3.2.2　集装箱的选择

在进行运输之前,针对货物的特性,选择合适的集装箱,再用正确的方法进行装卸,就显得特别重要。所以,了解货物的种类、属性及其对集装箱的要求,根据货物属性合理选择集装箱非常重要。

1)根据货物的特征选择集装箱

在集装箱货物装箱前,根据货物的种类、包装、性质以及运输要求选择合适的集装箱显得尤为重要,这是开始高效运输的第一步。例如,对于危险货物、普通货物以及冷藏货物等,选箱是不同的。表3.1列出了如何根据货物的特性选择集装箱。当然,如果有特殊情况则另当别论。

表3.1　货物种类与集装箱对应表

集装箱种类	货物种类
杂货集装箱	清洁货、污货、箱装货、危险货、滚筒货、卷盘货等

集装箱种类	货物种类
开顶集装箱	超高货、超重货、清洁货、长件货、易庸货、污货等
台架式集装箱	超高货、超重货、袋装货、捆装货、长件货、箱装货等
散货集装箱	散货、污货、易腐货等
平台集装箱	超重货、超宽货、长件货、散件货、托盘货等
通风集装箱	冷藏货、动植物检疫货、易腐货、托盘货等
动物集装箱	动植物检疫货
罐式集装箱	液体货、气体货等
冷藏集装箱	冷藏货、危险货、污货等

练习题

请为该货运集团公司选择合适的集装箱,并设计整体的集装箱运输方案。

广东省某货运集团公司本月的货运任务如下:20 t玉米从韶关托运到印度的孟买港,20万t无烟块煤从秦皇岛托运到广州,4 t化肥(160袋,每袋25 kg)从茂名托运到南非的开普敦港,2 t天然气从东莞托运到新加坡,50万t石油从科威特托运到中石油深圳各营业点,500台空调从惠州托运到巴基斯坦的卡拉奇港,20匹良种赛马从广州托运到澳大利亚的悉尼港,1 t红玫瑰和500台彩电从广州托运到香港,2 t虾仁从湛江托运到上海,1 000套高档西服从广州托运到英国伦敦,50台推土机从佛山托运到坦桑尼亚的达累斯萨拉姆港,100套电脑从东莞托运到重庆。

2) 选择具体规格的集装箱

前文我们根据具体的货物特性选择好了集装箱,可能是一种集装箱,也可能是两种集装箱,即使是同一种集装箱,也有几种规格,所以到底选择哪一种集装箱更加经济合理,需要考虑更多的因素。

首先,尽量选择与货物载重相适应的集装箱,其目的在于使集装箱载重量得到充分利用。集装箱的最大载货质量等于总质量减去自重,集装箱实际装载量不能超过规定的总重数值。但是,如果两者相差无几,这是经济性的体现。

其次,货物密度与集装箱的容重两者相适应。在选箱时,应选择集装箱单位容重与货物密度相近的集装箱。集装箱的容重是指集装箱单位容积的质量,是集装箱最大载货质量与集装箱的容积之比,即

$$某货物的货物密度 = \frac{该批货物单位质量}{该批货物单位体积}$$

$$某集装箱容重 = \frac{该集装箱的最大载货质量}{该集装箱的容积}$$

实际操作中,货物装入箱内时,货物与货物之间、货物与集装箱内衬板之间、货物与集装箱顶板之间,都会产生无法利用的空隙(称为弃位),为此在计算集装箱的容重时,应从其标定的容积中减去弃位空间。因此,在比较集装箱的容重与货物的密度时,上式集装箱的单位容重应修订如下:

$$某集装箱容重 = \frac{该集装箱的最大载货质量}{该集装箱的容积 - 弃位空间}$$

从表3.2可知,同样的20 ft杂货集装箱,箱容利用率为100%时,容重为656.3 kg/m³,当箱容利用率为80%时,容重为820.4 kg/m³。箱容利用率小时,容重较大。同时也可以看出,货物密度大的货物,使用20 ft杂货集装箱比使用40 ft杂货集装箱经济;而在20 ft集装箱中,又以使用敞顶集装箱较为经济。而对于货物密度小的杂货,一般应采用容重较小的集装箱。

表3.2   几种不同尺寸的集装箱在箱容利用率分别为100%和80%时的容重

集装箱种类	kg	lb	m³	ft³	kg/m³	lb/ft³	kg/m³	lb/ft³
20 ft杂货集装箱	21 790	48 047	33.2	1 172	656.3	41	820.4	51.3
40 ft杂货集装箱	27 630	60 924	67.8	2 426	407.5	25.1	509.4	31.4
20 ft敞顶集装箱	21 480	47 363	28.4	1 005	756.3	47.1	954.4	58.9
20 ft台架式集装箱	21 230	46 812	28.5	1 007	744.9	46.5	931.1	58.1

3)其他因素的影响

事实上,集装箱在装卸过程中还要考虑装卸设施设备、装卸场所,在运输过程中还要考虑运输路线等问题。所以,集装箱的选择还受到实际情况的影响。

3.2.3　集装箱需用量的确定

在集装箱的规格箱型确定后,货主还要考虑集装箱的数量选择问题。如何确定集装箱的需用量,分两种情况考虑。

如果单位体积相同的货物,先计算单位集装箱的货物装箱量,然后再推算集装箱需求量。单位体积不同的装箱前进行规划,轻重合理搭配。在这里,先要了解一个变量:单位集装箱最大可能装载量。

$$单位集装箱最大可能装载量 = \frac{所选用的集装箱容积 - 该箱弃位容积}{单位货物体积} \times 单位货物质量$$

如果计算出来的货物单位集装箱最大可能装载量大于该集装箱的最大载货质量,则按最大载货质量计算该货物所需用的集装箱总数。

$$集装箱需用量 = \frac{该批货物总质量}{单位集装箱最大载货质量}$$

如果计算出来的货物单位集装箱最大可能装载量小于该集装箱的最大载货质量,则按该货物单位集装箱最大可能装载量计算该货物所需用的集装箱总数。

$$集装箱需用量 = \frac{该批货物总质量}{该货物的单位集装箱最大可能载货量}$$

如果是单位体积不相同的货物或者是拼箱货,规划时尽量使最终量和容积都得到充分利用,轻重货物进行科学合理地堆放。

练习题

1.某批货物为规格相同的纸板箱包装的洗衣机,共800箱,单箱体积为0.64 m³,单箱质量为70 kg,请确定所选用的杂货集装箱类型,并估算所需箱数。

(1)计算货物密度。

据货物密度计算式,得该批货物密度为:

_____

(2)选择合适的集装箱(根据密度和容重比较)。

_____

_____

(3)计算该集装箱对该货物的最大可能装载量。

_____

_____

(4)计算所需箱数。

根据集装箱需用量计算式,得该批货物所需箱数。

_____

_____

当然,当货物为轻泡货物时,所需集装箱数量=$\dfrac{\text{货物总体积}}{\text{集装箱的有效容积}}$。

2.用纸板箱装一批电器产品,共750箱,体积为117.3 m³,质量为20.33 t,需装多少个20 ft杂货集装箱?

(1)求货物密度。

_____

_____

(2)判定货物为轻泡货或重货。

_____

_____

(3)根据密度和容重,选择合适的集装箱。

_____

_____

(4)计算装箱有效容积。

_____

_____

(5)所需要集装箱数。

_____

_____

还有,当货物数量较少时,要计算拼箱货划算还是整箱货更经济。

3.从墨尔本出口02003女式套头衫200件至纽约,销售单位是PC(件),包装单位是CARTON(箱),单位换算显示是每箱20件,每箱毛重13 kg,每箱净重11 kg,每箱体积为0.143 08 m³。若"航线及运费查询"中查得20 ft集装箱运费为USD1264,普通拼箱按体积算的运费为USD137,按质量算为USD126。

试分别计算毛重、体积,并指出如何选择集装箱。海运运费是多少?

解:(1)计算毛重、体积。

_____

_____

按W/M标准选择运价。

_____

_____

(2)如何选择集装箱?

_____

_____

(3)海运运费的计算。

4.有一批适箱货物,共900箱,单箱货物体积为1.5 m³(3 m(长)×1 m(宽)×0.5 m(高)),单箱质量为108 kg。试完成以下内容。

(1)计算货物的密度。

(2)选用的箱子种类是什么？阐明原因。

(3)计算该集装箱对该货物的最大可能装载量。

(4)计算箱容利用率分别为80%,100%时的集装箱数量。

(5)模拟箱容利用率为80%时货物在集装箱内的装载情况,并考虑哪些现代化的方法可以提高箱容利用率。

能力单元4 集装箱的装载及运输

学习目标

- ●了解集装箱的检查过程及内容,熟悉集装箱的装载过程以及装载内容;
- ●掌握集装箱的9种交接方式,熟悉整箱货与拼箱货的区别;
- ●掌握整箱货与拼箱货的进出口运输流程以及主要的单证。

知识点

整箱货;拼箱货;填塞。

导入案例

集装箱货物残缺案例

上海一家公司(以下称"发货人")出口30万美元的皮鞋,委托集装箱货运站装箱出运,发货人在合同规定的装运期内将皮鞋送货运站,并由货运站在卸车记录上签收后出具仓库收据。该批货出口提单记载CY-C运输条款、SLAC由货主装载并计数、FOB价、由国外收货人买保险。国外收货人在提箱时箱子外表状况良好,关封完整,但打开箱门后一双皮鞋也没有。也许有人会提出:皮鞋没有装箱,怎么会出具装箱单? 海关是如何验货放行的? 提单又是怎样缮制与签发的? 船舶公司又是怎样装载出运的? 收货人该向谁提出赔偿要求呢?

收货人在向发货人、承运人、保险人提出索赔而又得不到赔偿后,转向货运站进行提赔,其理由是装箱过失所致。然而,集装箱货运站说:收货人与发货人之间有买卖合同关系;发货人与承运人之间有运输合同关系;收货人与保险人之间有保险合同关系,收货人与货运站之间既无合同又无提单关系,装箱过失属货运站管货过失行为,即使赔偿也可享有一定的责任限制,但如按侵权过失,则应按实际损失赔偿。货运站进一步说即使由货运站装箱,也是货主委托行为,货运站是货主的雇用人员。显然,货运站的观点是错误的,因为:①仓库收据的出具表明货运站已收到货主的货物;②仓库收据的出具表明货运站对收到的货开始承担责任;③货运站在卸车记录上签收,表明双方交接责任已明确转移;④装箱单出具则表明皮鞋已装箱。

集装箱货物发生残损、短缺的情况复杂,涉及面广,环节多,政策性强,而相关的国际公约、规则和贸易运输惯例众多;要分析货物包装和积载的适应性,查明货物残损短缺的数量、范围,确定货物损失的程度;判定货物发生残损、短缺的时间和地点及产生的直接原因,区分货物残损短缺的类型,明确责任归属;核定货物残损的施救费用以及货物的贬值率;出具货物残损、短缺检验鉴定证书。这些都是十分复杂的技术问题。因此,检验鉴定人员必须勘查现场,仔细调查研究,查阅合同、提单、运单、装箱清单、理货签残单、溢短单和交货记录单,掌握第一手资料,并采用化学分析、物理性能测试、力学分析和感观鉴定等各种科学方法进行综合分析,力求得出符合实际情况的鉴定结果,以便出具内容翔实、论证严谨、公正准确的检验鉴定证书,才能起到减少贸易纠纷,维护有关各方的合法权益的作用。

练习题

1.收货人向发货人请求赔偿,为什么会被拒绝?

2.收货人向承运人请求赔偿,为什么会被拒绝?

3.收货人向保险人请求赔偿,为什么会被拒绝?

4.集装箱货物短缺与残损的种类和区别分别是什么?

项目 1　集装箱的装载

在选择好集装箱后,对于即将装载的集装箱要做全面检查,这是因为如果集装箱一旦有问题,就容易造成大量货损甚至是运输事故。比如,如果运输货物是茶叶,如果集装箱的水密性不好,就会造成茶叶霉变乃至货物全损。如果集装箱角件损坏,堆码时集装箱就会坍塌,造成人员伤害及财产损失。

4.1.1　集装箱的检查

1)外部检查

集装箱到厂后必须先由仓库保管核对运输司机出示的货运单,核对货柜号码、封条号码与实际来的货柜柜身号码、封条号码是否相符,若有问题要第一时间通知报关员。要看是否有集装箱检验合格标记、船级社的检验标记以及其他标记,是否清洗等,这是集装箱能够进行运输的前提。接着看集装箱的四柱、六面、八角是否完好,如果有问题必须要求更换,甚至如一些裂缝或者是铆钉松动,也必须检查到位。

箱门位置也是非常重要的,要检查是否能正常地开关门以及箱门的密封性问题等。不同集装箱会有一些不同的附属件,如服装集装箱的箱内横杆等,也都要认真检查是否完好。

2)内部检查

外在检查柜号和封条号无误后,还要对集装箱进行全面检查。

①检查有无新刷油漆、焦木或填充剂的味道。

②检查有无新刷油漆的痕迹、焊接烙印或者箱板质地差异。

③检查前后角柱有无裂缝。

④检查箱板是否有打孔、切割、磨损或开裂;是否丢失、松脱零件或紧固件。

⑤进行内部漏光测试:检查有无因门封缺损、孔洞、焊接破损、地板损坏或分离、紧固件松脱或丢失造成的光线渗透。此检查在箱门完全紧闭的情况下从内部进行。

⑥在门的末端检查锁条,包括托架、导杆以及凸轮,查看有碍箱门操作或关牢的缺损,例如折曲、弯曲、凹陷等。

⑦在下层结构检查横向构件、外伸叉架和附件是否有洞;检查底板、箱板或板条是否破损、开裂或断开,是否稳固。

⑧检查集装箱各部位(前板、左侧/右侧/底/顶板、内/外门、隐蔽间隔等)是否存在异常,如果发现货柜箱有任何异常,管理人员必须在放行货物前进行复查。

3)记录

检查完后,要仔细登记检查记录(表4.1),如发现有问题不得装货,并要及时通知报关员。

表4.1 集装箱检查记录

日期:	时间:	来厂目的:□装货 □卸货		集装箱:新□ 旧□
车牌:	货物订单号:	船运公司名称:		
装货前检查情况				
检查位置	检查项目	检查结果	问题点所采取的纠正措施	
柜头	有无漏水			
	清洁与否			
	有无异味			
左面	有无漏水			
	清洁与否			
	有无异味			
右面	有无漏水			
	是否清洁			
	有无异味			
顶部	有无漏水			
	是否清洁			
	有无异味			
底部	有无漏水			
	是否清洁			
	有无异味			
内门/外门/锁闭装置	安全性			
外底盘	坚固性			
备注:在检查项目栏主要是货柜的完整性、清洁性、防水性和安全性。正常就在结果栏打"√",异常就在结果栏打"×",并要做出纠正措施。				
检查人/日期:			审核人/日期:	

4.1.2 集装箱的装载

集装箱的安全装载是进行安全堆码、运输的前提,所以正确装载是我们所要掌握的。

1）重量的合理分配

根据货物的体积、质量、外包装的强度，以及货物的性质进行分类，把外包装坚固和质量较重的货物装在下面，外包装较脆弱、质量较轻的货物装在上面，装载时要使货物的质量在箱底上均匀分布。如箱子某一部位装载的负荷过重，则有可能使箱子底部结构发生弯曲或脱开。在吊机和其他机械作业时，由于箱内货物质量分布不均，箱子会发生倾斜，致使作业不能进行。此外，在陆上运输时，如存在上述情况，拖车因前后轮的负荷差异过大也会发生故障。

2）货物的必要衬垫

装载货物时，要根据包装的强度来决定对其进行必要的衬垫。目前常用的垫料有胶合板、草席、缓冲器材和隔垫板等。对于外包装脆弱的货物、易碎货物，应夹衬缓冲材料，防止货物相互碰撞挤压。为填补货物之间和货物与集装箱侧壁之间的空隙，有必要在货物之间插入垫板。要注意对货物下端进行必要的衬垫，使质量均匀分布。对于出口集装箱货物，若其衬垫材料属于植物检疫对象，箱底应改用非植物检疫对象材料。

滚筒货要竖装，在侧壁和端壁上要铺设胶合板使其增强受力的能力，要从箱端开始堆装紧密，同时，货物之间要用柔软的衬垫填塞。

3）货物的合理固定

货物在装箱后一般都会产生空隙。由于空隙的存在，必须对箱内货物进行固定处理，以防止在运输途中，尤其是海上运输中由于船体摇摆而造成货物坍塌与破损。货物的固定方法主要有以下5种。

①支撑。用方形木条等支柱使货物固定。

②塞紧。货物之间，或货物与集装箱侧壁之间用方木等支柱在水平方向加以固定，或者插入填塞物、缓冲垫、楔子等防止货物移动。

③系紧。用绳索、带子等索具或用网具等捆绑货物。

④网罩。用钢丝网或者其他材料制成的具有一定强度的网状物固定货物，如图4.1所示。

⑤加框。可以用衬垫材料、扁平木材制成栅栏来固定货物。

衬垫和固定往往是要同时完成的，如钢管类货物，应用钢丝绳或者钢带把货物扎紧，以免运输途中晃动或者散捆造成意外。侧壁内要用方形木条竖几根立柱，再在几根立木柱之间用纵向木条连接起来，以保护侧壁。对于捆包货，一般要用木板对货物进行衬垫，同时在箱门处用方木条做成栅栏，保护箱门。

图4.1 货物的网罩固定

练习题

1.当货物具有有效的"第一水平"托运包装(如在包、瓶子、广口瓶或桶里)时,它们通常还是装箱入外包装(如纸板箱、盒子、条板箱)作为"第二水平"包装,这使其具有一系列好处。下列哪一项是由第二水平包装提供的优点?(　　　)

  A.在运输及存储中保护货物   B.带有标签和识别标志

  C.带有关于堆叠和装卸的说明 D.将小单元分组装入大包裹中

2.当设计者决定集装箱内包裹的次序和排布时,主要考虑(　　　)。

  A.将货物质量均匀分布于集装箱底板上

  B.将货物重心保持在集装箱上半部之内

  C.确保包裹安全堆叠

  D.卸货更容易和安全地进行

3.集装箱货物在装箱时可以通过(　　　)方法进行固定。

  A.绑扎   B.网罩   C.加框

  D.支撑   E.塞紧

4.当组织集装箱装箱时,监管人员首先要考虑的是如何尽可能有效且安全地进行装箱。以下哪些能帮助他做到这一点?(　　　)

  A.装箱应该越快越好   B.尽可能减少延误

  C.尽量避免机械操作   D.将事故率减少到最低

5.以下哪些货物能在集装箱内垂直堆放(竖直地以两端堆放)?(　　　)

  A.大型木质琵琶桶   B."带滚箍"的大型铁桶

  C.置于托盘上的小团桶、罐 D.中型塑料桶

6.在最后一个货件固定于集装箱相应位置后,以下哪个操作是将要进行的第一步骤?(　　　)

  A.关上箱门并铅封

  B.在集装箱外贴上合适的标签和布告

  C.将所有的工具、设备、尚未使用的衬垫和残片从集装箱中清除

  D.使用适当的支架或栅栏在门边固定货堆表面

7.模拟整箱货的装载。

受重庆某家电企业的委托,出口某种型号的洗衣机1 000台到美国洛杉矶。该洗衣机脱水功率为420 W,脱水转速1 400 r/min,外包装纸箱尺寸:705 mm×700 mm×985 mm,毛重70 kg,请帮该外贸公司确定货运方案。如果选择集装箱运输,请确定集装箱规格和所需箱量,并模拟绘制集装箱的装载图,空余部分请选择合适的方法进行固定。

8.模拟拼箱货的装载。

重庆某货运代理公司货源充足,每周出货一次。王强是该公司的一名货代员,这周他又揽到从重庆到欧洲汉堡的货源。请帮王强计算一下,本次出货需要的集装箱箱型和数量,并模拟绘制集装箱的装载图,空余部分请选择合适的方法进行固定。

序号	货物名称	货物毛重/kg	货物体积/m³
1	潜水电机	2 880	1.1×0.8×0.45×6
2	拉手	1 390	1.58×1.10×1.04×1+1.21×1.01×1.08×2+1.58×1.1×1.21×1
3	水龙头配件	2 071.18	0.4×0.4×0.35×123
4	不锈钢钢珠	4 935	0.96×0.78×0.42×15
5	铰链	1 127.5	1.12×1.12×0.71×1+1.12×1.12×0.61×1
6	五金	3 005	1.13×1.12×1.92×1+1.13×1.12×2.09×6
7	五金	2 016.5	1.03×1.03×1.52×1+1.08×1.08×1.53×1
8	玻璃马赛克	3 528	1.11×0.71×0.85×5
9	纽扣	1 091.6	0.3×0.3×0.3×44
10	布	2 729.9	0.3×0.2×1.5×132

续表

序号	货物名称	货物毛重/kg	货物体积/m³
11	辣椒酱	2 502	1.31×1.03×1.11×4
12	美容刷/梳、指甲钳	1 427.6	0.25×0.25×0.4×107
13	锂电池	3 951	1.22×1.02×1.38×5+1.22×1.02×1.16×1
合　计			

项目2　整箱货的运输

采用集装箱运输货物时,一般先将分散的小批量货物预先在内陆集散点进行集中,组成大批量货物以后,通过内陆运输(铁路或公路运输将其运到装船港。用船将集装箱运到卸船港后,再通过内陆运输将集装箱运到最终目的地。图4.2为集装箱货流流程示意图。

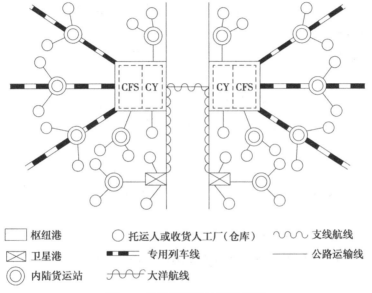

□ 枢纽港	○ 托运人或收货人工厂(仓库)	〜〜〜 支线航线
☒ 卫星港	■□■□ 专用列车线	—— 公路运输线
◎ 内陆货运站	〜〜〜 大洋航线	

图4.2　集装箱货流流程示意图

在集装箱货物运输的过程中,货物的交接有9种方式,货流流程主要分为整箱货和拼箱货两种。

4.2.1　集装箱运输的交接方式

在集装箱运输中,根据交接地点的不同,交接方式主要分为9种,其中集装箱运输经营人与货方承担的义务、责任不同。

1)集装箱货物的交接地点

托运人或收货人的工厂或仓库(Door)类,指承运人或其代理人在发货人的工厂或仓库接收货物或在收货人的工厂或仓库交付货物。

集装箱堆场(Container Yard, CY),集装箱码头堆场交接,一般意味着发货人应自行负责装箱及集装箱到发货港码头堆场的运输,承运人或其代理人在码头堆场接收货物后,责任开始。

集装箱货运站(Container Freight Station, CFS),这类一般包括集装箱码头货运站、集装箱内陆货运站或中转站,是处理拼箱货的场所。这里办理拼箱货的交接、配积载,并负责进口拼箱的拆箱、理货、保管或交收货人。

2)集装箱货物的交接方式

集装箱货运分为整箱和拼箱两种,因此在交接方式上也有所不同,综观当前国际上的做法,大致有以下几类,以整箱交、整箱接效果最好,也最能发挥集装箱的优越性。

①门到门(Door to Door):从发货人工厂或仓库至收货人工厂或仓库,整箱交,整箱接(FCL/FCL)。货主在工厂或仓库把装满货后的整箱交给承运人,收货人在目的地以同样整箱接货,换言之,承运人以整箱为单位负责交接。货物的装箱和拆箱均由货方负责。

②门到场(Door to CY):整箱交,整箱接(FCL/FCL)。货主在工厂或仓库把装满货后的整箱交给承运人,收货人在卸箱港的集装箱堆场以同样整箱接货,货物的装箱和拆箱均由货方负责。

③门到站(Door to CFS):整箱交,拆箱接(FCL/LCL)。货主在工厂或仓库把装满货后的整箱交给承运人,在目的地的集装箱货运站或内陆转运站由承运人负责拆箱后,各收货人凭单接货。

④场到门(CY to Door):整箱交,整箱接(FCL/FCL)。货主在起运地或装箱港的集装箱堆场将整箱交给承运人,收货人在工厂或仓库以同样整箱接货,货物的装箱和拆箱均由货方负责。

⑤场到场(CY to CY):整箱交,整箱接(FCL/FCL)。货主在起运地或装箱港的集装箱堆场将整箱交给承运人,收货人在目的地或卸箱港以同样整箱接货,承运人以整箱为单位负责交接。

⑥场到站(CY to CFS):整箱交,拆箱接(FCL/LCL)。货主在起运地或装箱港的集装箱堆场把装满货后的整箱交给承运人,在目的地的集装箱货运站或内陆转运站由承运人负责拆箱后,各收货人凭单接货。

⑦站到门(CFS to DOor):拼箱交,整箱接(LCL/FCL)。货主将不足整箱的小票托运货物在集装箱货运站或内陆转运站交给承运人,由承运人分类调整,把同一收货人的货集中拼装成整箱,运到目的地收货人工厂或仓库后,承运人以整箱交,收货人以整箱接。

⑧站到场(CFS to CY):拼箱交,整箱接(LCL/FCL)。货主将不足整箱的小票托运货物在集装箱货运站或内陆转运站交给承运人,由承运人分类调整,把同一收货人的货集中拼装成整箱,运到目的地或卸箱港的集装箱堆场后,承运人以整箱交,收货人以整箱接。

⑨站到站(CFS to CFS):拼箱交、拆箱接(LCL/LCL)。货主将不足整箱的小票托运货物在集装箱货运站或内陆转运站交给承运人,由承运人负责拼箱和装箱运到目的地货站或内陆转运站,由承运人负责拆箱,拆箱后,收货人凭单接货。货物的装箱和拆箱均由承运人负责。

4.2.2　集装箱货物出口的主要单证

1)场站收据的作用

与传统件杂货运输使用的托运单证比较,场站收据是一份综合性单证,它把货物托运单(订舱单)、装货单(关单)、大副收据、理货单、配舱回单、运费通知等单证汇成一份,这对于提高集装箱货物托运效率和流转速度有很大意义。一般认为场站收据的作用如下:

①船舶公司或船代确认订舱并在场站收据上加盖有报关资格的单证章后,将场站收据交给托运人或其代理人,意味着运输合同开始执行。

②是出口货物报关的凭证之一。

③是承运人已收到托运货物并对货物开始负有责任的证明。

④是换取海运提单或联运提单的凭证。

⑤是船舶公司、港口组织装卸、理货、配载的资料。

⑥是运费结算的依据。

⑦如信用证中有规定,可作为向银行结汇的单证。

2)场站收据的组成

场站收据是集装箱运输的重要出口单证,其组成格式在许多资料上说法不一。不同的港、站使用的场站收据也有所不同。这里以10联单的格式来说明场站收据的组成情况,见表4.2。

表4.2　场站收据10联单

序号	名　称	颜　色	用　途
1	集装箱货物托运单——货方留底	白色	托运人留存备查
2	集装箱货物托运单——船代留底	白色	编制装船清单、积载图、预制提单
3	运费通知(1)	白色	计算运费
4	运费通知(2)	白色	运费收取通知
5	装货单——场站收据副本(1)	白色	报关并作为装货指示
	缴纳出口货物港务费申请书	白色	港方计算港务费

续表

序号	名　　称	颜　色	用　　途
6	场站收据副本(2)——大副联	粉红色	报关,船上留存备查
7	场站收据	淡黄色	报关,船代凭以签发提单
8	货代留底	白色	缮制货物流向单
9	配舱回单(1)	白色	货代缮制提单等
10	配舱回单(2)	白色	根据回单批注修改提单

3)场站收据的流转程序

在集装箱货物出口托运过程中,场站收据要在多个机构和部门之间流转。在流转过程中涉及托运人、货代、船代、海关、堆场、理货公司、船长或大副等。现以10联单格式为例说明场站收据的流转过程。

①发货人或代理填制场站收据1式10联(表4.3至表4.12),留下第1联(发货人留底联),将其余9联送船代订舱。

表4.3　集装箱货物托运单(货主留底)(B/N)　十联单第一联

SHIPPER	D/R NO.	抬头
CONSIGNEE	集装箱货物托运单	
NOTIFY PARTY	货主留底	第一联
PRE-CARRIAGE BY XXXX PLACE OF RECEIPT		
OCEAN VESSEL VOY. NO. PORT OF LOADING		
PORT OF DISCHARGE PLACE OF DELIVERY		FINAL DESTINATION FOR THE MERCHANT'S RETER-ENCE

CONTAINER NO.	SEAL NO.	NO. OF CONTAINERS OR PKGS	KIND OF PACKAGES: DESCRIPTION OF GOODS	GROSS WEIGHT	MEASUREMENT
TOTAL NUMBER OF CONTAINERS OR PACKAGES(IN WORDS)					

FREIGHT &CHARGES	REVENUE TONS	RATE	PRE	PREPAID	COLLECT

EX. RATE	PREPAID AT		PAYABLE AT		PLACE OF ISSUE		
	TOTAL PREPAID		NO. OF ORIGINAL B/L THREE				
SERVICE TYPE ON RECEIVE	SERVICE TYPE ON DELIVERY		REETER TEMPERATURE REQUIRED			F	C
TYPE OF GOODS	ORDINARY,REETER, DANGEROUS,AUTO		危险品		CLASS: PROPERTY: IMDG CODE PAGE: UN NO.		
	LIQUID,LIVE ANIMAL,BULK						
可否转船	可否分批						
装期	效期						
金额：							
制单日期：							

表4.4　集装箱货物托运单（船代留底）　十联单第二联

SHIPPER			D/R NO.		抬头	
CONSIGNEE			集装箱货物托运单			
NOTIFY PARTY			船代留底		第二联	
PRE-CARRIAGE BY XXXX PLACE OF RECEIPT						
OCEAN VESSEL VOY. NO. PORT OF LOADING						
PORT OF DISCHARGE PLACE OF DELIVERY				FINAL DESTINATION FOR THE MERCH-ANT'S RETER-ENCE		
CONTAINER NO.	SEAL NO.	NO. OF CONTAINERS OR PKGS	KIND OF PACKAGES: DESCRIPTION OF GOODS	GROSS WEIGHT	MEASUREMENT	
TOTAL NUMBER OF CONTAINERS OR PACKAGES（IN WORDS）			SAY _____ONLY			

续表

FREIGHT & CHARGE	REVENUE TONS		RATE	PRE	PREPAID	COLLECT
EX. RATE	PREPAID AT		PAYABLE AT		PLACE OF ISSUE	
	TOTAL PREPAID		NO. OF ORIGINAL B/L THREE			

表4.5 运费通知(1) 十联单第三联

SHIPPER	D/R NO.	抬头
CONSIGNEE	集装箱货物托运单	
NOTIFY PARTY	运费通知(1)	第三联
PRE-CARRIAGE BY XXXX PLACE OF RECEIPT		
OCEAN VESSEL VOY. NO. PORT OF LOADING		
PORT OF DISCHARGE PLACE OF DELIVERY	FINAL DESTINATION FOR THE MERCHANT'S RETERENCE	

CONTAINER NO.	SEAL NO.	NO. OF CONTAINERS OR PKGS	KIND OF PACKAGES: DESCRIPTION OF GOODS	GROSS WEIGHT	MEASUREMENT
TOTAL NUMBER OF CONTAINERS OR PACKAGES (IN WORDS)			SAY _____ONLY		
FREIGHT & CHARGE	REVENUE TONS		RATE	PRE	PREPAID	COLLECT

EX. RATE	PREPAID AT	PAYABLE AT	PLACE OF ISSUE
	TOTAL PREPAID	NO. OF ORIGINAL B/L THREE	

表4.6 运费通知(2) 十联单第四联

CONSIGNEE			集装箱货物托运单			
NOTIFY PARTY			运费通知(2)		第四联	
PRE-CARRIAGE BY XXXX PLACE OF RECEIPT						
OCEAN VESSEL VOY. NO. PORT OF LOADING						
PORT OF DISCHARGE PLACE OF DELIVERY				FINAL DESTINATION FOR THE MERCHANT'S RETERENCE		
CONTAINER NO.	SEAL NO.	NO. OF CONTAINERS OR PKGS	KIND OF PACKAGES: DESCRIPTION OF GOODS	GROSS WEIGHT	MEASUREMENT	
TOTAL NUMBER OF CONTAINERS OR PACKAGES (IN WORDS)			SAY _____ONLY			
FREIGHT & CHARGE		REVENUE TONS	RATE	PRE	PREPAID	COLLECT
EX. RATE	PREPAID AT		PAYABLE AT		PLACE OF ISSUE	
	TOTAL PREPAID		NO. OF ORIGINAL B/L THREE			

表4.7 装货单(场站收据副本) 十联单第五联

SHIPPER	D/R NO.	抬头
CONSIGNEE	装货单	第五联
NOTIFY PARTY		
PRE-CARRIAGE BY XXXX PLACE OF RECEIPT		
OCEAN VESSEL VOY. NO. PORT OF LOADING		
PORT OF DISCHARGE PLACE OF DELIVERY	FINAL DESTINATION FOR THE MERCHANT'S RETER-ENCE	

续表

CONTAINER NO.	SEAL NO.	NO. OF CONTAINERS OR PKGS	KIND OF PACKAGES: DESCRIPTION OF GOODS	GROSS WEIGHT	MEASUREMENT
TOTAL NUMBER OF CONTAINERS OR PACKAGES (IN WORDS)			SAY _____ONLY		
CONTAINER NO.		SEAL NO.	PKGS	CONTAINER NO. SEAL NO. PKGS	
				RECEIVED CCCCCCCBY TERMINAL	
FREIGHT & CHARGE		PREPAID AT	PAYABLE AT	PLACE OF ISSUE	
		TOTAL PREPAID	NO. OF ORIGINAL B/L THREE		

表4.8　大副联（场站收据副本）
十联单第六联

SHIPPER			D/R NO.	抬头
CONSIGNEE			场站收据副本 COPY OF DOCK RECEIPT	
NOTIFY PARTY			大副联 （FOR CHIEF OFFICE）	第 六 联
PRE-CARRIAGE BY XXXX PLACE OF RECEIPT				
OCEAN VESSEL VOY. NO. PORT OF LOADING				
PORT OF DISCHARGE PLACE OF DELIVERY			FINAL DESTINATION FOR THE MERCHANT'S RETER-ENCE	
CONTAINER NO.	SEAL NO.	NO. OF CONTAINER S OR PKGS	KIND OF PACKAGES: DESCRIPTION OF GOODS	GROSS WEIGHT	MEASUREMENT

TOTAL NUMBER OF CONTAINERS OR PACKAGES (IN WORDS)		SAY _____ONLY	
CONTAINER NO.	SEAL NO.	PKGS	CONTAINER NO. SEAL NO. PKGS
			RECEIVED CCCCCCCBY TERMINAL
FREIGHT & CHARGE	PREPAID AT	PAYABLE AT	PLACE OF ISSUE
	TOTAL PREPAID	NO. OF ORIGINAL B/L THREE	

表4.9　场站收据　十联单第七联

SHIPPER		D/R NO.	抬头
CONSIGNEE		场站收据	
NOTIFY PARTY		DOCK RECEIPT	第七联
PRE–CARRIAGE BY XXXX PLACE OF RECEIPT			
OCEAN VESSEL VOY. NO. PORT OF LOADING			
PORT OF DISCHARGE PLACE OF DELIVERY			FINAL DESTINATION FOR THE MERCHANT'S RETER–ENCE
CONTAINER NO.	SEAL NO.	NO. OF CONTAINERS OR PKGS	KIND OF PACKAGES: DESCRIPTION OF GOODS	GROSS WEIGHT	MEASUREMENT
TOTAL NUMBER OF CONTAINERS OR PACKAGES (IN WORDS)		SAY _____ONLY	
CONTAINER NO.	SEAL NO.	PKGS	CONTAINER NO. SEAL NO. PKGS
			RECEIVED CCCCCCCBY TERMINAL
FREIGHT & CHARGE	PREPAID AT	PAYABLE AT	PLACE OF ISSUE
	TOTAL PREPAID	NO. OF ORIGINAL B/L THREE	

表4.10　货代留底　十联单第八联

SHIPPER	D/R NO.	抬头
CONSIGNEE	货代留底	第八联
NOTIFY PARTY		
PRE-CARRIAGE BY XXXX PLACE OF RECEIPT		
OCEAN VESSEL VOY. NO. PORT OF LOADING		
PORT OF DISCHARGE PLACE OF DELIVERY		FINAL DESTINATION FOR THE MERCHANT'S RETER-ENCE

CONTAINER NO.	SEAL NO.	NO. OF CONTAINERS OR PKGS	KIND OF PACKAGES: DESCRIPTION OF GOODS	GROSS WEIGHT	MEASUREMENT

TOTAL NUMBER OF CONTAINERS OR PACKAGES (IN WORDS)		SAY _____ONLY		

FREIGHT & CHARGE	项目	数量	费率(含转运费)	
	20'			
	40'			
	BAF			
	DDC			
	附加费			

EX. RATE	PREPAID AT	PAYABLE AT	PLACE OF ISSUE
	TOTAL PREPAID	NO. OF ORIGINAL B/L THREE	

表4.11　配舱回单(1)　十联单第九联

上海中远国际货运有限公司
COSCO SHANGHAI INTERNATIONAL FREIGHT CO.,LTD.
集装箱发放/设备交接单
EQUIPMENT INTERCHANGE RECEIPT

OUT出场

NO.

用箱人/运箱人(CONTAINER USER/HAULIER)	提箱地点(PLACE OF DELIVERY)

发往地点(DELIVERED TO)		返回/收箱地点(PLACE OF RETURN)	

船名/航次 (VESSEL/VOYZGE NO.)	集装箱号 (CONTAINER NO.)	尺寸/类型 (SIZE/TYPE)	营运人 (CNTR. OPTR.)

提单号 (B/L NO.)	铅封号 (SEAL NO.)	免费期限 (FREE TIME PERIOD)	运载工具牌号 (TRUCK, WAGON, BARGE NO.)

出场目的 (PPS OF GATE-OUT/STATUS)	进场目的/状态 (PPS OF GATE-INSTATUS)	出场日期 (TIME-OUT)

出场检查记录(INSPECTION AT THE TIME OF INTERCHANGE)			
普通集装箱 (GP CONTAINER)	冷藏集装箱 (RF CONTAINER)	特种集装箱 (SPERCIAL CONTAINER)	发电机 (GEN SET)
正常(SOUND) 异常(DEFECTIVE)	正常(SOUND) 异常(DEFECTIVE)	正常(SOUND) 异常(DEFECTIVE)	正常(SOUND) 异常(DEFECTIVE)

除列明者外,集装箱及集装箱设备交接单时完好无损,铅封完好无损。

THE CONTAINER/ASSOCIATED EOUIPMENT INTERCHANGED IN SOUND CONDITION AND SEAL INTACT UNLESS OTHERWISE STATED

用箱人/运箱人

(CONTAINER USER/HAULIER'S SIGNATURE)

码头/堆场值班员签署　　　　(TERMINAL/DEPOTCLERK'S SIGNATURE)　　　　SCT码头

表4.12　配舱回单(2)　十联单第十联

SHIPPER	D/R NO.	抬头
CONSIGNEE	配舱回单(2)	第十联
NOTIFY PARTY		
PRE-CARRIAGE BY XXXX PLACE OF RECEIPT		
OCEAN VESSEL VOY. NO. PORT OF LOADING		

续表

PORT OF DISCHARGE PLACE OF DELIVERY				FINAL DESTINATION FOR THE MERCHANT'S RETERENCE	
CONTAINER NO.	SEAL NO.	NO. OF CONTAINERS OR PKGS	KIND OF PACKAGES: DESCRIPTION OF GOODS	GROSS WEIGHT	MEASUREMENT
TOTAL NUMBER OF CONTAINERS OR PACKAGES (IN WORDS)					
FREIGHT &CHARGES		REVENUE TONS	RATE	PRE PREPAID	COLLECT
EX. RATE	PREPAID AT		PAYABLE AT	PLACE OF ISSUE	
	TOTAL PREPAID		NO. OF ORIGINAL B/L THREE		
SERVICE TYPE ON RECEIVE	SERVICE TYPE ON DELIVERY		REETER TEMPERATURE REQUIRED	F	C
TYPE OF GOODS	ORDINARY,REETER, DANGEROUS,AUTO		危险品	CLASS: PROPERTY: IMDG CODE PAGE: UN NO.	
	LIQUID,LIVE ANIMAL, BULK				
可否转船	可否分批				
装期	效期				
金额：					

发货人或代理填制场站收据时应注意：

A."场站收据"各栏目由托运人用计算机或打字机填制以求清晰。托运人应正确完整地填写和核对场站收据的各项目,尤其是下列栏目的内容：

a.货物装卸港、交接地；

b.运输条款、运输方式、运输要求；

c.货物详细情况,如种类、唛头、性质、包装、标志等；

d.装船期,能否分批出运；

e.所需集装箱规格、种类、数量等。

B.场站收据的收货方式和交货方式应根据运输条款如实填写,同一单内不得出现两种收货方式或交货方式。

C.冷藏货出运应正确填报冷藏温度。

D.危险品出运应正确填报类别、性能、《国际海运危险货物规则》(以下简称《国际危规》)页数和联合国编号(UNNO),如《国际危规》规定主标以外还有副标,在性能项目栏用"主标/副标"方式填报。

E.第二、三、四联和第八、九、十联右下角空白栏供托运人备注用。

F.托运人变更场站收据内容必须及时通知变更时已办好手续的各有关方,并在24小时内出具书面通知,办理变更手续。

②船代接受场站收据第二至十联,经编号后自留第二联(船代留底联)、第三联(运费计收联(1)、第四联运费计收联(2)、并在第五联(关单联)上盖章确认订舱,然后退回发货人第五至十联。

船代订舱签单时,应将场站收据编号用打字机打上,在第五联上盖章签单时应仔细核对托运人所填项目是否完整,如有问题应及时联系托运人或其货运代理。应注意的栏目主要有:

a.是否指定船舶公司、船名;

b.是否规定货物运抵日期或期限;

c.有无特殊运输要求;

d.对发货人提出的运输要求能否做到;

e.是否应收订舱押金。

③发货人或货代将第五至十联送海关报关,海关核对无误后在第五联(关单联)上盖章放行。托运人或代理的出口货物一般要求在装箱前24 h向海关申报,海关在场站收据上加盖放行章后方可装箱。如在海关盖章放行前装箱或先进入堆场的集装箱,必须经海关同意并在装船前24 h将海关盖章的场站收据送交收货的场站业务员。

发货人和承运人应切记,未经海关放行的货物不能装箱出运,一旦发现则以走私货论处。

④海关在第五联盖章放行后,自留第九联,将其余联(第五至八联、第十联)退回发货人或代理。

⑤发货人或代理负责将箱号、封志号、件数等填入第五至七联,并将货物连同第五至八联、第十联在规定时间一并送堆场或货运站。

场站收据中出口重箱的箱号允许装箱后由货代或装箱单位正确填写,海关验放时允许无箱号,但进场完毕时必须填写所有箱号、封志号和箱数。

⑥堆场或货运站在接收货物时进行单、货核对。如果无误,则在第七联上填入实收箱数、进场完毕日期并加盖场站公章签收,然后退回发货人。堆场或货运站自留第五联(关单联)。

承运人委托场站签发场站收据必须有书面协议,各场站与承运人签订委托协议后签发的场站收据可以向船代换取提单,已签出场站收据的集装箱货物在装船前的风险和责任由船舶公司承担。如采用CY交接条款,货主对箱内货物的准确性负责;如采用CFS交接条款,装箱单位对货物负责。

堆场或货运站签发场站收据第七联时应注意:

a.第五联(关单联)上是否有海关放行章。没有海关放行章,不得签发"场站收据",并不安排集装箱装船。

b.进堆场或货运站的货物与单证记载内容是否相符。

c.进堆场的箱号、关封号是否与单证记载相符。

d.一起送交的单证,其内容是否单单相符。

e.货箱未进堆场或货运站不能签收,船舶公司是否已给舱位。

f.堆场内一旦发生倒箱,新箱号是否报海关。

g.一批货分批进堆场,最后一箱进场完毕后签收场站收据。

h.拼箱货物以箱为单位一票一单签发场站收据。

⑦发货人凭签收的第七联去船代处换取待装船提单,或在装船后换取已装船提单。船代签发集装箱提单时应注意:

a.货物是否已实际装上船舶;货物是否在装运期内装船出运场;如货物是预付运费,该运费是否已支付;B/L记载内容与装箱单、商检证、发票、信用证是否一致;D/R上运输条款与B/L记载内容是否一致;场站收据上对货物有无批注;货运代理人是否已先签发HOUSE B/L;签发几份正本提单。

b.船代在货箱装船后,应核对单据与集装箱装船的情况是否一致。如不一致,应迅速与港方和理货联系,避免出现差错。凭场站收据正本,船代应立即签发待装船提单。在船舶开航后24小时内,船代应核对并签发已装船提单。

⑧货物装船时,堆场将第六、八、十联送外理,外理于货物实际装船后在第八联(外理联)签收并自留。

⑨等货箱全部装上船舶,外理将第六联(大副联)和第十联(空白联)交船方留存。第十联也可供有关方使用。

⑩堆场业务员必须在装船前将场站收据第六联(大副联)分批送外轮理货人员,最后一批不得迟于开装前4 h。外轮理货在港区的理货员收齐港区场站业务员送来的场站收据大副联后,在装船时将装船集装箱与单据核对无误后交大副。

⑪外轮理货人员应根据交接条款在承运人指定的场站和船边理箱,并在有关单证上加批注,提供理货报告和理箱单。如有变更应及时更正场站收据,并在船舶开航后24 h内通知船代。船舶开航后24 h内,外轮理货人员将装船集装箱理箱单交船代。

⑫港区场站业务员在船舶开航后立即将已签场站收据而未装上船的出口箱信息通知船代,并在24 h内开出工作联系单。港区场站受船舶公司委托签发场站收据,应对由于其工作中的过失而造成的后果负责。

4.2.3　集装箱整箱货货物出口的流程

1) 集装箱整箱货货物出口流程

①订舱是货方或其代理人向船方洽订载运货物的舱位。一般由港口代理机构办理,或

由货方直接向船舶公司洽订。货方根据合适的班轮船期,向船方订舱,船方根据能提供使用的载重吨、货舱容积和具体订舱的货载特点,拟订合理的选载方案,通过代理人与订舱人联系落实,并发出订舱单。订舱单上通常会有货名、重量及尺码、起运港、目的港、收发货人、船名等内容。

②承运是指根据货物运输合同接受托运人委托运送货物或包裹行李的行为,是运输业承运人负责运送的开始,表明对托运人所托运的货物承担运送的义务,并在规定责任范围内对所承运的货物的数量和质量承担责任。根据运单上载明的事项点验货物的品名、规格、件数、重量、检查包装状态,核收运费,在运单上签章或签发货票(提单)等。

③发放空箱是指根据船舶公司或船代提供的集装箱空箱放箱通知,集装箱码头编制空箱发放清单后,一般在装船前6天可接受发货人的提空箱申请。码头进出口受理台接收集装箱卡车司机(发货人通常委托集装箱卡车司机办理拖箱业务)提运空箱凭证,并核对无误后开具发箱凭证,在计算机中作出放箱计划。集装箱卡车司机凭发箱凭证、集装箱设备交接单到码头堆场提运空箱。

④整箱货交接从发货人工厂或仓库或堆场至收货人工厂或仓库或堆场,整箱交,整箱接(FCL/FCL),货物的装箱和拆箱均由货方负责,这个过程中涉及装箱单。

⑤集装箱交接。集装箱运输的基础在于集装箱的完好无损,所以交接过程中,必须填制设备交接单,并做好双方签字记录。

⑥发货人或其代理凭借场站收据等单证向集装箱运输经营人换取提单,去银行结汇。

⑦装船,集装箱码头或者集装箱装卸公司根据装船实配图进行装船作业。

练习题

请小组角色扮演完成图4.3的出口流程。

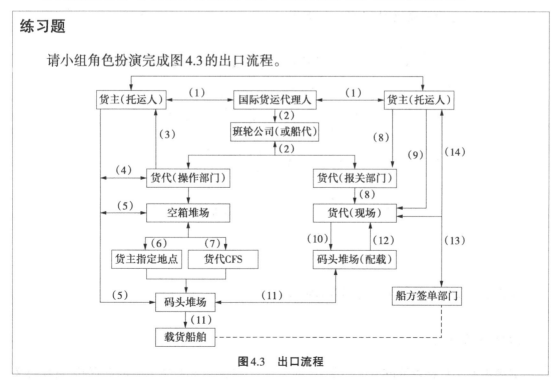

图4.3 出口流程

2)集装箱整箱货货物进口流程

①出口港在船舶开航后,应将有关箱运单证航空邮寄进口港区船舶公司的集装箱管理处。

②集装箱管理处收到出口港寄来的各种货运单证后,即分别发给进口港代理公司和集装箱装卸区。

③进口港代理公司在接到船舶到港时间及有关箱运资料后,即分别向收货人发到货通知。

④收货人接到到货通知,即向银行付款购单,并以正本提单向代理公司换取提货单。

⑤代理公司根据收货人提供的正本提单,经与货运或箱运舱单核对无误后,即签发提货单。提货单是收货人向装卸区或货运站提货的凭证,也是船舶公司对装卸区或货运站交箱交货的通知。船舶公司的代理公司签发提货单时,除收回正本提单并查对进口许可证外,还须货方付清运费及一切有关费用。如果 D/R 场站收据对集装箱有批注,原注也应列入提货单备注栏内。

⑥收货人凭进口许可证及提货单到集装箱装卸区办理提箱提货手续。

同时还应注意:

①在进口商品前,买卖双方必须签订进口合同,然后委托银行开出信用证。

②收货人应该事先向有关部门申请进口许可证,否则装卸区可拒绝交货。

③收货人应该持进口许可证、运输单证及贸易证等单据向有关单位报关报检放行。

练习题

请小组角色扮演完成图4.4的进口流程。

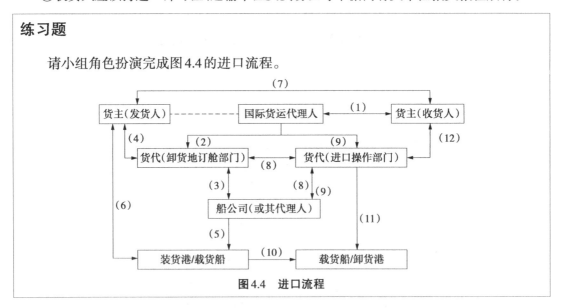

图4.4 进口流程

4.2.4 集装箱货物出口的流程

1)提单的概念

提单说明了货物运输的有关当事人,如承运人、托运人和收货人之间的权利、责任与义务;提单的合法持有人就是货物的主人,因此提单是各项货运单据中很重要的单据。

提单一词只适用于海洋运输及与海运相结合的多式联运单证,不适用于陆运、空运等运输单证。

①提单是承运人或其代理人签发的货物收据(Receipt for the Coods),证明承运人已按提单所列内容收到货物。

②提单是一种所有权的凭证(Document of Title),即是一种物权凭证。提单的合法持有人凭提单可在目的港向船舶公司提取货物,也可以在载货船舶到达目的港之前,通过转让提单而转移货物所有权,或凭以向银行办理抵押贷款。

③提单是托运人与承运人之间所订立的运输合同或运输契约(成立)的证据(Evidence of Contract of Carrier),是承运人与托运人处理双方在运输中的权利和义务问题的主要依据。

④提单是收取运费的证明,在运输过程中起到办理货物的装卸、发运和交付等方面的作用。

2)提单的种类

(1)已装船提单(Shipped on Board B/L)
已装船提单的特点是提单上必须以文字表明货物已经装在船上。

(2)收货待运提单(Received for Shipment B/L)
收货待运提单的特点是在提单上只说明货物已经收到,准备装船,但在签发该提单时尚未装船。

(3)直运提单(Direct B/L)
直运提单不可作为转船提单,提单上不得出现"在某地转船"字样。

(4)转运提单和全程提单(Transhipment B/L)
货物在装运港装船后,需要在中途换装另一船只运往目的港,有的甚至不止一次换船,在这种情况下签发的提单称为转运提单。(Transhipment B/L),这种提单有时也称全程提单(或联运提单)(Through B/L),但后者可在中途换装其他运输工具,而前者仅限于转船。

(5)多式联运提单(Combination Transport B/L—C.T.B/L)
多式联运提单指货物由两种或两种以上不同运输方式共同完成全程运输所签发的提单。

(6)集装箱提单(Container B/L)
凡是以集装箱装运货物的提单就称为集装箱提单。集装箱提单有一种是使用"多式联运提单"(Combination Transport B/L)的,增加了集装箱号码(Container Number)和"铅封号"(Seal Number)。

(7)舱面提单(On Deck B/L)
凡货物装在船舶的舱面的提单称为舱面提单,提单上注明"在舱面"(On Deck)字样。

(8)记名提单(Straight B/L)
在提单的收货人栏内如果直接写明收货人的名称,或写明货物交付×××(Consigned to

×××)的,就是记名提单。这种提单的特点是收货人已经确定,不得进行转让。

(9)指示提单(Order B/L)

凡是在收货人栏内打出"Order"字样的都称为指示提单,其特点是可以通过指示人的背书面进行转让。不记名指示提单在收货人栏内只打"Order"即可。指示提单又可分为记名指示提单和不记名指示提单两种。记名指示就是指定该提单的指示人是谁,常见的有以下3种:"Order of Shipper"即由托运人指示;"Order of Applicant"即由开证人指示;"Order of Issuing Bank"即由开证行指示。

(10)清洁提单或不清洁提单(Clean or Unclean B/L)

清洁提单是指承运人对货物的表面状况或其他方面未加批注的提单。货物的表面状况一般是指货物的包装情况,如没有包装则指货物本身的外表情况。不清洁提单是指承运人对货物的表面状况或其他方面另加批注的提单。例如包装破损、污染或不良等。对于不清洁提单,银行为了保证买方利益,可以拒绝接受。

(11)过期提单(Stale B/L)

超过提单签发日期21天或超过信用证特定期限向银行提交的提单称为过期提单。除非信用证有特许条款,银行可以拒绝接受过期提单。

(12)全式提单或简式提单(Long Form or Short Form B/L)

凡是在提单的背面印有船方承运条款细则的称为全式提单,反之就是简式提单。用证特别规定,银行一般不拒绝接受简式提单。

(13)运输代理行提单(House B/L)和成组提单(Groupage Bill of Lading)

为了节省费用,简化手续,运输代理往往将不同出口商的小批量商品集中在一个提单上装运,由承运人签发成组提单(Groupage B/L)给运输代理行,运输代理行再分别向各出口商签发"House B/L",作为装运货物的收据。从法律上讲,"House B/L"不是一种给予收货人或受让人有权向承运人要求货物的物权凭证。如果需要使用此种单据办理结汇,则需在信用证上规定:"House B/L"Acceptable。

练习题

1. The clean bills of lading usually indicate on the B/L that the goods ( ).

A. in good condition B. with damage   C. in short shipment   D. missing safety seal

2. The order B/L can be transferred by ( ).

A. endorsement   B. selling   C. amendment   D. negotiation

3. The date marked on the B/L is the date on which ( ).

A. the carrier takes delivery of the cargo   B. the goods arrive at port of destination

C. the cargo is actually loaded   D. the cargo is actually discharged

4. ( )are those covering shipment between direct ports of loading and discharge.

A. Shipped bills of lading   B. Clean bills of lading

C. Straight bills of lading   D. Direct bills of lading

3)提单的流转

①出口商与进口商订立贸易货物进出口合同,合同中写明采用CIF贸易条件,以信用证方式付款。

②进口商按照合同规定向当地银行提出申请,填写申请书,并提供若干押金或其他担保,要求银行(开证行)向出口方开出信用证。

③出口商收到通知行转来的信用证后,根据贸易合同中规定的交货时间、交货地点、货物数量向班轮公司预订舱位,并与之订立运输合同。

④出口商在运输合同约定的时间、地点将货物交付给承运人。承运人在接货前,船舶公司应安排好该批货物的报关、装船,并由船上的大副签发大副收据,托运人凭借大副收据向承运人换取"已装船提单"。

⑤出口商持已装船提单及信用证规定的其他单据(如商业发票、保险单等)到议付行议付或转让提单,同时取得货款。

⑥议付行将汇票、货运单据等寄开证行偿付,开证行在确认所有单证满足信用证有关要求后支付货款给议付行并取得提单。

⑦开证行在办理转账或汇款给议付行的同时,通知进口商单证已到,要求进口商履行货款支付协议。进口商在支付货款后取得提单。进口商凭正本提单到船舶公司换取提货单。

⑧与此同时,货物已由承运人运抵目的港,承运人或其代理人向进口商发出到货通知。

⑨进口商凭所持提货单按承运人的指示在指定时间、地点提取货物。

⑩承运人将货物交给进口商,同时收回正本提单,提单的整个流转过程完成。

练习题

1.多式联运提单中运用最多的是(　　　)。

　　A.提示提单　　　　B.不记名提单　　　　C.记名提单　　　　D.备运提单

2.海运提单的财务作用是(　　　)。

　　A.海运物权凭证　　　　　　　　B.货物付款凭据

　　C.向银行办理抵押　　　　　　　D.向银行办理议付和结汇

3.海运单 (Seway Bill)是(　　　)。

　　A.海路提单　　　　　　　　　　B.不可转让海运提单

　　C.非联运提单　　　　　　　　　D.单程海运提单

4.集装箱提单是(　　　)。

　　A.可议付提单　　　　　　　　　B.可转让提单

　　C.收货待运提单　　　　　　　　D.与站场收据相同的物权凭证

5.(　　　)是承运人签发的用以证明海上运输合同以及货物已由承运人接管装载的凭证,是一种不可转让的运输单证。

　　A.联合运输提单　　B.运输单　　　　C.海运单　　　　D.集装箱提单

6.(　　)是集装箱运输中记载箱内货物详细情况的唯一单证。

A.场站收据　　　B.销售合同　　　C.设备交接单　　　D.装销单

7.提单的主要内容为(　　)。

A.托运人与货物的状况　　　　　　B.承运人与承运工具资料

C.承运内容　　　　　　　　　　　D.提单的"国际公约"

8.为了统一规定海上运输承运人和托运人的权利和义务,国际上签署了(　　)有关提单的国际公约。

A.《海牙规则》　　B.《维斯比规则》　　C.《汉堡规则》　　D.《海商法》

4)提单的内容

提单的格式很多,每个船舶公司都有自己的提单格式,一般包括以下内容。

(1)收货人(Consignee)

填写收货人的名称、地址,必要时可填写电话、传真或代码。如要求记名提单,此栏可填上具体的收货人的名称;如属指示提单,则填为"To order"或"To order of ×××"。

(2)通知方(Notify Party)

这是船舶公司在货物到达目的港时发送到货通知的收件人,有时即为进口商。通知方一般为预定的收货人或收货人的代理人。

在信用证项下的提单,如信用证上对提单通知方有具体规定,则必须严格按照信用证要求填写。如果是记名提单或收货人指示提单,且收货人又有详细地址的,则此栏可以不写。如果是空白指示提单或托运人指示提单,则此栏必须填写通知方的名称与详细地址。

(3)接货地(Place of Receipt)/交货地(Place of Delivery)

此两栏在多式联运方式下填写,表明承运人接收到货物的地点,其运输条款可以是门—门、门—场、门—站。

(4)卸货港(Port of Discharge)

此栏应填写实际卸下货物的港口具体名称。如属转船,第一程提单上的卸货港填转船港,收货人填第二程船舶公司;第二程提单上的装货港填上述的转船港,卸货港填最后的目的港,如由第一程船舶公司签发联运提单(Through B/L),则卸货港即可填写最后目的港,并在提单上列明第一和第二船名。如经某港转运,要显示"via××"字样。填写此栏要注意同名港口问题,如属选择港提单,要在此栏中注明。

(5)运费与其他费用(Freight and Charges)

运费一般为预付(Freight Prepaid)或到付(Freight Collect)。如CIF或CFR出口,一般均填上"运费预付"字样,千万不可漏填,否则收货人会因为运费未清而晚提货或提不到货。

(6)提单的签发地点、日期和份数(Place and date of issue,number of original B(s)/L)

提单(表4.13)签发的地点原则上是装货地点,一般是在装货港或货物集中地签发。提单的签发日期应该是提单上所列货物实际装船完毕的日期,也应该与收货单上大副所签发的日期一致。提单份数一般按信用证要求出具,如"Full Set of",一般理解为正本提单一式三份,每份都有同等效力,收货人凭其中一份提取货物后,其他各份自动失效,副本提单的份数可视托运人的需要而定。

表4.13　集装箱提单

Shipper Insert Name, Address and Phone			B/L No.		
			中远集装箱运输有限公司 COSCO CONTAINER LINES TLX:33057 COSCO CN FAX:+86(021) 6545 8984 ORIGINAL		
Consignee Insert Name, Address and Phone					
Notify Party Insert Name, Address and Phone (It is agreed that no responsibility shall attach to the Carrier or his agents for failure to notify)			Port-to-Port or Combined Transport BILL OF LADING RECEIVED in external apparent good order and condition except as otherwise noted. The total number of packages or unites stuffed in the container, The description of the goods and the weights shown in this Bill of Lading are furnished by the Merchants, and which the carrier has no reasonable means of checking and is not a part of this Bill of Lading contract. The carrier has issued the number of Bills of Lading stated below, all of this tenor and date, one of the original Bills of Lading must be surrendered and endorsed or signed against the delivery of the shipment and whereupon any other original Bills of Lading shall be void. The Merchants agree to be bound by the terms and conditions of this Bill of Lading as if each had personally signed this Bill of Lading. SEE clause 4 on the back of this Bill of Lading (Terms continued on the back Here of, please read carefully). *Applicable Only When Document Used as a Combined Transport Bill of Lading.		
Combined Transport *	Combined Transport*				
Pre- carriage by	Place of Receipt				
Ocean Vessel Voy. No.	Port of Loading				
Port of Discharge	Combined Transport *				
	Place of Delivery				
Container / Seal No.	Marks & Nos.	No. of Containers or Packages	Description of Goods	Gross Weight (Kgs)	Measurement (M3)

续表

Total Number of containers and/or packages（in words）					
Freight & Charges	Revenue Tons	Rate	Per	Prepaid	Collect
Ex. Rate	Prepaid at	Payable at	Place and date of issue		
	Total Prepaid	No. of Original B(s)/L	Signed for the Carrier, COSCO CONTAINER LINES		
LADEN ON BOARD THE VESSEL					
DATE		BY			

【案例】

2014年6月，宝矿国际贸易有限公司（简称"宝矿公司"）进口一批古埃巴标准粉铁矿，CFR价格为95.9美元/干吨。2014年6月28日，前述货物装载于"山东华章"轮，GEM SHIPPING LTD作为该轮船长的代理，签发了编号为01的康金94版租约提单。该提单记载，托运人为巴西淡水河谷公司，收货人凭指示，装货港为巴西古埃巴岛港，卸货港为中国主要港口，货物湿重为104 305 t。该轮同一航次还载有编号为02号提单的相同货物72 533湿吨，02号提单内容除货物数量外与01号提单相同。2014年8月，"山东华章"轮抵达舟山港并于12日卸货完毕（01号提单），经嵊泗出入境检验检疫局8月15日检验，所卸货物湿重为102 586 t，含水8.92%。该轮此后续行至上海港，在该港卸货72 519湿吨（02号提单）。因载运的货物含水、渗水，该轮按照固体散装货物信息表的记载和提示，在航行中不断排出货物运输途中析出的污水，并以电邮方式通知利益相关人，至2014年8月6日，全船货物析水并排除1 485.94 t。原告作为涉案货物（01号提单）的保险人，于2015年3月25日向被保险人、收货人宝矿公司支付了保险赔偿金33 856.96美元（已扣除5‰的损耗）后，提起本案诉讼。宝矿公司亦为02号提单项下货物的收货人。

另查明："山东华章"轮于2014年3月5日在中国香港注册，登记所有人为海三公司，代表人为中国烟台航运有限公司，2014年3月5日光租给宏太海运公司（HONGTAI SHIPPING S.A.）（香港注册公司），租期至2024年3月4日。

原告财保上海公司诉称：本案提单系由他人代理海三公司所属船舶的船长签发，海三公司系本案货物的承运人，应对货物短量承担赔偿责任；山东海运公司系"山东华章"轮的船舶管理人，实际管理和经营该轮，系从事货物实际运输工作的实际承运人，应与海三公司承担连带赔偿责任，故请求判令两被告连带支付原告保险赔款33 856.96美元及该款相应利息。

被告山东海运公司辩称：1.山东海运公司仅是"山东华章"轮的管理人，不是涉案货物的实际承运人，原告起诉山东海运公司于法无据；2.涉案铁矿粉含水，短量系由铁矿粉运输途中析水集中排除及合理损耗所致,根据货物干吨数量,并不存在短量;3.原告应进一步明确其诉请金额构成,诉请银行贷款利息于法无据。

被告海三公司在第二次庭审中同意被告山东海运公司的答辩意见,并补充辩称:海三公司虽系"山东华章"轮的登记所有人,但已将该轮光船租赁给宏太海运公司,涉案提单系他人代理该轮船长签发,故海三公司不是涉案货物的实际承运人,原告起诉海三公司于法无据。

【裁判结果】

宁波海事法院于2017年5月2日做出(2015)甬海法商初字第810号民事判决,驳回原告财保上海公司的诉讼请求。后双方均未上诉,该判决已发生法律效力。

【裁判理由】

法院生效判决认为:本案应按各方当事人庭审中的合意适用我国相关法律规定。根据各方诉、辩意见,本案争议的焦点问题有二:一是原、被告之间的法律关系,被告是否适格;二是原告主张的短货事实是否成立。

关于原、被告之间的法律关系。原告支付保险赔款、代位收货人宝矿公司提起本案诉讼所据的基础法律关系是海上货物运输合同关系。根据本案事实,涉案01号提单是租约提单,所载托运人也非宝矿公司,故宝矿公司不是该提单所证明的涉案运输合同关系的托运人,原告主张被告海三公司为契约承运人、山东海运公司为实际承运人,无事实依据与法律依据。宝矿公司作为涉案提单的持有人,其与承运人的权利义务关系应据涉案提单的规定确定。涉案提单系由他人代理承运船舶"山东华章"轮船长签发,根据我国海商法第七十二条第二款的规定,该提单应视为代表承运人签发。"山东华章"轮的登记所有人虽为海三公司,但所涉期间该轮光船租赁给他人,根据船舶营运、船员配备的一般经验,原告主张海三公司为该提单所示的承运人、山东海运公司实际参与或掌控运输而为实际承运人,证据与理由均不充分,本院不予采纳。原告申请追加宏太海运公司为本案共同被告,无事实与法律依据,本院不予准许。

关于涉案货物是否短量。根据01、02号提单记载,"山东华章"轮涉案航次共装载古埃巴标准粉铁矿176 838湿吨(01号提单104 305湿吨、02号提单72 533湿吨),分别在舟山、上海卸货102 586湿吨和72 519湿吨,扣除运输途中排除货物析出污水1 485.94 t,全船装、卸货数量的差额远远低于大宗散货运输所允许的合理损耗,且该航次所载货物的收货人统一,无进一步区分两次卸货的溢、短量问题,原告的保险代位求偿权源自宝矿国际贸易有限公司,其主张货物短量无事实依据。故法院依法驳回了原告的诉讼请求。

练习题

1.本案例的问题焦点是什么?

_____

_____

_____

_____

2.提单持有人如何识别承运人?

4.2.5　集装箱货物进口的流程

1)拼箱货货物进口的流程

(1)取得进口箱相关信息

集装箱货运站在船舶到港前几天,从船舶公司或其代理人处取到以下单证:

①提单副本或场站收据副本;

②货物舱单;

③集装箱装箱单;

④装船货物残损报告;

⑤特殊货物表。

货运站根据以上单据做好拆箱交货准备工作。

(2)发出交货通知

货运站根据船舶进港时间及卸船计划等情况,联系码头堆场决定提取拼箱集装箱的时间,制订拆箱交货计划,并对收货人发出交货日期的通知。

(3)从码头堆场领取重箱

货运站经与码头堆场联系后,即可以从码头堆场领取重箱,双方应在集装箱单上签字,对出堆场的集装箱应办理设备交接手续。

(4)拆箱交货

货运站从堆场取回重箱后,即开始拆箱作业,拆箱后,应将空箱退回码头堆场。收货人前来提货时,货运站应要求收货人出具船舶公司签发的提货单,经单货核对无误后,即可交货,双方应在交货记录上签字。如发现货物有异常,则应将这种情况记入交货记录的备注栏内。

(5)收取有关费用

集装箱货运站在交付货物时,应检查保管费及有无再次搬运费,如已发生有关费用,则应收取费用后再交付货物。

（6）制作报告

制作交货报告或未交货报告交送船舶公司，以便船舶公司据此处理有关事宜。

2)拼箱货出口业务流程

①出口拼箱货的集货与配货，为拼箱做好各种前期准备工作。

②拼箱货装箱，应根据货物的积载因数和集装箱的箱容系数，尽可能充分利用集装箱的容积，并确保箱内货物安全无损。

③制作装箱单，货运站在进行货物装箱时，应制作集装箱装箱单。制单应准确无误。

④将拼装的集装箱运至码头堆场货运站，在装箱完毕后，在海关监管下，对集装箱加海关封志，并签发场站收据。同时，应尽快联系码头堆场，将拼装的集装箱运至码头堆场。

就整箱货而言，装卸区堆场根据正本提货单交箱，并与货方代表在船舶公司签发的设备交接单上签字，以示办妥交接手续。

拼箱货在货运站办理提货手续，由货运站向收货人收回正本提货单，将货交由收货人提取。

练习题

1.角色扮演:模拟拼箱货进出口流程，如图4.5所示。

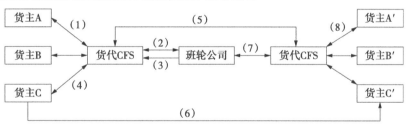

图4.5　模拟拼箱货进出口流程

2.根据整箱与拼箱货，最常采用的集装箱交接地点与交接方式是(　　　)。

    A. Door /Door　　CY/CY　　CFS/CFS　　HOOK/HOOK

    B. Door /Door　　Door/CFS　　Door/CFS　　Door/CFS　　Door /Hook

    C. CY/Door　　CY/CY　　CY/CFS　　CY/HOOK

    D. CY/CY　　CY/CFS　　CFS/CY　　CFS/CFS

3.集装箱交接的"门到站"(Door /CFS)方式属于(　　　)。

    A.拼箱货接收，整箱货交付　　　　　　　　B.拼箱货接收，拼箱货交付

    C.整箱货接收，拼箱货交付　　　　　　　　D.整箱货接收，整箱货交付

4.LCL-FCL货物交接的运输条款包括(　　　)。

    A. CY-CY　　　　　B. CY-DOOR　　　　　C. CFS-CYD　　　　　D. CY-CFS

5.由于为班轮公司提供货载，按惯例，班轮公司应向(　　　)支付佣金。

    A .托运人　　　　　B.无船承运人　　　　　C.收货人　　　　　D.货运代理人

6.总结拼箱货和整箱货的区别。

_____

_____

_____

_____

能力单元5　集装箱码头业务

学习目标

- 深入了解集装箱码头的布局以及各个部分的作用;
- 熟悉集装箱码头的主要设施设备;
- 了解并掌握集装箱码头的装卸工艺,并会灵活运用。

知识点

码头布局;装卸设备;工艺路线。

导入案例

"谁的"集装箱

2008年10月8日,S市电器厂(简称"收货方")通过某进口公司从日本进口电器一套,分装四只集装箱,箱号为6077639,2330820,4013642,4010772。上述集装箱由"C"轮(简称"船舶公司")于2009年8月6日运抵集装箱装卸公司码头(简称"港区")卸货,该轮的舱单及提单均载明集装箱系货主箱。同年9月18、19日,货代前往港区堆场提货,未将集装箱随货提走,而在堆场拆箱,电器处于裸装状态,随后由收货人安排公路运至C市,四只空集装箱连同集装箱中附有的电器配件均遗留在港区。运输途中,因部分电器遭雨淋,个别部件损坏生锈。

2009年9月23、24日,港区为这四只集装箱分别加上前缀,即"COSU6077639,COSU2330820,COSU4013642,COSU4010772",并在出口集装箱单证上载明。海关对此审查后全部放行,同年9月30日,四只集装箱被运往国外。

收货人因部分电器损坏,部分缺件,遂与日本驻京办事处交涉,得知集装箱为货主所有后,就派人到货代处查询。2009年12月18日,收货人持船代出具的"工作联系单"去港区提领空箱未果,查无下落。收货人与货代协议不成,因而诉诸法院。

原告(收货人)诉称:货代因工作疏忽而失责,未注意到四只集装箱系货主箱而在港区错误拆箱,造成应归属收货人所有的四只集装箱加上一部分电器配件的灭失损失;由于设备配套灭失而使日方技术人员依据买卖合同对电器的调试无法正常进行,直到收货人多方设法得到同类设备改装后才得以进行,不仅延迟了调试工作30天,并蒙受额外经济损失19 600美元,日方人员住宿费14 090元外汇人民币及伙食、待时工资费用人民币125 052元。收货人要求判令责任方追回上述四只空集装箱或赔偿四只空集装箱的价值人民币617 160元,并承担由此引起的其他经济损失。

被告一（货代）辩称：拆箱提货后将空集装箱留于港区，这是货代工作失慎。但是，没有提走并不一定造成集装箱的灭失。货代将电器组主件运至收货人后，四只空集装箱连同箱子附有的电器配件仍遗留在港区，在港区掌管控制之下，未去提箱只能导致堆存费的增加或箱体本身耗损，但不直接导致集装箱"灭失"。集装箱灭失的责任应由船代与港区承担，因为四只集装箱是由港区加前缀CCOSU，被船代安排出口而"灭失"的。

被告二（船代）辩称：上次航次的进口舱单及提单上均明确四只空集装箱系货主箱。按业务惯例，船代在接到单证资料后，将上述舱单分发给港区、海关、理货等单位，包括货代。货代应按提单或舱单内容所列，将货物及集装箱全部提走，但货代未能做到。由于货代本身的过失，致使四只集装箱下落不明，责任应由货代负责。

被告三（港区）辩称：港区按照业务规定，根据货主提单准予提货。本案所涉及的四只空集装箱在港区拆箱提货，并在下一航次中空集装箱装船出口，手续完备，去向明确。在其管理期间，未造成上述空箱灭失，故不承担任何责任。

法院认为：货代作为原告收货人代理，自行办理货物的进口申报和提货手续，理应按提单所列内容，将货物连集装箱全部提走。由于货代失职，未将应提的货物连同属收货人的集装箱一并提走，这是造成本案所涉及的四只集装箱空箱及箱中附件灭失的主要的、直接的原因，故应负80%的责任；又由于货代的过错造成了进口电器的裸装运回，途中受损，加上耽误机器调试，应负由此引起的全部经济赔偿责任。另外，船代对空箱出口未予复核，被告港区对空集装箱添加前缀，两被告对四只集装箱灭失应各负30%的责任。

被告货代与船代均不服一审判决，上诉于高级人民法院。高院主持调解，于2010年5月以原告收货人自愿从被告货代处减少一定赔偿而结案。

练习题

1. 货运单证上注明的"SOC"或"COC"或"OWC"箱，分别表示什么箱？

_____

_____

2. 港区的错误有哪些？

_____

_____

3. 货代的错误有哪些？

_____

_____

4. 船代的责任有哪些？

_____

_____

项目 1　码头的布局、特点

5.1.1　集装箱码头的特点

集装箱码头是指水陆联运的枢纽站,是货物的交接点,对于加速车船和集装箱的周转,提高货运速度,降低整体运输成本等方面,起到了十分重要的作用,在整个集装箱运输过程中占有重要地位。它包括港池、锚地、进港航道、泊位等水域以及货运站、堆场、码头前沿、办公生活区域等陆域范围的能够容纳完整的集装箱装卸操作过程的具有明确界限的场所。

从表5.1中可以看出全球前20的集装箱码头目前的吞吐量。

表5.1　2017年、2018年全球前20的集装箱码头吞吐量(万TEU)

港口排名		港口名称	集装箱吞吐量/万TEU		同比增速/%	走势
2018年1—6月	2017年1—6月		2018年1—6月	2017年1—6月		
1	1	上海	2 050.4	1 960	4.6	⇨
2	2	新加坡	1 802.1	1 615	11.6	⇨
3	3	宁波—舟山	1 331.2	1 237	7.6	⇨
4	4	深圳	1 212.6	1 187	2.2	⇨
5	7	广州	1 046.4	963	8.7	⇧
6	6	釜山	1 031.7	1 011	2.1	⇨
7	5	香港	991.6	1 016	-2.4	⇩
8	8	青岛	938.1	910	3.1	⇨
9	10	天津	780.6	742	5.2	⇧
10	9	迪拜	773.8	772	0.2	⇩
11	11	鹿特丹	707.7	666	6.3	⇨
12	12	巴生	586.6	630	-6.9	⇨
13	14	安特卫普	556.8	518	7.5	⇧
14	13	高雄	518.4	518	0.1	⇩
15	16	厦门	516.6	479	7.8	⇧
16	15	大连	481.5	480	0.3	⇩
17	19	丹绒帕拉帕斯	436.8	414	5.5	⇧
18	17	洛杉矶	430.9	448	-3.8	⇩
19	20	长滩	395.3	345	14.6	⇧
20	21	林查班	394.2	376	4.8	⇧

集装箱码头的作用主要体现在以下方面：

①具有连接各种运输方式的枢纽、转换功能。这是由于海运占到了75%以上的运输份额，因此与之相连的码头起到的海陆联运枢纽、转换作用就突出了。

②具有集装箱集疏、缓冲的功能。从后面即将讲到的集装箱码头的布局可以看出集装箱码头堆场的作用是进出口堆存，包括重箱和空箱，也就起到了集疏、缓冲的作用。

2017年全年，宁波—舟山港曾经完成对深圳港的超越，深圳港在最后的搏击之下，勉强保住全球第三的地位。但由于2018年中美贸易摩擦，深圳港约有17%的美国航线箱量受到影响。反观宁波—舟山港，2018年来，宁波—舟山港通过加强与各大航运联盟的沟通合作，2018年前9个月已净增航线10条，或将稳坐第三宝座。

第六位、第七位的位置也发生了变化。广州港不断开拓集装箱航线，一举超越状态低迷的香港，升至第六位，与釜山港呈胶着趋势。天津港不断对货物结构进行调整，集装箱吞吐量保持了较好的上升趋势，超越德黑兰，升至全球第九位。

国外港口中，新加坡港增速表现强劲，前三季度增速为10.2%，原因是新的联盟挂靠增加了集装箱运输量。

1）大型和深水化

随着集装箱运输的发展，件杂货集装箱化的比例不断提高，集装箱运量不断上升。根据规模经济原理，船舶越大，单位成本越低。通常，3 000 ~ 4 000 TEU 的集装箱船舶吃水为-12.5 m，5 000 TEU 以上的集装箱船舶吃水为-14 m，而每一泊位的长应该视集装箱船舶的大小而定。3 000 ~ 4 000 TEU 集装箱船舶的泊位为 300 m，5 000 TEU 以上集装箱船舶的标准泊位为 350 m，而 10 000 TEU 以上集装箱船舶的标准泊位为 400 m。一个 350 m 的标准泊位，其配套的堆场面积要求大致为 350 m×500 m=17 500 m²，还有如供电系统、洗箱熏蒸场所以及排污系统等。

2）机械和高效化

由于集装箱船舶越来越大，从航次经济核算分析，允许船舶停留在码头的时间相对较短。通过缩短集装箱船舶在码头的停泊时间可以降低停泊成本，提高集装箱运输船舶的航行效率，并充分发挥船舶单位运输成本的优势，降低全程水路运输的成本，提高经济效益。

为了保证集装箱船舶在码头以最短的时间装卸完集装箱，现代集装箱专用码头一般都配备了专门化、自动化、高效率的装卸搬运机械。

3）信息和现代化

集装箱运输业务的效率来源于管理的现代化，这都以运输信息传递的便利和高速处理为基础。在集装箱码头，信息的传递来源于两个方面：一是码头、外部客户和有关部门之间的信息联系，二是码头内部的现场指挥与生产指挥中心之间的信息联系。前者采用电子数据交换技术，后者采用现场数据输入仪来降低在整个信息传递过程中的出错率。国外一些先进的集装箱码头,如新加坡、鹿特丹,已经实现了堆场业务和检查作业的自动化。

4)码头投资巨大

码头大型化,装卸搬运机械自动化、专门化、高速化,管理现代化都需要较大的投资。另外,诸如集装箱码头堆场造价也比普通件杂货码头造价高得多。这些正是许多大型集装箱码头都采用中外合资等形式进行招商融资建造的主要原因之一。

练习题

1.港口吞吐量统计指标主要有(　　　)和(　　　)两大类。

2.港口吞吐量的统计单位一般是(　　　)和(　　　)。

3.介绍重庆朝天门码头和重庆寸滩码头的不同。

_____

_____

_____

_____

5.1.2　集装箱码头的布局

集装箱码头的整个装卸作业是采用机械化、大规模生产方式进行的,要求各项作业密切配合,实现装卸工艺系统的高效化。这就要求集装箱码头各项设施合理布置,并使它们有机地联系起来,形成一个各项作业协调一致、相互配合的有机整体,形成高效、完善的流水作业线,以缩短车、船、箱在港口码头的停泊时间,加速车、船、箱的周转,降低运输成本和装卸成本,实现最佳的经济效益。

对于集装箱专用码头,码头布置要求集装箱泊位岸线长为300 m以上,集装箱码头陆域纵深应能满足各种设施对陆域面积的要求。由于集装箱船舶日趋大型化,载箱量越来越多,因此,陆域纵深一般为350 m以上,有的集装箱码头已高达500 m。集装箱堆场是进行集装箱装卸和堆存保管的场所,集装箱堆场的大小应根据设计船型的装卸能力及到港的船舶密度决定。有关资料表明,岸线长300 m的泊位,堆场面积达105 000 m²,甚至更大,这还与采用的装卸工艺系统和集装箱在港停留时间有关,所有通道的布置应根据装卸工艺与机械要求而定。

根据集装箱码头装卸作业、业务管理的需要,集装箱码头应由以下主要设施构成。

(1)靠泊设施

靠泊设施主要由码头岸线和码头岸壁组成。码头岸线供来港装卸的集装箱船舶停靠使用,长度根据所停靠船舶的主要技术参数及有关安全规定而定;码头岸壁一般是指集装箱船舶停靠时所需的系船设施,岸壁上设有系船柱,用于船舶靠码头时通过缆绳将船拴住,岸壁上还应设置预防碰撞装置,通常为橡胶材料制作。船舶靠、离泊时,所需的岸壁线的有效长度一般为船舶长度的1.2倍。

(2)码头前沿

码头前沿是指沿码头岸壁到集装箱编排场(或称编组场)之间的码头面积,设有岸边集装箱起重机及其运行轨道。码头前沿的宽度可根据岸边集装箱起重机的跨距和使用的其他装卸机械种类而定,一般为40 m左右。这取决于集装箱装卸工艺系统及集装箱岸壁起重机的参数和水平运输的机械类型。每一集装箱专用泊位配置两台岸壁集装箱起重机。一般码头前沿不铺设铁路线,不考虑车船直取的装卸方式,以确保码头前沿船舶装卸效率不因此而受影响。

码头前沿宽度根据集装箱桥吊的跨距和装卸工艺的种类而定,一般由下列3部分构成。

①从岸壁线到集装箱桥吊第一条轨道(海侧)的距离,一般为2～3 m。

②桥吊的轨道间(海侧到陆侧)距离,一般为15～30 m。

③从桥吊第二条轨道(陆侧)到堆场前(防汛墙)的距离,一般为10～25 m。

(3)集装箱编排(组)场

集装箱编排(组)场又称前方堆场或"出口箱区""临时堆场""前方堆场""过渡堆场"等,位于码头前沿和后方堆场之间,可以提高船舶装卸作业效率,是堆放集装箱的场地,通常布置在码头前沿与集装箱堆场之间,其主要作用是保证船舶装卸作业快速而不间断地进行。通常在集装箱编排(组)场上按集装箱的尺寸预先在场地上用白线或黄线画好箱位,箱位上编上箱位号,当集装箱装船时,可按照船舶的配载图找到这些待装箱的箱位号,然后有次序地装船。

练习题

1.下图是集装箱码头平面布局图,请指出其中的图标①—⑨分别代表什么。

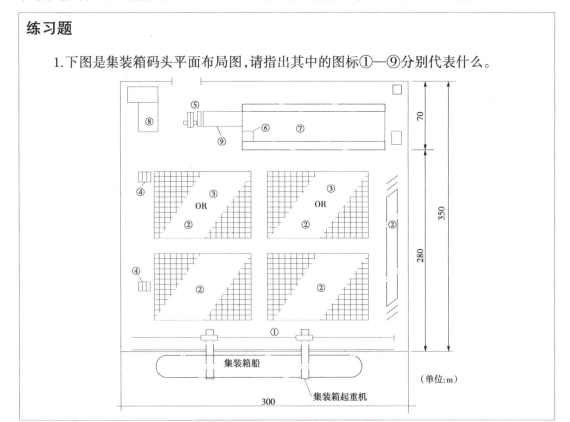

_____

_____

2.简述青岛港以下几个港区的主要区别。

青岛港位于黄海西海岸,山东半岛南岸西部的胶州湾口附近,面临黄海,背依崂山。港内水域宽阔,水深浪静,港口设备完善,系泊条件良好,各类船舶昼夜进出均较方便,为我国著名的天然良港。

该港由老港区、黄岛油港区、前湾港区、小青岛港和董家口港区组成。老港区、黄岛油港区和前湾港区位于胶州湾内港,小青岛港位于胶州湾外港。

大港位于胶州湾口东北方,是青岛港老港区的主要码头区,港池由防波堤环抱而成,其入口呈喇叭形向西南敞开,最窄处宽约270 m。港池内水深一般为5~13 m,泥及泥沙底。该港池多为大型固定码头,系泊条件良好,国内外远洋船舶多停泊于此进行装卸作业。

中港位于大港南侧,与大港六号码头为邻,港口向西敞开,被长约300 m的防波堤分为南、北两个进出口,各宽约100 m。港内水深2~6.4 m,泥及泥沙底。港池内多为浮码头。

小港位于中港南侧,港口向西敞开,宽约110 m,港内水深2~4.5 m,多为泥沙底。港内比较拥挤,为500 t以下船舶停泊区。

_____

_____

_____

(4)集装箱堆场

集装箱堆场又称后方堆场,是指进行集装箱交接、保管重箱和安全检查的场所,有的还包括存放底盘车的场地、中转箱堆场、进口重箱堆场、空箱堆场、冷藏箱堆场、危险品箱堆场等。船到港前,预先堆放将装船出口的集装箱;卸船时,临时堆存卸船进口的集装箱。堆场面积的大小必须适应集装箱吞吐量的要求,应根据船型的装载能力及到港的船舶密度、装卸工艺系统,集装箱在堆场上的排列形式等计算、分析确定。

堆场上要求有照明设备、道路、交通标识和标牌、排水沟、CCTV设备、冷藏箱供电架等设施,并要求不能有妨碍码头作业或降低码头作业效率的任何建筑物。

集装箱在堆场上的排列形式一般有"纵横排列法"(即将集装箱按纵向或横向排列,此法应用较多),"人字形排列法"(即集装箱在堆场放成"人"字形,适用于底盘车装卸作业方式)。

集装箱在堆场的箱位,首先表明区,然后表明段,再表明集装箱在某个段中的行位,最后表明集装箱在该行的间位。如2B0403表示该集装箱在2区B段第4行的第3区间。

集装箱堆场的堆存能力不仅与总堆存面积有关,还与允许堆放高度的层数有关。而允许堆高的层数在场地强度足够的情况下决定于集装箱堆码的机械,如叉车一般堆4层,龙门起重机可堆5层。另外,在同一个间位,不能将所有的行位都堆高至4层或5层(最高层),必须在每一个间位靠边的1~2行留出足够的空位,作为装卸作业时翻箱之用。

在实际业务中,人们通常将出口箱放在码头堆场的前方,中间放中转箱,将进口箱、冷藏箱、危险品箱、空箱放在码头堆场的后方。

(5)集装箱货运站

货运站是拼箱货物进行拆箱和装箱,并对这些货物进行贮存、防护和收发交接的作业场所,其主要任务是出口拼箱货的接收、装箱,进口拼箱货的拆箱、交货等。货运站应配备拆装箱及场地堆码用的小型装卸机械及有关设备,货运站的规模应根据拆装箱量及不平衡性综合确定。

近年来,随着集装箱专业化发展,船舶公司开始将自己的空箱集中到指定的码头外堆场进行专业化管理,形成了将码头内货运站和空箱堆场移至码头外的趋势。通常将这种码头以外的堆场和货运站称为场站(Depot)。

目前,集装箱货运站有三种类型:第一类设在集装箱码头内部,它是整个集装箱码头的有机组成部分;第二类是设在集装箱码头附近的货运站,它的业务与第一类相同;第三类是内陆货运站,它设置在运输经济腹地,深入内陆城市及外贸进出口货物较多的地方。第三类的业务范围较为广泛,也包括整箱货的业务。

(6)控制塔

控制塔是集装箱码头作业的指挥中心,其主要任务是监视和指挥船舶装卸作业及堆场作业。控制塔应设在码头的最高处,以便能清楚看到码头所有集装箱的箱位及全部作业情况。它的设计也是为了充分发挥码头各生产要素的作用,监督、调整和指挥集装箱码头各项作业计划的执行。

(7)闸口

闸口俗称"道口""检查桥""大门"等,是集装箱码头的出入口,也是划分集装箱码头与其他部门责任的地方。所有进出集装箱码头的集装箱均在闸口进行检查,办理交接手续并制作有关单据,它是集装箱和集装箱货的交接点,因而也是区分码头内外责任的分界点。

闸口的主要作用是检查集装箱的有关单证,办理集装箱和货物的责任交接,检查有关箱号、铅封号、集装箱箱体和货物的外表状况等。

(8)维修车间

这是对集装箱及其专用机械进行检查、修理和保养的场所。维修车间的规模应根据集装箱的损坏率、修理的期限、码头内使用的车辆和装卸机械的种类、数量及检修内容等确定。维修车间应配备维修设备,确保装卸机械的维修质量,使各种机械处于完好备用状况,提高集装箱码头效率和充分发挥集装箱运输的优越性。

(9)集装箱清洗场

集装箱清洗场的主要任务是对集装箱污物进行清扫、冲洗,一般设在后方并配有多种清洗设施。

(10)码头办公楼

集装箱码头办公大楼是集装箱码头行政、业务管理的大本营,已基本实现了电子化管理。

练习题

看图回答问题。

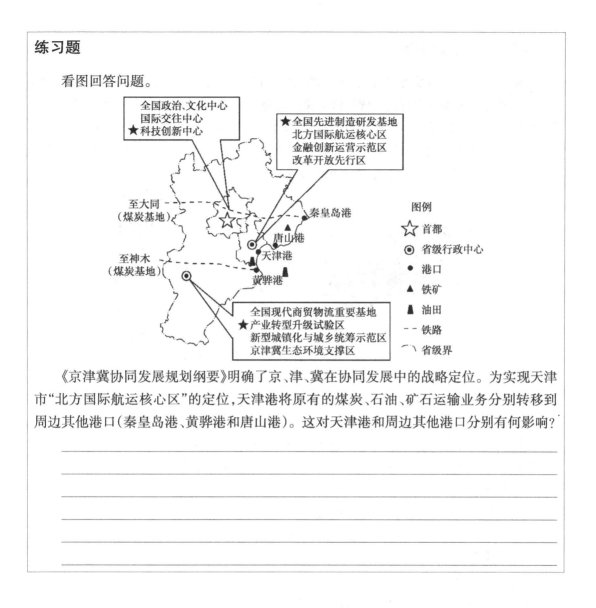

《京津冀协同发展规划纲要》明确了京、津、冀在协同发展中的战略定位。为实现天津市"北方国际航运核心区"的定位,天津港将原有的煤炭、石油、矿石运输业务分别转移到周边其他港口(秦皇岛港、黄骅港和唐山港)。这对天津港和周边其他港口分别有何影响?

_____

_____

_____

_____

_____

项目2　码头的设施设备

码头的设施设备样式繁多,但总体来讲分为三类,分别是岸边装卸机械、水平运输机械和场地装卸机械。

5.2.1　岸边装卸机械

这类机械承担货物在码头前沿与船舶之间的装卸作业或船上货物翻动移位作业,主要有岸壁集装箱装卸桥、多用途门座起重机、高架集装箱轮胎式起重机。

1）岸壁集装箱装卸桥

岸壁集装箱装卸桥简称"集装箱装卸桥"或"桥吊"。它由带行走机构的门架、承担臂架机构的拉杆和臂架等机构组成。臂架机构又分为海侧臂架、陆侧臂架及门中臂架，主要用来承受装卸桥小车的重量。小车有升降机构，用来承受集装箱吊具和集装箱的重量。

根据框架外形，集装箱装卸桥分为 H 型（图 5.1）、A 型（图 5.2）；根据壁梁形式，集装箱装卸桥分为俯仰式、梭动式、折叠式；根据配备小车数量，集装箱装卸桥分为单小车、双小车。

图 5.1　H 型集装箱装卸桥　　　　图 5.2　A 型集装箱装卸桥

集装箱船舶的大型化使得集装箱码头的泊位岸线不断拉长，相应的装卸桥数量也不断提高，一个 300 m 的集装箱船舶泊位，平均配备集装箱装卸桥 2~3 台。如果是独立泊位，最好配备两台或两台以上集装箱装卸桥；如果是连续泊位，一般按每 80~100 m 配备 1 台。在外四（沪东）：干线泊位 4 个，驳船泊位 2 个，岸线 1 250 m+187 m 配 14 台超巴拿马型桥吊加 2台轻型桥吊；洋山一、二期（盛东）：深水泊位 9 个，岸线 3 000 m 配超巴拿马型桥吊 34 台。

集装箱装卸桥的卸船基本作业过程包括以下几个步骤：

①船舶靠泊前，将大车行至安全位置；

②船舶靠泊后，将大车移至具体的作业舱位；

③移动小车，放下吊具；

④扭锁锁定，起升集装箱；

⑤小车向陆侧移动，将集装箱放置于集卡上；

⑥松开扭锁，吊具与集装箱分离；

⑦吊具起升，进入下一步作业。

2）多用途门座起重机

多用途门座起重机由起升机构、变幅机构、旋转机构和大车行走机构组成。这种起重机可按不同需要配装不同的装卸工具，如集装箱专用吊具、吊钩、抓斗等，设置相应的附加装置可进行集装箱、件杂货、重大件、散货的装卸作业，如图 5.3 所示。

多用途门座起重机的自重较轻，轮压较低，对码头的负荷要求低，从而可安装在原有的门机码头上使用。集装箱吊具有自动旋转装置，以保持装卸作业过程中集装箱的纵轴线与码头岸线平行。

图5.3　多用途门座起重机　　　　图5.4　高架集装箱轮胎式起重机

3）高架集装箱轮胎式起重机

高架集装箱轮胎式起重机是在轮胎式起重机基础上发展起来的一种码头前沿集装箱起重机，如图5.4所示。这种起重机机动性强，对场地要求不高，货物能水平移动，操作方便，臂架铰点高，方便卸船。

练习题

查阅装卸桥的生产企业以及主要技术指标。

当前第三代集装箱船的船宽已达32 m，因此装卸桥的外伸距至少达35 m，我国天津港装卸桥外伸距为44 m，国外最大的为48 m。我国装卸桥的起重量一般为30.5～37.5 t，最大的是40.5 t；国外一般为45 t，最大为73 t。小车的起吊高度一般为31～35 m，自甲板上堆装高度出现5层以后，装卸桥的起吊高度已提高到46.5 m。设计时要求装卸桥在16 m/s的风速下可以正常使用，并要求在50 m/s风速下保持稳定，当风速在20 m/s时要停止作业，并使用夹执器夹紧，以防装卸桥被风吹动。装卸桥一般采用液压伸缩式吊具，每小时平均可装卸0～25个自然箱。荷兰鹿特丹港的欧洲集装箱码头（ECT）出现了第二代装卸桥，其特点是装卸桥上设有两台小车，把原来的小车扬程分隔成三段，大大提高了装卸效率，每小时装卸量可达50个自然箱。

5.2.2　水平运输机械

水平运输机械是指承担货物平地移位作业的机械，水平运输机械主要有牵引车与挂车、跨运车。

1）牵引车与挂车

牵引车（图5.5）又称"拖头"，其本身不具备装货平台，必须和集装箱挂车连接在一起，才能拖带集装箱进行码头内或公路上的运输。挂车(图5.6)又称为"拖车"或"平板",其本身没有动力,仅仅是一个载箱的平台。随着集装箱运输的发展,其专业化和标准化程度不断提高,出现了各种能满足不同需要的挂车。

图5.5　牵引车

图5.6　挂车

2)跨运车

跨运车以门型车架跨在集装箱上,由吊具的液压升降系统吊起集装箱进行搬运和堆码,如图5.7所示。它采用旋锁机构与集装箱结合或脱开,吊具能升降,以适应装卸堆码要求,吊具还能侧移、倾斜和微动,以满足对箱位的要求。

图5.7　跨运车

练习题

1.计算泊位的综合理论装卸能力。

某杂货泊位,接卸1万t级杂货船,已知该泊位装卸钢材的效率为1 800 t/天,装卸木材的效率为1 000 t/天,船舶靠离码头时间为1 h,准备与结束作业时间为1 h,辅助作业时间为5 h,技术中断时间为2 h,非生产性停泊时间为0.5 h,气象原因造成的停泊时间为0.5 h,船舶让挡时间为2 h,泊位年工作天数为320天。如果钢材和木材通过该泊位装卸的比重为3:7,试求该泊位的综合理论装卸能力。

_____

_____

_____

2.简述跨运车的优缺点以及发展趋势。

_____

_____

_____

5.2.3 场地装卸机械

这类机械承担货物在场地上的堆码作业,场地装卸机械主要有集装箱叉车、轮胎式龙门起重机、轨道式龙门起重机。

1)集装箱叉车

集装箱叉车是一种多功能机械,是从普通叉车为适应集装箱作业的需要而发展起来的。集装箱叉车是用来对集装箱进行装卸、堆码及短距离搬运的专用叉车,是集装箱码头和货场常用的装卸设备,如图5.8所示。

图5.8 集装箱叉车

集装箱叉车有正面叉和侧面叉两种。侧面集装箱叉车类似于普通侧面叉车,门架和货叉向侧面移出,叉取集装箱后回缩,将集装箱放置在货台上,再进行搬运。其行走时,横向尺寸小,需要的通道宽度较窄(约4 m)。但侧面集装箱叉车构造及操作较复杂,尤其操作视线差,装卸效率低。而正面集装箱叉车操作方便,是常用的形式,可分为重载集装箱叉车、轻载集装箱叉车、空箱集装箱叉车、滚上滚下集装箱叉车等。

集装箱叉车专用吊具的结构形式多种多样,归纳起来主要分为两大类型,即顶部起吊吊具和侧面起吊吊具。

(1)顶部起吊吊具

顶部起吊吊具通过旋锁将集装箱顶部四个角件的吊孔锁住,从而实现从顶部吊起集装箱。为了适应不同尺寸的箱型,吊具结构形式有固定式顶部起吊吊具、伸缩式顶部起吊吊具和主从式顶部起吊吊具3种。

(2)侧面起吊吊具

侧面起吊吊具是通过两个旋锁吊住空集装箱的两个顶角件,箱的侧面则压靠在吊具的垂直面上。它比顶部起吊吊具轻,比货叉装卸方便可靠,同时还具有伸缩机构及侧移机构等。侧面起吊吊具一般分为固定式与伸缩式两种。

在集装箱码头和货场使用集装箱叉车的优点:机动灵活,作业范围大;相对于其他集装箱机械,其设备购置费用低;通过更换属具,可用来装卸搬运其他件货,达到一机多用的效果。

集装箱叉车也存在一些缺点:常用的正面集装箱叉车横向尺寸大,所需通道宽度大(约14 m),且堆码层数较少,使堆场面积和高度的利用率低;满载时前轮压力大,对码头前沿和堆场通道路面的承载能力要求高;行走时视野被集装箱阻挡,对箱作业有一定难度。

2)轮胎式龙门起重机

轮胎式龙门起重机是集装箱码头堆场进行装卸、搬运、堆垛作业的专用机械,如图5.9所示。其由前后两片门框和底梁组成门架,支撑在橡胶轮胎上,装有集装箱吊具的行走小车沿着门框横梁上的轨道运行,配合底盘车进行集装箱的堆码和装卸作业。其主要特点是机动灵活、通用性强。缺点是单位面积的堆存能力不高,结构较复杂,不易维修、保养。

图5.9 轮胎式龙门起重机

3)轨道式龙门起重机

轨道式龙门起重机由两片悬臂的门架组成,两侧门腿用下横梁连接,门架支承在行走台上,并在轨道上运行。轨道式龙门起重机一般比轮胎式龙门起重机大,堆垛层数多。轨道式龙门起重机是沿着场地上铺设的轨道行走的,只能限制在所设轨道的某一场地范围内作业,能实现全自动化装卸。其显著特点是提高了堆场面积的利用率,提高了堆场的堆存能力,同时内部结构简单,便于操作、维修。其缺点是只能沿着轨道作业,不机动灵活。

4）集装箱正面吊

集装箱正面吊，英文名为Reachstacker或Reach Stacker，是集装箱起重机的简称，俗称正面吊。集装箱正面吊是一种用来装卸集装箱的起重机，属于起重设备的，也可以说是一种流动机械。

集装箱正面吊有可伸缩和可左右旋转的集装箱吊具，能用于20 ft、40 ft集装箱装卸作业，吊装集装箱时正面吊不一定要与集装箱垂直，可以与集装箱成夹角。起吊后可旋转吊具，以便通过比较狭窄的通道。同时，吊具可以左右侧移各800 mm，以便在吊装时对箱，提高作业效率。在场地条件较差的货运站，正面吊也能正常作业。

伸缩式的臂架可带载变幅，集装箱的起降由臂架伸缩和变幅来完成，在臂架伸出和俯仰油缸伸出时，其起升速度较快，在下降时同时锁入，可获得较快的下降速度。作业时可同时实现整车行走、变幅、臂架伸缩动作，具有较高的工作效率。

练习题

简述轮胎式龙门吊和轨道式龙门吊的异同点。

_____

_____

_____

_____

_____

_____

_____

5.2.4　集装箱吊具

集装箱吊具是指一种装卸集装箱的专用吊具，它通过其端部横梁四角的旋锁与集装箱的顶角配件连接，由司机操作控制旋锁的开闭进行集装箱装卸作业。

集装箱吊具按其结构特点可分为固定式、主从式、子母式、伸缩式4种类型。

1）固定式吊具

固定式吊具也称整体式吊具，它只能装卸一种规格的集装箱。它无专用动力装置，是通过钢丝绳的升降带动棘轮机构驱动旋锁转动，从而以钢丝绳机械运动的方式实现自动开闭锁销。这种吊具结构简单、重量轻，但使用不便，一般用于多用途门机和一般门机上，如图5.10所示。

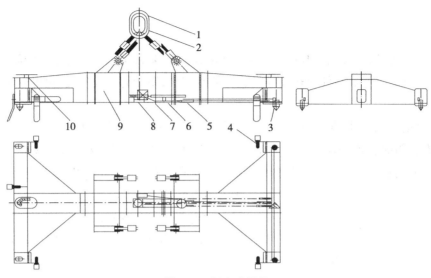

图 5.10　固定式吊具

1—吊索；2—吊环；3—旋锁箱总成；4—导板装置；5—联杆总成；6—托辊总成；

7—牵引系统；8—驱动机构；9—吊架；10—旋锁指示器

2）主从式吊具

主从式吊具也称组合式吊具（图5.11）。这种吊具由上、下两个吊具组合而成。一般上吊具为20 ft，下吊具为40 ft。在上吊具上装有动力装置，起吊不同规格的集装箱时，只要装上或卸下下吊具即可。主从式吊具与固定式吊具相比，使用方便，但较重。

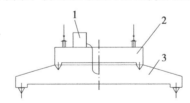

图5.11　主从式吊具

1—液压动力站；2—20 ft吊具；3—40 ft吊具

3）子母式吊具

子母式吊具也称换装式吊具（图5.12）。这种吊具在其专用吊梁上装有动力系统，用来驱动下面吊具上的旋锁机构。在吊梁下可换装20 ft、40 ft等多种规格集装箱固定吊具。与主从式吊具比较，它具有自重较轻，但更换吊具花费的时间较长。

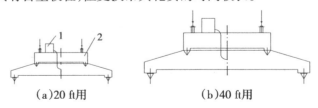

（a）20 ft用　　　　　　　　　（b）40 ft用

图5.12　子母式吊具

1—液压动力站；2—吊梁

4)伸缩式吊具

伸缩式吊具(图5.13)通过液压传动驱动伸缩链条或油缸,使吊具自动伸缩改变吊具长度,以适应装卸不同规格的集装箱。伸缩式吊具虽然重量较大,但长度调节方便,操作灵活,通用性强,生产效率高。

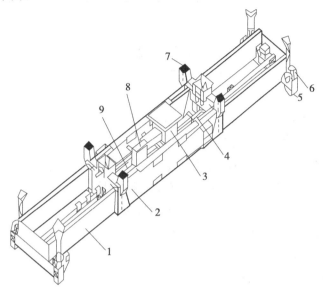

图5.13　伸缩式吊具

1—伸缩梁结构;2—底梁主结构;3—液压系统;4—输缆(管)装置;5—旋锁机构;
6—导板机构;7—前后倾装置;8—电气系统;9—伸缩机构

在伸缩式吊具基础上又派生出旋转式吊具、双箱吊具。

(1)旋转式吊具

可实现平面旋转运动的吊具称为旋转式吊具。旋转式吊具由置于上部的旋转装置与调平系统和置于下部的一个伸缩式吊具组成。一般回转角度在±200°就可满足要求。旋转式吊具多用于岸桥、轨道龙门起重机和多用途门机上。

(2)双箱吊具

双箱吊具即一次能同时装卸两个20 ft集装箱的、不可移动的伸缩式吊具。与单箱吊具相比,大大提高了装卸效率。伸缩式双箱吊具在标准吊具的基础上,在主框架的中部增加4套独立的锁销机构及其相应的结构件,从而在保留标准吊具原有全部功能的基础上,增加了同时装卸两只20 ft集装箱的功能。

吊具还有连接装置、导向装置、悬挂及倾斜装置以及操纵控制装置。按集装箱吊具与装卸机械连接方式的不同,即按吊运方式的不同,集装箱吊具的吊运方式主要有四吊点吊运和单吊点吊运。

四吊点吊运方式在吊运集装箱时有四个吊运点,吊具从四个吊点连接集装箱,通过吊具上的钢丝绳滑轮系统,卷绕在装卸机械起升机构的起升卷筒上吊运集装箱。集装箱专用装卸机械,如岸边集装箱起重机(集装箱装卸桥)、集装箱跨运车、集装箱龙门起重机等,均采用这类集装箱吊具。

利用门座起重机或船舶吊杆等吊运集装箱时,吊具的吊运点只有一个。吊具用4根绳索吊起后,集中在吊钩一点上,吊具与集装箱角件的连接可以有电动、电动液压或手动的操作方式。

练习题

1. 下列关于起重吊装安全技术要求说法正确的是(　　　)。

A. 吊索系挂点应符合专项施工方案要求

B. 起重机作业时,起重臂下不得有人停留

C. 起重机作业时,吊物不得从人正上方通过

D. 起重机吊具可低速载运人员

E. 吊运易散落物件时应使用专用吊笼

2. 下列关于吊索及附件安全技术要求说法正确的是(　　　)。

A. 吊索的绳环或两端的绳套应采用编插接头

B. 编插接头的长度不小于钢丝绳直径的20倍

C. 吊索与所吊构件间的水平夹角应为$45°\sim60°$

D. 吊钩应有制造厂的合格证明书

E. 吊钩不得有裂纹或锈蚀,否则严禁使用

3. 开始起吊时,应先将构件吊离地面(　　　)mm后停止起吊,并检查起重机的稳定性、制动装置的可靠性、构件的平衡性和绑扎的牢固性等,待确认无误后,方可继续起吊。

A. 50~100　　　　B. 200~300　　　　C. 500~600　　　　D. 900~1 000

项目3　码头的装卸工艺

码头装卸和搬运货物的生产活动是按一定的操作过程,根据码头的生产条件,针对不同的货物、运输工具和装卸设备,以合理和经济的原则来完成装卸和搬运任务的。这种装卸和搬运货物的方法和程序就是装卸工艺。港口装卸工艺主要包括装卸机械设备类型的选择和吊索具的设计、工艺流程的合理化、货物在运输工具和库场上的合理配置和堆码以及司机和工人的先进操作方法,这里主要包括以下5种装卸工艺。

5.3.1　装卸桥—跨运车方案

这种工艺方案是码头前沿采用装卸桥,水平搬运及堆场作业时采用跨运车。跨运车的速度一般为23 km/h,最高可达32 km/h。跨运车的选型主要考虑起吊能力、堆码和通过集装

箱的层数、装卸搬运效率以及稳定性等。

卸船时,由装卸桥将集装箱从船上卸到码头前沿,再由跨运车将集装箱搬运至码头堆场的指定箱位;装船时,集装箱从码头外送进码头堆场后,由跨运车将集装箱从堆场拖到码头前沿,由岸边集装箱装卸桥将箱吊装上船,如图5.14所示。

图5.14　装卸桥—跨运车方案

优点:机动灵活、对位快、装卸效率高,既可作水平搬运,又可作场地堆拆垛作业,一般可码2~3层集装箱,在搬运距离不长时,无须再配拖挂车,省人力、单机造价低、初始投资少。

缺点:故障率比较高,一般达30%~40%,维修费用高,不能用于装卸铁路车辆。

采用跨运车在集装箱码头场地工艺方案中约占40%,它适合于年通过量在5万TEU的集装箱码头使用。

5.3.2　装卸桥—轮胎式龙门起重机方案

该方案是码头前沿采用装卸桥,水平搬运采用底盘车,堆场采用轮胎式龙门起重机。

这种工艺方案把通过装卸桥从船上卸下来的集装箱放到底盘车上,码头前沿到堆场通过底盘车连接。集装箱运到堆场后,再用轮胎式龙门起重机进行场地作业,如图5.15所示。这种机械也可进行内陆车辆的换装作业。

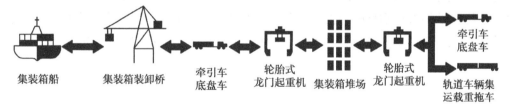

图5.15　装卸桥—轮胎式龙门起重机方案

优点:场地面积利用率高,装卸效率高,灵活性比较大,能适应铁路、公路车辆的运输;轮胎式龙门起重机可以说是一种增大了自由弯度和宽度的跨运车,它可跨1~7排集装箱和一条底盘车通道,能堆码1~4层集装箱;操作简便,便于实现自动化和电子计算机的管理。

缺点:轮压比较大,一般为50 t,故对场地要求高,而且对驾驶员操作技术要求高。

这种工艺适合于年通过量8~10万TEU的集装箱码头使用。

5.3.3　装卸桥—轨道式龙门起重机方案

通过装卸桥把集装箱从船上卸到码头后再搬放到底盘车上,通过底盘车把集装箱运到堆场,堆场作业采用轨道式龙门起重机,如图5.16所示。

优点:机械沿轨道运行,实现自动化控制。机械机构简单,操作比较可靠,堆场堆箱的自由空间和宽度更大,在所有集装箱堆场机械中场地面积利用率最高,单位面积堆箱数最多,它可跨14排或更多排集装箱,堆码高度可达4~5层集装箱。

缺点:初始投资大。

这种工艺适合于年吞吐量10万TEU以上或两个以上连续泊位的集装箱码头使用。

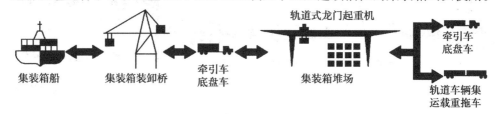

图5.16 装卸桥—轨道式龙门起重机方案

练习题

1.分析日本名古屋港Tobishima集装箱码头所使用的装卸工艺。

名古屋港Tobishima集装箱码头是日本首个全自动集装箱码头,也是目前公认的世界上最先进的自动化集装箱码头之一。该码头共有2个泊位,分别于2005年12月和2008年12月投入运营。由于日本为多地震国家,其集装箱码头的结构和设备均采用强化抗震的设计工艺,以减小地震危害。Tobishima码头前沿共配备6台超巴拿马型岸桥,水平运输采用自动导引车,堆场采用全自动轮胎式龙门起重机。Tobishima码头是目前世界上唯一采用全自动轮胎式龙门起重机作为堆场设备的自动化集装箱码头。与一般的轮胎式龙门起重机相比,该码头采用的全自动轮胎式龙门起重机具有精度高、对位准、稳定性好、自动化程度高等优点,且具备自动纠偏、光电控制、液压汽缸防摇等功能。此外,该码头采用智能道口系统光学字符识别(OCR)技术和无线射频识别(FRID)技术,结合电子信息提示牌、闸道系统、道口自助终端系统等多重设施,可实现集卡车号及集装箱箱号的自动采集。

_____

_____

2.简述件杂货码头装卸工艺与集装箱码头装卸工艺的异同点。

_____

_____

5.3.4 装卸桥—底盘车方案

码头前沿采用装卸桥,水平搬运及堆场作业均采用底盘车(拖挂车)。从船上卸下来的集装箱直接安放在底盘车上。集装箱上底盘车后,用牵引车把它拖到场地,在场地上集装箱存放在挂车上,当需要进行内陆运输时,很方便地用牵引车将其拖走,如图5.17所示。

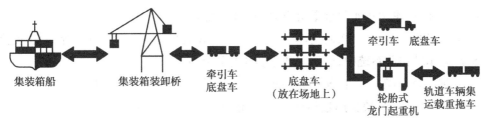

图5.17 装卸桥—底盘车方案

优点:集装箱不落地,特别适合于公路四通八达的"门到门"运输方式。

缺点:占地面积大(一般一个泊位需要22万~25万㎡的陆域);投资大(一般每个泊位平均需配备2 000~3 000辆挂车);由于不能重叠堆放,故场地面积利用率很低。

5.3.5 装卸桥—集装箱叉车方案

码头前沿采用装卸桥,水平搬运及场地采用叉车,如图5.18所示。集装箱叉车是集装箱码头上常用的一种装卸机械。

优点:既可以进行场地码垛作业和短距离搬运作业,还可以进行装卸车辆作业。当水平运输距离比较远时,可采用拖挂车配合作业。

缺点:场地面积利用率比较低,因为叉车作业要求比较宽敞的通道及场地。

该方案适合于年吞吐量3万TEU以下沿海件杂货泊位兼作集装箱泊位使用,或兼作修理箱场地和空箱场地作业。

图5.18 装卸桥—集装箱叉车方案

除前述方案外,码头的装卸工艺还有集装箱正面吊运机工艺方案以及集装箱滚装装卸工艺方案等。

练习题

1.岸壁集装箱装卸桥的外伸距一般为(　　　)。

    A. 25 m　　　　　　B. 35 m　　　　　　C. 45 m　　　　　　D. 55 m

2.(　　　)也被称为"麦克逊"方式。

    A.底盘车系统　　　　　　　　　　　B.跨运车系统

    C.轮胎式龙门起重机系统　　　　　　D.叉车系统

3.集装箱装卸工艺方案中称为"海陆"方式的是由(　　　)组合的。

    A.装卸桥、跨运车　　　　　　　　　B.装卸桥、底盘车

C.装卸桥、轮胎式龙门起重机　　　　　　D.装卸桥、集装箱叉车

4.在装卸桥、轮胎式龙门起重机方案中,水平搬运采用(　　　)。

　A.装卸桥　　　　　　B.跨运车　　　　　　C.底盘车　　　　　　D.轮胎式龙门起重机

5.跨运车转作业系统中,(　　　)通常负责岸边运转。

　A.拖车连车架　　　　B.轮胎龙门吊　　　　C.跨运车　　　　　　D.轨道龙门吊

6.在卸船作业中,缺少岸边运转设备可能导致卸下的集装箱堆积在岸上并阻延船舶作业。　　　　　　　　　　　　　　　　　　　　　　　　　　　　　　　　(　　　)

7.车辆排队等候通过闸口表明交/收集装箱作业的人手或设施不够。　　　(　　　)

8.如果船舶在卸货过程中严重倾斜,集装箱从箱格中吊起会很困难,它们可能卡在箱格中。　　　　　　　　　　　　　　　　　　　　　　　　　　　　　　　　　(　　　)

9.集装箱堆场存放可以使出港集装箱以合适的装船顺序重新装载,甚至可以通过移位到其他堆场地点来改变顺序,以适应作业或运输公司要求的变化。　　　(　　　)

10.探讨散货煤的码头装卸工艺流程。

_____

_____

_____

_____

_____

能力单元6　集装箱水路运输

学习目标

- ●了解集装箱船舶的种类及特点
- ●掌握集装箱船箱位号的编号方法
- ●掌握集装箱船的配积载图
- ●学会计算航线集装箱的配备量以及年度租箱量等
- ●了解船期表的制作

知识点

箱位号;配积载;水运航线

导入案例

集装箱的"丢失"

2020年12月1日,遭遇风浪的集装箱船"ONE Apus"丢失了超过1 900个集装箱,其中约40个危险品箱。这或将成为自2013年MOL Comfort集装箱船拦腰折断沉没(造成4 293个集装箱损失)以来,单次丢失集装箱最多的一次事故。

该船在从中国盐田到美国长滩的途中,距离夏威夷西北约2 963 km处,遇到暴风雨,产生强风和大浪,导致ONE Apus剧烈滚动,使集装箱脱落并掉入海中。船长转移船只以确保船员和船舶的持续安全,直到情况缓解为止。

2020年11月初,ONE旗下一艘14 000 TEU的集装箱船(ONE AQUILA)航行在日本和美国之间的北太平洋海岸长滩途中遭遇恶劣天气,堆垛倒塌导致ONE AQUILA集装箱船至少丢失100余个集装箱,被部署在跨太平洋航线太平洋南环PS7上运营。随后"ONE Aquila"轮被转移到华盛顿州的塔科马港,该集装箱船曾挂靠中国香港、深圳、盐田口岸。集装箱船ONE AQUILA载重吨138 611 t,容量14 026 TEU,船长364 m,船宽51 m,悬挂巴拿马国旗。

2020年7月30日,集装箱船"UNI FLORIDA"号在阿联酋杰贝阿里突发堆垛倒塌事故,船尾堆放的部分集装箱受损,部分可能落入海中。

集装箱船"UNI FLORIDA"号,IMO9308039,载重吨42 950 t,载箱量3 450 TEU,建造于2007年,悬挂巴拿马国旗。EQUASIS的资料显示,该船的船舶管理公司为UNI SHIPS & MANAGEMENT LTD。2007年,集装箱船"UNIFLORIDA"号在阿拉伯海遭遇严重风暴,7~10 m的海浪使其丢失了至少三个满载集装箱,船上甲板也遭到了一定程度的破坏,当时集装箱船"UNI FLORIDA"号还未更名,以"ITALFLORIDA"号的名字进行航行。

2020年2月13日,荷兰航运公司JR Shipping Group旗下的集装箱船"OOCL Rauma"号,在从芬兰科特卡港驶往荷兰鹿特丹港途中受暴风雨天气影响,丢失7个集装箱。

根据世界航运理事会(WSC)2020年海上丢失集装箱的最新数据,2008—2019年,每年平均在海上丢失1382个集装箱。

集装箱落水事故的主要原因有三点:一是集装箱船发生事故;二是遭遇恶劣天气(恶劣的天气是造成集装箱丢失和货物误报的主要原因之一,在极端情况下,船体结构受到的来自大风海浪的作用力会暴露出在装载货物上船时的隐患);三是集装箱船舶装载不当和集装箱捆扎不当。

船舶在航行时需多关注气象信息,做好突发阵风的防抗准备,重载集装箱船舶要加强对集装箱的系固绑扎,船员应按要求检查和保养系固设备,并依据配载与积载原则、规范进行积载。

据估计,从船上掉下来的集装箱平均索赔金额达13.5万美元,比平均索赔成本高出2.5倍以上。虽然丢失的集装箱只占索赔总额的4%,但却占了总成本的10%以上。

练习题

1.简述海上集装箱运输发生事故的主要原因。

2.简述世界航运理事会。

3.简述集装箱丢失可能带来的危害。

4.船舶配积载是指什么?怎样可以做到正确的配积载?

项目1 集装箱船舶

6.1.1 集装箱船舶的分类

集装箱船又称"货柜船",广义上是指可用于装载国际标准集装箱的船舶,狭义是指全部舱室及甲板专用于装载集装箱的全集装箱船舶。其运货能力通常以装载20 ft换算标准箱的箱位表示。第一艘集装箱船是美国于1957年用一艘货船改装而成的,它的装卸效率比常规杂船大10倍,停港时间缩短,减少了运货装卸中的货损量,集装箱船到20世纪70年代已成熟定型。

1)按照集装箱船舶的发展情况进行分类

按照集装箱船舶的发展情况进行分类,大体可以将这个发展历程分为六个阶段,或者说集装箱船在向着大型化、高速化、多用途方向发展的过程中,按照从前向后的时间发展顺序可以将其按照箱位量来进行划分,见表6.1。

表6.1　第一代到第六代集装箱船

分　类	时　间	箱位量	船　速	备　注
第一代集装箱船	20世纪60年代	700～1 000 TEU	23节	
第二代集装箱船	20世纪70年代	1 800～2 000 TEU	27节	被称为不经济船型的代表
第三代集装箱船	1973年石油危机以后	3 000 TEU	20～22节	降低了航速,但是增大了船体尺寸,被称为高效节能型船
第四代集装箱船	20世纪80年代后期	4 400 TEU		航速进一步提高,集装箱船大型化的限制则以能通过巴拿马运河为准绳。由于采用了高强度钢,船舶质量减轻了25%;大功率柴油机的研制大大降低了燃料费,又由于船舶自动化程度的提高,减少了船员人数,集装箱船经济性进一步提高
第五代集装箱船	20世纪90年代后期	4 800 TEU		代表是德国船厂建造的5艘APLC-10型集装箱船
第六代集装箱船	20世纪末	8 000 TEU以上		1996年春季竣工的Rehina　Maersk号集装箱船最多可装载8 000 TEU,该型船已建造了6艘,人们说这个级别的集装箱船拉开了第六代集装箱船的序幕

目前,我国上海生产的集装箱装卸机械已经达到国际先进水平,2018年6月12日,由中国自主研制建造的世界最大级别集装箱船"宇宙号"在上海正式交付给用户,如图6.1所示。这是我国首艘装箱量超过21 000个标准集装箱的货轮,标志着我国成为少数能够建造这个级别集装箱轮的国家。这是我国在高端船舶建造领域的新突破,也将进一步提升我国海上运输的能力。"宇宙号"总长400 m,船宽58.6 m,最大载重量为19.8万t,设计时速达到每小时约42 km,最多可装载21 237个标准集装箱。投入使用后,"宇宙"号将主要运营亚洲到欧洲的航线。目前,运营这些航线的主要集装箱船可装载集装箱的数量在14 000 TEU的水平。

图6.1　宇宙号

2)按照集装箱船舶的船型分类

按照集装箱船舶的船型分类,可将集装箱船舶分为部分集装箱船、全集装箱船和可变换集装箱船3种。

①部分集装箱船,以船的中央部位作为集装箱的专用舱位,其他舱位仍装普通杂货。

②全集装箱船,指专门用于装运集装箱的船舶。它与一般杂货船不同,其货舱内有格栅式货架,装有垂直导轨,便于集装箱沿导轨放下,四角有格栅制约,可防倾倒。集装箱船的舱内可堆放3~9层集装箱,甲板上还可堆放3~4层。

③可变换集装箱船,其货舱内装载集装箱的结构为可拆装式的。因此,它既可装运集装箱,必要时也可装运普通杂货。这种集装箱船航速较快,大多数船舶本身没有起吊设备,需要依靠码头上的起吊设备进行装卸,也称为吊上吊下船。

练习题

1.简述外高桥进入世界十强带给我们的启示。

上海外高桥造船有限公司:2004年,公司的完工总量位居中国各船厂之首。2005年成为中国第一家年造船总量突破200万载重吨的船厂。2006年造船完工总量又达到了历史性的311.5万载重吨,接近于2000年的全国造船总量,不仅是我国率先超越300万载重吨大关的船厂,还是我国唯一一家年造船总量和手持订单双双进入世界十强行列的造船企业,在中国船舶工业的发展史上又矗立起了一座丰碑,被誉为"中国第一船厂"。

_____

_____

_____

2.了解长江航道集装箱运输存在的主要问题以及通行的主要船舶类型。

_____

_____

_____

_____

3)按装卸方式分类

按装卸方式可将集装箱船舶分为吊装集装箱船(LO/LO-lift on/lift off)、滚装式集装箱船(RO/RO-roll on/roll off)、滚-吊船(RO/LO)、载驳船(Barge Carrier)。

①吊装集装箱船是指利用船上或码头岸边上的起重设备将集装箱进行垂直装卸的船舶。这是一种专门用于装载集装箱的船舶。在全集装箱船舱内设有永久性箱格结构,以用于集装箱装卸作业及定位。目前,全集装箱船几乎不设起重设备,船舶舱内和舱面全部舱位专为装运集装箱而设计,如图6.2所示。

图6.2　吊装集装箱船　　　　　图6.3　滚装式集装箱船

②滚装式集装箱船是利用船侧、船首或船尾的开口,通过自身配备的跳板将集装箱与牵引车一起,沿水平方向进行滚动装卸的船舶。滚装船是一种多用途运输船舶,除可装载集装箱外,还可以装载长大重件、成组货物及各种车辆等。它对装卸货物品种、类型要求的灵活性很大,这有利于提高船舶的载货量。但是,由此而对船型带来许多与普通船型、集装箱船型不同的要求和特点,如图6.3所示。

③滚-吊船是一种舱内利用跳板进行滚动装卸集装箱,而甲板上用岸边集装箱起重机进行垂直装卸的一种特殊船型。由于两种方式同时进行,可加速集装箱的装卸。为了更好地配合这种船的装卸作业,国外还设有滚装-吊装两用船专用码头。

④载驳船是一种把驳船作为浮动集装箱外,利用推船顶推驳船在水面上浮进浮出母船,或利用母船上的起重设备把驳船从水面上吊起,然后放入母船舱内的一种船舶。载驳船又称子母船,是用一大型机动母船运载一大批同型驳船的船。其运输过程是将货物先装载于同规格的方形货驳(子船)上,再将货驳装上载驳船(母船)上,载驳船将货驳运抵目的港后,将货驳卸至水面,再由拖船分送至各自目的地。

载驳船不需要码头和堆场,装卸效率高,便于海—河联运。缺点是造价高,货驳的集散组织复杂,发展受到限制。驳船的装卸方式有三种:利用尾部门式起重机、尾部驳船升降平台或浮船坞原理装卸驳船。目前较常用的载驳船主要有拉西式载驳船、西比式载驳船。

①拉西式载驳货船。这种形式的载驳船尾部有突出的悬尾,悬尾下方临水面如图6.4所示。上甲板两侧,在整个载货区域内设有门式起重机运行轨道,轨道一直延伸过尾楼,轨道上设置了起重量达500 t的门式起重机。装载时,驳船由推轮推入悬尾下的水面,然后由悬尾上的起重机吊起,并沿轨道送至固定舱位堆放。

能力单元6　集装箱水路运输　**127**

图6.4 拉西式载驳货船 　　　图6.5 西比式载驳船

②西比式载驳船。西比式载驳船为多层全通甲板船,没有舱口,其尾部设有起重量为2 000 t的升降平台,其升降范围可从水面下一定深度达到各层甲板的高度,各层甲板上设有轨道拖车系统,如图6.5所示。装船时,升降平台降到水下一定深度,顶推船将两只驳船推上平台并固定,然后升到各层甲板的高度,再用拖车沿轨道送至指定位置的支座上安放。

练习题

1.根据以下案例分析三峡船闸存在的问题。

目前重庆长江上游航运中心建设主要存在三大问题:长江三峡船闸瓶颈制约,运输效率和服务水平低;长江航道不畅,通过能力弱,对周边辐射不强;向东向西铁路通道不畅,铁水联运优势难以发挥等。2017年2月2日,三峡船闸开始为期40天的北线船闸检修,期间平均待闸船舶900艘,平均过闸时间由2016年的8天延长至15天。2017年四季度以来,三峡船闸再次出现严重拥堵情况,平均待闸时间延长到20天。2017年12月12日,三峡大坝滞留船舶共计1 079艘,坝上456艘、坝下623艘,上水货物多于下水货物。其中,待闸沙石船346艘(坝上150艘、坝下196艘),占待闸船舶总量的32.1%。其中,沙石船主要航线为枝江至重庆区间航段,由于其往返距离和时间短,过闸的频次平均比重庆至长江下游地区干线船舶高3倍。

_____

_____

2.简述适合三峡通航的船型。

_____

_____

3.船舶的载重线标记。
(1)载重线的作用:

_____

_____

(2)载重线代表的意义:

_____

6.1.2　集装箱船舶的结构特点

1)集装箱船船身设计

集装箱船船体线型较尖瘦,外形狭长,船宽及甲板面积较大,以保证较高的航速和合理的甲板装载。为防止波浪对甲板上集装箱的直接冲击,设置较高的船舷或在船首部分设置挡浪壁。集装箱船的机舱基本上设置在尾部或偏尾部。这样布置主要是为了方便货舱尽可能地方整,以便更多地装载集装箱,如图6.6所示。

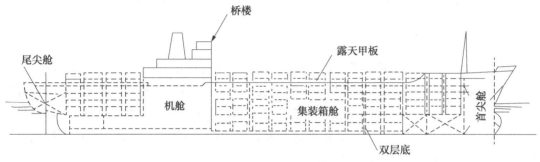

图6.6　全集装箱船船体

2)舱内无中间甲板,但设置为箱格结构

集装箱船为单甲板,上甲板平直,无舷弧和梁拱,不设置起货设备,在甲板上可堆放2～5层集装箱,直接堆装在舱口盖上,并有专用紧固件或捆扎装置,以利于固定货箱。为了满足集装箱装卸需要,舱内无中间甲板,但为了使集装箱固定而不左右移动,又设置了箱格结构,这种箱格结构一般由导柱、导口、横向系材和内底板局部加强垫板组成,因为不需要在舱内进行系紧作业,所以可以提高集装箱的装卸效率。

3)双层舱壁,双层船底

由于集装箱船是统舱口船,舱口缘材垂直向下直到舱底,从而形成双层侧壁,双层侧壁的长度占船长的一半以上,横舱壁和舱底也为双层。船体两侧和船底部不能装载集装箱的部位设置边深舱(舱口围板向舱内的延伸部分与船侧外板形成的双层壳结构)和双层底舱,可装压载水以调整船舶的稳性,这种结构大大增强了船舶的纵向强度,如图6.7所示。

4)设置横向舱壁、纵向舱壁,增加船体的结构强度

船体采用箱格结构。船体一般布置有若干横向舱壁,以抵抗船舶U形截面致使船舶承

受的横向水压力和波浪的冲击载荷,大型集装箱船还设有纵向舱壁,以保证船体的结构强度,提高抗沉性。船体由水密横舱壁分隔为若干货舱,货舱口大,有的船呈双排或三排并列。货舱口宽度等于货舱宽度,可达船宽的70%~90%,便于集装箱装卸和充分利用货舱容积。

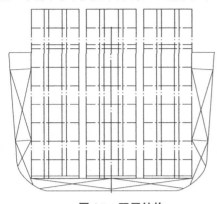

图6.7 双层结构

图6.8 格栅结构

5)货舱内有格栅结构

货舱内装有固定的格栅结构,便于集装箱装卸和防止船舶摇摆时箱子移动,如图6.8所示。格栅结构由角钢立柱、水平桁材和导箱轨组成。在装卸时,集装箱可通过导箱轨顶端的喇叭口形导槽,顺着导箱轨顺利地出入货舱。货舱内纵向一般可装2个40 ft或4个20 ft集装箱,在横向可装6~14列集装箱,而在垂向可堆放5~11层集装箱。装在舱内的集装箱被放置在格栅结构的箱格中,因此无须紧固。

6)舱盖板为多块,具有良好的水密性

为提高船舶载重量的利用率,甲板上也要装载相当数量的集装箱,要求舱盖板有足够的强度,舱盖板通常采用箱形结构,大型集装箱船为减轻舱盖板质量,一般设置为多块,布置为多列,且具有良好的水密性。

7)船舶带有系紧设备并设置大量压线

对于装载在甲板上的集装箱,为防止船舶摇摆时发生移动,必须加以绑扎系紧,并且甲板上装载集装箱也会造成船舶重心升高,稳性恶化,因此必须设置大量的压线,以提高船舶在舱壁的纵通结构形式,且为平甲板型,无拱梁,便于滚装作业。各层甲板之间的交通可采用升降机或斜坡道,通过狭长的甲板开口进行练习。

练习题

1.查阅资料,回答下面的问题。

箱格导柱(图6.9)的作用:＿＿＿＿＿＿＿＿＿＿＿＿＿＿＿＿＿＿＿＿＿＿＿＿

尺寸和结构:＿＿＿＿＿＿＿＿＿＿＿＿＿＿＿＿＿＿＿＿＿＿＿＿＿＿＿＿＿＿

箱格导口的作用和类型：_____

_____

2.箱格导柱采用_____材料制成，箱格导柱在装卸时起_____作用，在航行时起_____作用。

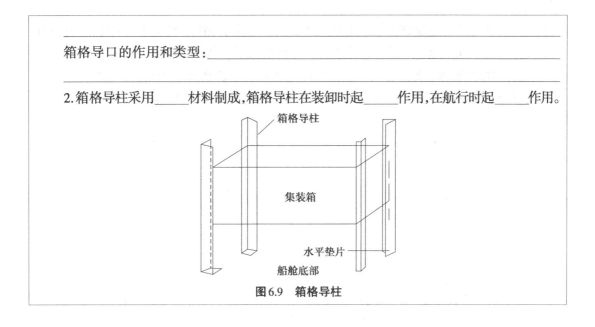

图6.9　箱格导柱

项目2　集装箱的配积载图

为了船舶的航行安全，减少中途港的倒箱，缩短船舶在港停泊时间，保证班期和提高经济效益，要进行配积载。如最后目的地是航线上最后一个港口的集装箱，就必须装在集装箱船舶的下面，否则就会面临着无数次的倒箱，延长运输时间，增加运输成本。

配积载过程共分为三步，首先是预配图，是船舶公司根据订舱单进行分类整理以后，编制一个计划配载图，称为预配图。但是由于一系列的问题，一些订舱单可能无法实施，因此在预配图的基础上会形成实配图。在实际的装船过程中，会根据实际情况对一些集装箱装载的位置进行调整，这样在实配图的基础上会形成最终的积载图。

6.2.1　集装箱船的箱位号

集装箱船的三种配积载图，最核心的最小单元就是集装箱船的箱位号。为准确地表示每一集装箱在船上的装箱位置，以便于计算机管理和有关人员正确辨认，集装箱船上每一装箱位置均应按国际统一的代码编号方法表示。目前集装箱船箱位代码编号是采用ISO 9711—1∶1990标准。它是以集装箱在船上呈纵向布置为前提，每一箱位坐标以六位数字表示。其中最前两位表示行号（或称为"排号"），中间两位表示列号，最后两位表示层号。行号、列号和层号的每组代码不足10者，在前一位置补零。

1）行号（Bay No.）

作为集装箱箱位的纵向坐标，自船首向船尾，在20 ft箱位上依次以01,03,05,07……奇数表示。当纵向两个连续20 ft箱位上被用于装载40 ft集装箱时,则该40 ft集装箱的行号以介于所占的两个20 ft箱位奇数行号之间的一个偶数表示。例如,在船舶的03行上装载某一20 ft集装箱时,则该箱的行号即为03;若在03和05两行上装载某一40 ft集装箱时,则该箱的行号就以介于03和05之间的04这一偶数作为其行号,集装箱船舶的行排列法如图6.10所示。

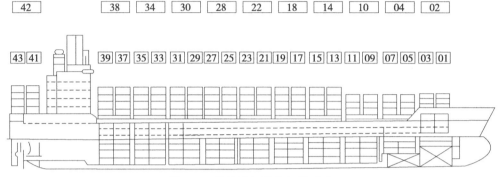

图6.10   集装箱船舶的行排列法

2)行号(Row No.)

作为集装箱箱位的横向坐标,以船舶纵中剖面为基准,自船舶纵中剖面向右舷以01,03,05,07……奇数表示,向左舷以02,04,06,08……偶数表示。若船舶纵中剖面上存在一列,则该列列号取为00。如图6.11所示则位于集装箱船的左舷,而图6.12所示则位于集装箱船的右舷。

图6.11   集装箱船舶左舷

图6.12   集装箱船舶右舷

3)层号(Tier No.)

作为集装箱箱位的垂向坐标,舱内以全船最底层作为起始层,自下而上以02,04,06,08……偶数表示。舱面以全船舱面最底层作为起始层,自下而上以82,84,86,88……偶数表示。舱内和舱面非全船最底层的层号大致以距船舶基线高度相同、层号相同为原则确定。

练习题

1.如果给定集装箱船的箱位号,请分析其在集装箱船舶上的位置。

031586:＿＿＿＿＿＿＿＿＿＿＿＿＿＿＿＿＿＿＿＿＿＿＿＿＿＿＿＿＿＿＿

061806：_____

110082：_____

2.假设此图是00列,那么请在图中用X标识出110082,220084,230006三个集装箱船
箱位号。

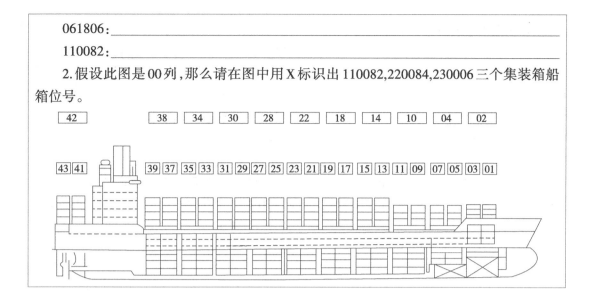

4)简易BAY位图

如何将行、列、层更好地在平面上表示出来? 可以用简易BAY图来表示。在图6.13中,
以BAY确定,可以很快地确定其列和层,这也是配积载图的基础。

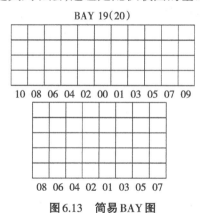

图6.13　简易BAY图

显然,全船每一装箱位置,都对应唯一的以六位数字表示的箱位坐标;反之,一定范围
内的某一箱位坐标必定对应船上一个特定而唯一的装箱位置。例如,某一集装箱的箱位
号为"080382",则由此即能判断:该箱必定为40 ft箱,纵向位于自船首起的第4和第5(行
号07和09)两个20 ft箱位上,横向位于自船纵中剖面起向右舷的第2列上,垂向位于舱面的
最下层。

练习题

1.下图是BAY 33甲板上的积载图,已知:图中330682,330684,330686三位置均是到
KOBE(以"K"示)的柜,330182,330184,330186全是到Long Beach (以"L"示)的柜,其余位
置是到New York(以"N"示)的柜。

(1)于图中小方格内填上适当的字母。

BAY 33

(2)若下图为BAY 29舱内积载图,表示的是特殊箱图,已知图中290006,290202,290406, 290106全为HQ柜(以"H"示);290004,290204,290104均为冷藏柜;290002为6.1类危险品柜,请于图中小方格内填上适当的符号。

BAY 29

2.下图是船上BAY 03的贝位图,设M所在层为舱内最底层,其中A、D、H、I、M五位置是40 ft柜,其余全为20 ft柜。若BAY 03图中A、D、H、I、M五位置全是以"X"示,请写出A至N各位置的箱位号。

BAY 03

6.2.2 集装箱船的预配图

预配图是集装箱船配积载中最重要、最关键的内容,包括字母图、重量图和特殊货物箱图。

1）字母图

图6.14中每个箱位内用1个英文字母表示该箱的卸箱港。

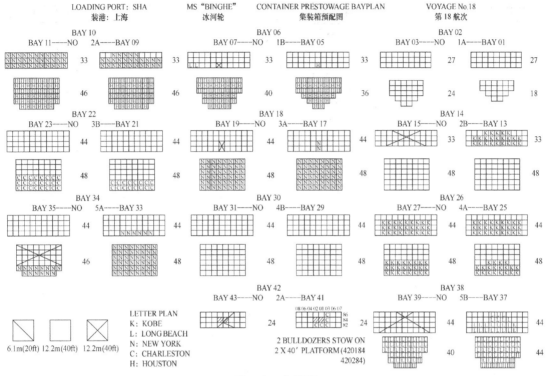

图6.14 字母图

在这幅图上我们可以看出，字母K表示这些箱子的卸箱港为神户KOBE，字母L表示这些箱子的卸箱港为长滩Long Beach，以此类推。

2）重量图

在图6.15中，每个箱位内用阿拉伯数字表示以吨为单位计算的集装箱总重。以110086这个位置为例，它的重量是6 t，而它的卸箱港是纽约。

3）特殊货物箱图

特殊货物箱图包括冷藏箱图和危险货物箱图。冷藏箱在图6.16中的箱位内用英文字母"R"表示，危险货物在图中箱位内用阿拉伯数字表示按国际危规规定的危险等级。如070882这个箱位号，它里面有个数字4.1，表示它的国际危规登记是4.1。结合前面两个图能看出该箱重12 t，卸箱港是长滩。再比如330082这个箱位号，里面的字母"R"表示该箱是冷藏箱，冷藏箱一般放置在甲板上。结合前面两幅图可以看出，该箱重21 t，卸箱港是纽约。

图 6.15　重量图

图 6.16　特殊货物箱图

4）船舶的合理配载

集装箱船的合理配载对于保证船舶安全、准班、充分利用船舶装载能力，最大限度地提高船舶营运经济效益等起着重要作用，一般船长或大副担任专职集装箱航线预配员，预配员编制集装箱船预配计划的工作目标是实现"合理配载"。

（1）集装箱船"合理配载"要求

①保证满足船舶强度和稳性要求。安全永远是第一位的，若无法同时满足各项要求时，则下列所列的其他要求可以分轻重缓急考虑部分满足，但对涉及船舶安全的船舶强度和稳性要求必须首先得到满足。

②保持船舶具有适当的吃水差。处于最佳纵倾状态的船舶，能改善其操纵性和快速性，在不利的气象和海况下也能使其耐波性得到提高。

③充分利用船舶的装载能力。衡量集装箱船装载能力的主要指标有箱位利用率和载重量利用率。船舶满舱不满载或满载不满舱的装载状况经常发生，需要根据航线情况，遵循效益最大化的原则，在这两种装载状况中寻找平衡点。

④便于集装箱装卸作业，缩短船舶在港停泊时间。应根据各挂靠港的泊位、工班、作业时间以及装卸效率等因素，合理安排不同卸港集装箱的装载箱位，以便能充分利用挂靠港的装卸能力，能均衡各装卸桥作业区域的集装箱作业量，以达到缩短船舶在港停泊时间的目的。

⑤满足集装箱装卸顺序要求。班轮营运的集装箱船通常有多个挂靠港口，且各港口多数均需要装和卸部分集装箱。因此，集装箱船配载时应尽量减少先卸港箱被后卸港箱压住或堵住其卸箱通道的现象发生。

⑥满足特殊集装箱对运输的要求。特殊集装箱包括危险品集装箱、冷藏集装箱、超限尺度集装箱、平台集装箱等。这类特殊集装箱的箱位选配、系固、途中保管等需要考虑满足《国际危规》、船上《货物系固手册》以及挂靠港的一些特殊规定。

（2）实现集装箱船合理配载的一些实用方法

航线集装箱船预配员务必要熟悉与货运相关的集装箱船技术参数、船体结构和舱内外箱位布置、航线各挂靠港水深限制、泊位集装箱装卸桥配置数量、作业效率、航次集装箱平均箱重、20 ft 和 40 ft 箱所占比例以及危险品箱、冷藏箱等特殊箱情况，可采用以下一些集装箱船合理配载的实用方法。

①调整集装箱船强度的一些实用方法。大型集装箱船的船长在 300 m 左右，其舱宽占船宽接近 90%，集装箱载荷沿船舶纵向和横向分布对船体总纵强度和扭转强度影响极大。应尽可能减少利用打压载水的方法来改善船体受力状况的做法。在集装箱预配实践中，从

均衡船体纵向受力考虑,通常安排重箱的顺序是先船舯部,再船前部,最后才是船舯后部。就集装箱轻重而言,一般两个20 ft箱要比一个40 ft箱重,即应将较多的20 ft箱安排于船舯及舯前部。

②调整集装箱船纵倾的压载方法。应尽可能采用合理调整集装箱载荷沿船长的分布,而不是依靠过多打入压载水的方法,来满足集装箱船应具有的适当吃水差要求。一般开航时保持艏尖舱空载而艉尖舱压入少量的压载水(一般为200~300 t),以抵消船舯前部所载燃油对船舶纵倾的影响。船舶在航行途中随着燃油的消耗艉倾增大时,则应逐渐排出艉尖舱内压载水直至船抵港前排尽为止,以保持船舶在航行时的纵倾状况基本不变。

③避免倒箱,避免同卸港的集装箱过分集中。不应产生后港集装箱压前港集装箱的现象,否则产生倒箱,从而降低装卸速度,增加费用,造成损失。集装箱装卸桥不可能并列在一起同时为集装箱船上两个相邻舱位上的集装箱起吊。所以,如果同一卸港的集装箱量超过一个舱的容量而必须分舱时,应至少间隔一个舱来配置,使多台装卸桥同时作业成为可能。

④降低过大GM。5 000 TEU及以上箱容量的集装箱船一般在满舱满载的情况下,其初稳性高度GM均大于0.80 m,能够满足船舶完整稳性的规范要求。船舶满舱不满载或满载不满舱时,GM都会超过2 m,有时会超过4 m(特别是在船舶轻载条件下),致使船舶摇摆周期过小,舱面集装箱所受的横向惯性力过大。所以,实用上经常采用增加重箱在舱面的装箱比重,舱内采用反传统的上轻下重的配箱法,以及有意采取增大液舱自由液面的措施,以减小GM值,延长船舶摇摆周期,减缓船舶横向摇摆。

⑤改善舱面集装箱系固状况。为减小舱面集装箱的系固压力,应尽可能保证堆装于舱面的集装箱遵守上轻下重的堆装原则。由于无外层堆码或两列箱位之间存在横向空挡,5 m及以上堆装的集装箱,因受风压影响,受力将会大幅增加,在船首至1/4船长区域的箱位上,其系固要求也较高(应按英国劳氏船级社计算规则规定,此范围内作用于集装箱的纵向、横向和垂向力均应增加20%)。

⑥特殊集装箱配载的一些实用方法。非国际标准集装箱(如12 ft长集装箱、8.2 ft宽集装箱等)若配于舱面,则应在船舶两舷外侧选配1~2列标准箱并加强系固,以减轻中间非标箱的系固(受风)压力(如同冷藏箱)。舱内装载高箱时容易造成舱容浪费,大型集装箱船舱内每列上只要装载一个高箱就会浪费一个货箱的舱容,对于高箱订舱比例特别大的装箱港,在舱内配载时,高箱必须避免平铺,且应当同列垂直装载,以免造成多个箱位的损失。

练习题

简述特殊箱的积载要求。

冷藏箱:_____

_____

危险货物箱:_____

_____

超重箱：	
超长和超宽箱：	
平台箱：	
选港箱：	

6.2.3　集装箱船的实配图

集装箱船的实配图由两种图组成,一种是封面图,另一种是每一行的箱位图。

1)封面图

封面图只有一幅,通常在图上标注有集装箱的卸箱港和特殊集装箱的标记。如图6.17所示,可以看到,用字母表示卸箱港,也可以用不同颜色来表示卸箱港。图上也表示出了特殊货物箱的位置。

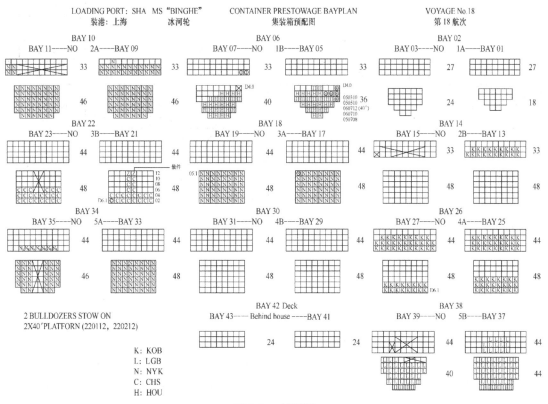

图6.17　封面图

2)行箱位图

第190718箱位

NYK	20.6
COSU	8204254
	G3804

图6.18　190718箱位的行箱位图

图6.18中给出的是190718箱位的行箱位,图中标有如下内容:集装箱的卸箱港NYK,集装箱的总重20.6 t,集装箱的箱主代号COSU,顺序号和核对数字820425,堆场上的箱位号G3804。图6.19中给出的是较为完整的实配图的行箱位图。

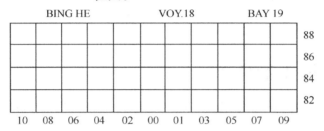

				BING HE	VOY.18	BAY 19		
								88
								86
								84
								82

10　08　06　04　02　00　01　03　05　07　09

NYK 19.50 COSU5000154 G2901	NYK 19.35 COSU8131754 G2902	NYK 19.35 COSU8129037 G2903	NYK 19.69 ICSU3355394 G2904	NYK 20.42 COSU5000160 G3801	NYK 20.27 COSU8154385 G3802	NYK19.87 COSU8231615 G3903	NYK20.06 COSU8201254 G3904	12
NYK 20.27 COSU8156958 G3905	NYK 19.21 ICSU3787649 G3906	NYK 19.43 ICSU4157217 G3907	NYK 19.67 COSU8178664 G3908	NYK 18.69 HTMU8039953 G3909	NYK 19.72 COSU8013469 G3910	NYK 20.33 COSU0117550 G3911	NYK 20.06 COSU8075650 G3912	10
NYK 20.19 COSU8023169 G3913	NYK 20.05 COSU8035973 G3914	NYK 20.24 COSU8175069 G3915	NYK 19.96 HTMU8038319 G3916	NYK 20.13 HTMU8047780 G3917	NYK 20.15 COSU8183932 G3918	NYK 19.92 IEAU2353700 G3919	NYK 19.95 GSTU4557788 G3920	08
NYK 19.48 HTMU8058207 T2501	NYK 17.60 COSU8210621 T2502	NYK 19.53 TOLU2722771 T2503	NYK 19.91 COSU8028833 T2504	NYK 17.18 COSU8011419 T2505	NYK 19.32 COSU8157511 T2506	NYK 19.30 COSU5022908 T2507	NYK 19.73 CTIU3404773 T2508	06
NYK 19.62 COSU3116770 T2509	NYK 19.51 COSU8092869 T2510	NYK 17.12 COSU8233191 T2511	NYK 18.51 COSU8101739 T2512	NYK 19.18 COSU8190504 T2513	NYK 19.12 COSU8199883 T2514	NYK 18.09 COSU5037641 T2515	NYK 19.35 COSU8139164 T2516	04
NYK 19.70 ICSU4395750 T2517	NYK 19.34 COSU5034025 T2518	NYK 19.34 COSU5021199 T2519	NYK 1886 COSU8219906 T2520	NYK 18.90 COSU8143483 T2521	NYK 19.61 COSU8208922 T2522	NYK 19.51 COSU8095683 T2523	NYK 19.52 COSU8230757 T2524	02

08　06　04　02　01　03　05　07

图6.19　行箱位图

练习题

请解释下面行箱位图的几个箱位号。

190110:＿＿＿＿＿＿＿＿＿＿＿＿＿＿＿＿＿＿

＿＿＿＿＿＿＿＿＿＿＿＿＿＿＿＿＿＿＿＿＿＿

190802:＿＿＿＿＿＿＿＿＿＿＿＿＿＿＿＿＿＿

＿＿＿＿＿＿＿＿＿＿＿＿＿＿＿＿＿＿＿＿＿＿

190710:＿＿＿＿＿＿＿＿＿＿＿＿＿＿＿＿＿＿

＿＿＿＿＿＿＿＿＿＿＿＿＿＿＿＿＿＿＿＿＿＿

6.2.4 集装箱船的最终积载图

最终积载图是船舶实际装载情况的积载图,它是计算集装箱船舶的稳性、吃水差和强度的依据。最终积载图由最终封面图、装船统计表及最终行箱位图3部分组成。

1)最终封面图

最终封面图是把预配图中的字母图和特种箱位图合并在一起,按照实际装箱情况来表示。

2)装船统计表

船舶在某港装船完毕后集装箱的统计数字,包括装箱港、卸箱港和选箱港、集装箱状态、箱型、数量和重量的小计和总计等。表6.2所示的装船统计表显示:装货港是上海,卸货港是休斯敦的重箱有2个。

表6.2 装船统计表

船名:×××　　　　　　　　　　航次:×××　　　　　　　　　日期:×年×月×日

装货港	集装箱类别、箱量及重量		卸货(箱)港								TOTAL		OPTION
			LONG BEACH		NEW YORK		CHARlESTON		HOUSTON				
			20 ft	40 ft	20 ft	40 ft	20 ft	40 ft	20 ft	40 ft	20 ft	40 ft	40 ft
SHANG HAI	FULL重箱	箱量/个	35	4	105	29	28	5	36	2	204	40	
		重量/t	582.1	66.4	1 980	410.6	419.8	92.3	584.8	15.6	566.7	584.9	
	REEFER冷藏量	箱量/个	4								4		
		重量/t	68.7								68.7		
	DANGE ROUS危险货箱	箱量/个			12		3				15		
		重量/t			186.5		39.7				226.2		
	EMPTY空箱	箱量/个			12	8					12	8	22
		重量/t			27.6	28.8					27.6	28.8	76.8

3)最终行箱位图

最终行箱位图包括装箱港、卸箱港、箱主号、箱号和核对数、特种箱标志、集装箱总重、船上的箱位号、超高和超宽标志等。如图6.20所示,箱位号330710的位置超宽15 cm。

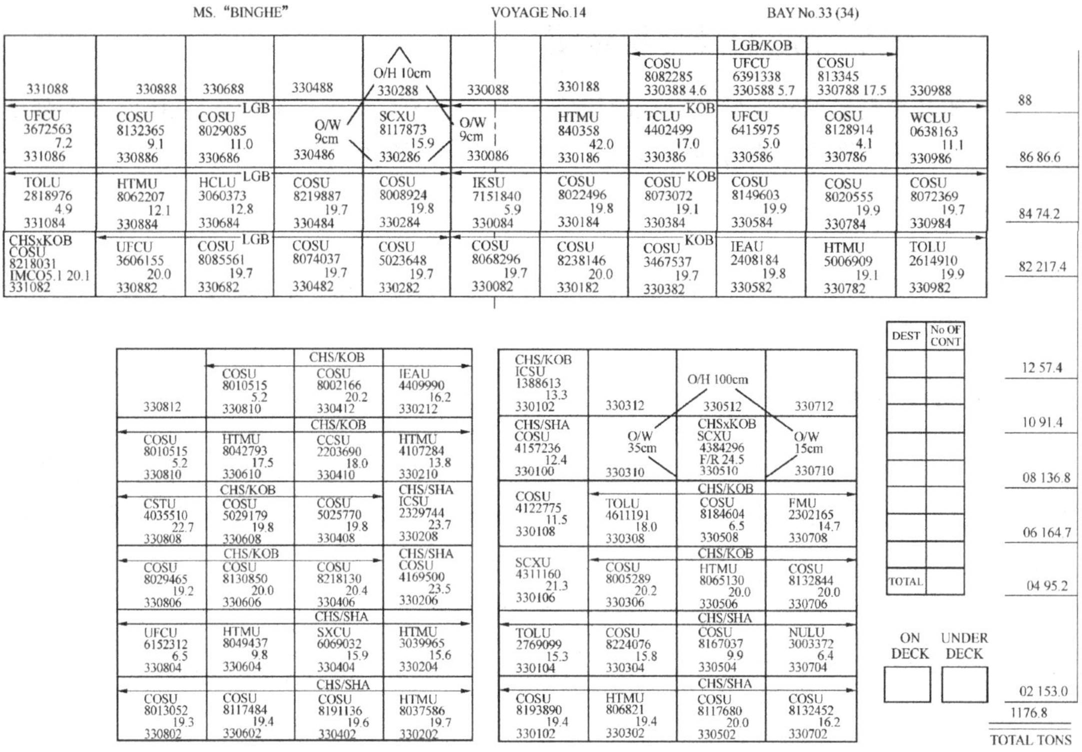

MS. "BINGHE"　　　VOYAGE No.14　　　BAY No.33 (34)

图 6.20　最终行箱位图

6.2.5　集装箱船配积载图的编制过程

集装箱船配积载图的编制过程包括以下6个步骤：

①由船舶公司的集装箱配载中心或船舶大副，根据分类整理的订舱单编制航次集装箱预配图。

②航次集装箱预配图由船舶公司直接寄送给港口的集装箱装卸公司，或通过船舶代理用电报、电传或传真形式转给港口集装箱装卸公司。

③港口装卸公司收到预配图后，由码头船长或集装箱配载员根据预配图和码头实际进箱情况编制集装箱实配图。

④待集装箱船靠泊后，码头配载员持实配图上船，交由大副审查，经船方同意后签字认可。

⑤码头按大副签字认可的实配图装船。

⑥集装箱装船完毕后，由理货公司的理货员按船舶实际装箱情况编制最终积载图。

练习题

1.我国8 000 t远洋货船，8 000 t是指（　　）。

　　A.总载重量　　　　B.净载重量　　　　C.总吨位　　　　D.满载排水量

2.载重线标志中，各条载重线的（　　）为船舶在不同航区和季节中所允许的最大装载吃水的限定线。

　　A.下边缘　　　　B.上边缘　　　　C.线中央　　　　D.下2/3处

3.船舶重心必须处于( )之下,船舶具有稳性。

 A.浮心   B.漂心   C.稳心   D. A和C

4.船舶初稳性高度值的大小与( )无关。

 A.船舶总吨   B.船舶重心高度   C.船舶排水量   D.横稳心距基线高度

5.在初稳性高度计算公式GM=KM-KG中,KM表示( )。

 A.稳心半径   B.横稳心距船中距离

 C.横稳心距基线高度   D.纵稳心距基线高度

6.不包括亏舱的积载因数是指每一吨货物所具有的( )。

 A.货舱容积   B.量尺体积   C.实际体积   D.以上都对

7.将舱内货物由二层舱移到底舱,则( )。

 A.初稳性高度值降低   B.初稳性高度值增大

 C.初稳性高度值不变   D.初稳性高度值变化趋势不定

8.根据背景材料编制预配图。

已知恒星号全集装箱船的某二行的箱位分布如图6.21所示,其中甲板上第一层为冷藏箱箱位,该集装箱船从广州启航,沿途依次挂靠中国香港(HKG)、上海(SHA)、神户(KOB)。

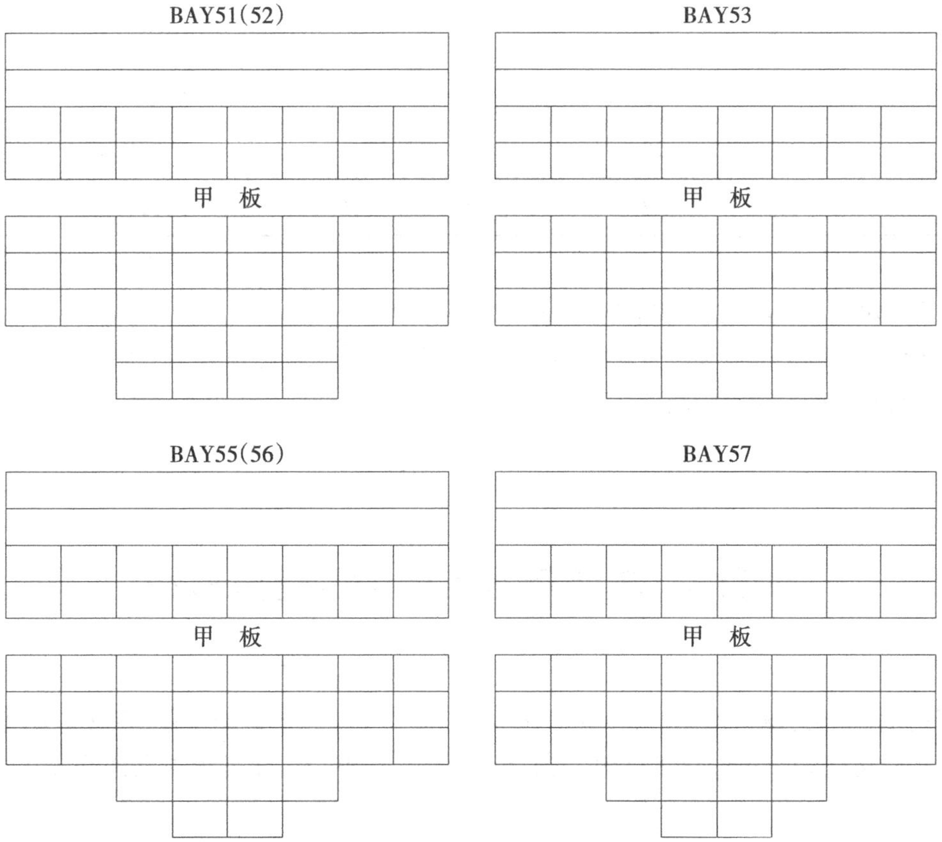

图6.21 恒星号全集装箱船某二行的箱位分布图

最后到达美国洛杉矶港(LAX)。该集装箱船的航次为016HX,该集装箱船关于这一行的订舱摘要见表6.3。

表6.3　M/V HENGXING VOY. 016HX BOOKING SUMARY

(恒星号016HX航次订舱摘要)

POL/POD	G.W. (TONS/PER UNIT)	QUANTITY		REMARK
		20 ft	40 ft	
CAN/HKG	18		6	TYPE: P
CAN/SHA	17		8	TYPE: GP
	16		10	TYPE: GP, HQ(9'6")
CAN/KOB	22		10	TYPE: R
	21	16		TYPE: R
	26		8	TYPE: B
	18	12		TYPE: GP
	20		8	TYPE: GP
CAN/LAX	20	28		TYPE: GP
	27		16	TYPE: GP
	25		16	TYPE: GP
	22		16	TYPE: GP

为恒星号016HX航次的这二行制订配积载计划。

①利用不同的颜色和符号,把卸货港图、重量图和特殊箱图合并为一张预配图。

②说出特殊集装箱的箱位号。

项目3　集装箱水路运输的远洋航线

海上集装箱运输涉及面广、环节多、影响大,是一个复杂的运输工程,涉及海关、船舶代理公司、货运代理公司等众多机构,它们相互配合,在整个运输过程中发挥着各自的重要作用。

6.3.1　世界主要集装箱班轮运输航线

1)远东—北美西海岸航线

这条航线主要由远东—加利福亚航线和远东—西雅图、温哥华航线组成。它涉及的港口主要包括远东的高雄、釜山、上海、香港、东京、神户、横滨等以及北美西海岸的长滩、洛杉矶、西雅图、塔科马、奥克兰和温哥华等。涉及的国家包括亚洲的中国、韩国、日本及北美的美国和加拿大东部地区。这两块区域经济总量巨大，人口特别稠密，相互贸易量很大。近年来，随着中国经济总量的稳定增长，在这条航线上的集装箱运量越来越大。目前仅上海港，在这条航线上往来于美国西海岸的班轮航线就多达四十几条。

该航线随季节有波动，一般夏季偏北、冬季南移，以避开北太平洋上的恶劣条件。该航线是第二次世界大战后货运量增长最快、货运量最大的航线之一。

2)远东—北美东岸航线

这条航线主要由远东—纽约航线等组成，涉及北美东海岸地区的纽约—新泽西港、查尔斯顿港和新奥尔良港等，其将海湾串联起来。在这条航线上，有的船舶公司开展的是钟摆式航运，即不断往返于远东与北美东海岸之间；有的则是经营环球航线，即从东亚出发，东行线为太平洋—巴拿马运河—大西洋—地中海—苏伊士运河—印度洋；太平洋西行线则反向而行，航次日航线不仅横渡北太平洋，还越过巴拿马运河，因此一般偏南，横渡大洋的距离也较长，夏威夷群岛的火奴鲁鲁港是它们的航站，船舶在此添加燃料和补给品等，本航线也是太平洋货运量最大的航线之一。

3)远东—欧洲航线

这条航线是世界上最古老的海运定期航线。这条航线在欧洲地区涉及的主要港口有荷兰的鹿特丹港，德国的汉堡港、不来梅港，比利时的安特卫普港，英国的费利克斯托港等。这条航线大量采用了大型高速集装箱船，组成了大型国际航运集团开展运输。这条航线将中国、日本、韩国和东南亚的许多国家与欧洲联系了起来，贸易量与货运量十分庞大。与这条航线配合的还有西伯利亚大陆桥、新欧亚大陆桥等欧亚之间的大陆桥多式联运。

4)远东—地中海航线

这条航线由远东经过地中海到达欧洲。与这条航线相关的欧洲港口主要有西班牙南部的阿尔赫西拉斯港、意大利的焦亚陶罗港和地中海中央马耳他南端的马尔萨什洛克港。北欧集装箱化的迅速发展，带动了地中海国家的集装箱运输。

练习题

如有以下货物需要运输，请试着选择水运集装箱运输路线。

---

10 000台计算机从广州运输到纽约：

_____

_____

_____

20 t奶粉从英国运输到上海：

_____

_____

_____

6.3.2 集装箱水路运输航线设计的类型

目前,集装箱水路运输航线的设计大致可分为以下两种类型。

1)多港挂靠的直达运输航线

多港挂靠的直达运输航线是传统班轮运营中最普遍采用的一种航线结构。船舶每个往返航次通常要挂靠5～10个港口。这种航线结构能够将货物直接运送到目的港,可减少运输环节,具有较高的送达速度和货运质量。但如果货源不充足,为了有限数量的货物挂靠过多港口,无论是在船期上,还是在费用上都会产生浪费。限于港口自然条件和货源条件,这种航线设计往往不能采用大型集装箱船舶,载箱量一般在1 000～2 000 TEU,无法更好地发挥集装箱运输的优势。因此,近年来,这种具有传统特征的班轮航线结构逐渐被干线支线的中转运输航线所取代。

2)干线支线的中转运输航线

干线支线的中转运输航线即通过支线集装箱运输,将货物集中到少数中转港,再通过干线运输,将货物运往目的港。采用这种航线结构,选择的中转港一般都具有各方面的优越条件。在干线上可配大型集装箱船,支线运输则采用小型灵活的喂给船来承担。这种航线结构可以充分发挥集装箱运输的规模经济效益,克服传统多港挂靠航线的缺点。但是,由于采用了中转运输的方法,实际的货物装卸费用将增加,并且要支付二程船的费用,同时由于环节增多,货物实际运达时间可能延长。

6.3.3 集装箱水路运输航线配船

航线配船就是在集装箱运输航线上最合理地配置船型、船舶规模及数量,使其不仅能满足每条航线的技术、营运要求,而且能使船舶公司获得良好的经济效益。因此,所配船舶的技术性能和营运性能应与航线上的货物种类、流向以及船舶挂靠港口的状况相适应。

1）集装箱航线配船通常应考虑的因素

①在考虑航线配船时,应注意船舶的航行性能要适应航线的营运条件,船舶的尺度性能要适应航道水深、泊位水深,船舶的结构性能、装卸性能及船舶设备等应满足航线货源及港日装卸条件的要求。

②必须遵循大线配大船的原则。在适箱货源充足、港口现代化水平高的集装箱航线上,应配置大吨位集装箱船;而在集装箱化程度不高、集装箱货源较少或处于集装箱运输发展初期的航线上,则宜使用中、小型半集装箱船或多用途船。

③在航行条件允许的情况下,船舶规模的大小与适箱货源的多少及航行班次有关。在货运量一定的情况下,发船间隔越大,航行班次越少,船舶数越少,船舶规模则越大。在发船间隔或航行班次一定的情况下,船舶规模与货运量成正比,即货运量越大,船舶规模也越大。在货运量和发船间隔一定的情况下,船舶规模与往返航次的时间和船舶数有关,即船舶规模与往返航次时间成正比,与船舶数成反比。当船舶数和挂靠港数目不变时,航线上船舶航速越快,往返航次时间就越短,船舶规模可缩小。

④在我国广阔的内河水系进行内支线集装箱运输时,应考虑河道航运条件、沿河港口装卸条件、配用集装箱拖驳船队等。可采用带独杆吊的集装箱驳船,这样即使在没有集装箱岸边起重机的港口,也可进行集装箱装卸。

2）航线挂靠港的确定

所谓集装箱航线的挂靠港,是指一条集装箱航线沿途停靠的港口。船舶的停靠与火车、汽车的停靠不同,进港和出港的消耗时间很长,所以正确确定集装箱水路运输航线的挂靠港,通常决定了该航线营运的成败。集装箱水路运输航线挂靠港选择的相关因素通常有:

(1)地理位置

挂靠港位置应在集装箱航线上或离航线不远。挂靠港应与铁路集装箱办理站和公路集装箱中转站靠近,便于集装箱多式联运的开展。挂靠港应有相对有利的开辟沿海支线运输与内支线运输的条件。

(2)货源与腹地经济条件

货源与腹地经济条件是选择挂靠港最重要的因素。挂靠港所在地区经济应较发达,本地进出的适箱货源较多,其经济腹地消化的适箱货源量较大。要达到以上条件,挂靠港(尤其是集装箱干线航线的挂靠港)通常应依托经济发达、人口稠密的大城市,应优先考虑以沿海的大城市为挂靠港。

(3)港口自身条件

港口自身条件是指港口的水深、航道水深、港口泊位数量、泊位长度、装卸机械配备情况、装卸机械数量、港口管理的效率、现代化程度等。国际集装箱干线航线使用的船舶一般都较大、吃水深,航道与码头前沿的水深都应较好。像超巴拿马型船,船体宽度超过32 m,所以码头应拥有具有相应跨度的集装箱桥吊,同时港口还应有足够大的堆场,有良好的集疏运条件,这样才能确保港口不堵塞、不会出现船舶等泊的情况。另外,干线航线的挂靠港应尽可能设施齐备,如拥有堆放冷藏箱的相应电源、设备等。

(4)其他相应条件

作为条件良好的挂靠港,还应有发达的金融、保险等企业,有各类中介服务企业和设施,便于集装箱运输各类相关业务的开展。

练习题

介绍除三大航线外主要的一些航线及挂靠港口,分析原因(可以从中远海运集装箱运输有限公司的网站查找)。

_____

_____

_____

_____

_____

_____

_____

---

3)集装箱配备量的确定

假设集装箱船只挂靠两个港口(A、B港),集装箱在内陆周转时间少于航线上集装箱船舶的发船间隔。那么,如航线上配置一艘集装箱船舶时,航线配备的集装箱量应为船舶载箱量的3倍,即箱位比为1:3。

影响航线集装箱配备量的主要因素:

①航线配置的集装箱船舶数量 N;

②集装箱船舶的载箱量 D 及其利用率 f;

③集装箱船往返航次时间 t_R($t_R = t_{往} + t_{返}$);

④集装箱内陆平均周转天数 t_X(X 取 A,B),包括集装箱在港口的堆存期及在内陆的平均周转天数。

(1)典型条件下航线集装箱配备量的计算方法

集装箱班轮航线为简单直达航线,仅挂靠两个端点港,该班轮公司在两端点港既无调剂箱又无周转机动箱,且不考虑箱子修理与积压延误、特种箱使用不平衡等典型条件。

$$S = K \cdot L$$

式中　　S——航线集装箱需备量,TEU;

　　　　K——航线集装箱需备套数;

　　　　L——每套集装箱的数量,TEU,如船舶满载则为船舶载箱量。

航线集装箱需备套数 K 的确定：

$$K = \frac{T}{I}$$

式中　T——航线集装箱平均总周转天数(天)，为集装箱船舶往返航次时间与集装箱在端点港平均港口堆存期和内陆周转时间之和的总和，即

$$T = t_R + \sum t_{X = t_A} + t_R + t_B \quad (\text{X取 A, B})$$

T_X 取决于集装箱返抵港口的天数和返抵箱量的比例：

当 $t_X \leqslant I$，I 为派船间隔(天)，取决于集装箱船舶往返航次的时间及航线配置的船舶数量，即

$$I = \frac{t_R}{N}$$

每套集装箱配备数量 L 的确定：

$$L = D \cdot f$$

式中　D——集装箱船舶的载箱量，TEU；

　　　f——集装箱船舶载箱量利用率(根据航线具体情况确定)。

(2)实际情况下航线集装箱配备量的计算方法

航线配箱量还与集装箱在内陆周转过程中可能发生的修理、积压和延误(如货主提箱后长期占用不能返空、海关扣押、集装箱严重毁坏)等情况密切相关；需考虑由于各种集装箱箱型在往返航向上的使用量不平衡需增加箱量；还需考虑在挂靠两个以上港口时需在中途港配置周转箱量等。

实际情况下航线集装箱配备量的计算方法：

$$S = \left[K \cdot D \cdot f + \sum C_i \cdot L_i + S_N + R_N \right] \cdot \lambda$$

式中　L_i——中途港卸箱量(设中途卸箱后再装同样数量的集装箱)，$i = 1, 2, \cdots, m$ 为中途港编号；

　　　C_i——中途港箱量系数(如 $T_i \leqslant I$，$C = 1$；$T_i > I$，$C > 1$)；

　　　S_N——往返航次特种箱不平衡所需增加的箱数；

　　　R_N——全程周转期内港口内陆修理、积压和延误总箱量；

　　　λ——富裕系数，一般取 1.05 ~ 1.10。

练习题

某集装箱班轮公司在其经营的航线上配置 3 艘载箱量为 2 500 TEU 的集装箱船舶，船舶往返航次时间为 30 天。集装箱在内陆周转的情况如下：在端点港 A 较理想，平均港口堆存期和内陆周转时间之和为 7 天；在端点港 B，集装箱内陆周转情况随集装箱返抵港口的天数与返抵箱量的变化而变化，其中，60% 的箱量在 10 天之内返抵港口待装船；30% 的箱量在 20 天内返抵港口待装船，其余 10% 的箱量在 30 天内返抵港口待装船。

如果船舶载箱利用率为 80%，试求集装箱船舶公司在该航线上需配备多少 TEU 的集装箱。

在此基础上,如果该航线上全程周转期内修箱量为230 TEU,试求集装箱船舶公司在该航线上需配备多少TEU的集装箱。

在此基础上,如果考虑富裕系数为1.06,试求集装箱船舶公司在该航线上需配备多少TEU的集装箱。

6.3.4 集装箱的租赁方式

1)租赁方式

期租是指租用人在一定时间内租用集装箱的租赁方式。长期租赁对租箱公司来讲,可以保证在较长时期内有稳定收入,租金一般较低。短期租赁较为灵活,租箱人可以根据自己的需要确定租箱时间、地点及租期,但租金较高。程租也称为即期租赁,是指租期由航程时间决定的租赁方式。程租一般对提箱、还箱地点有严格限制,且租金较期租要高。灵活租赁是指在租箱合同有效期内,租箱人可在租箱公司指定的地点灵活地进行提、还箱的租赁方式,在租期上类似于长期租赁(一般为一年),而在箱子的具体使用上类似于短期或程租的租赁方式。

2)交箱条款

交箱条款主要是制约租箱公司的条款。

①交箱期:租箱公司将箱子交给租箱人的时间,通常规定一个期限(7~30天)。

②交箱量:合同中对交箱量一般有两种规定方法:一种是规定交箱数量(或最低交箱量);另一种是实际交箱量(可高于或低于前者)。

③交箱时箱子状况:租箱公司交给租箱人的箱子应符合有关国际公约与标准的规定,箱子的状况是通过双方签署的设备交接单来体现的。

3)还箱条款

还箱条款主要是制约租箱人的条款。

①还箱时间:规定的还箱日期。实际租箱业务中常遇到不适当还箱;如超期还箱,合同一般通过对超期天数加收租金方式解决。

如可能提前还箱,则要求事先订立提前终止条款(Early Termination Clause, ETC),定有该条款时,租箱人可提前还箱,但租金会提高。

②还箱地点:租箱人应按合同规定的或租箱公司另用书面形式确认的具体地点还箱。

③还箱时箱子状况:租箱人在还箱时应保证箱子外表状态良好。

4)损害修理责任条款(Damage Protection Plan,简称DPP条款)

约定在租箱人支付的费用中除租金外还包含一笔额外费用。若在租期内集装箱发生损坏,则以该笔费用作为修理费用,由出租人负责修理。

5)集装箱租箱量的确定

合理确定航线自备箱量与租箱量,对船舶公司提高企业经济效益和市场竞争能力具有极其重要的意义。从理论上讲,通过自备箱的用箱成本与租赁箱的用箱成本比较,运用线性规划方法,根据成本最小化原则,就可以求出租箱量。但是,用这种属于静态规划一类的方法求出的租箱量一般难以适应市场的动态变化。

简便实用的计算方法就是根据最小自备量原则来确定船舶公司的年度总租箱量,然后再进一步分别确定长期和短期的租箱量。

假设预计某年每月用箱量为$M_i(i = 1 \sim 12)$,试确定公司年租箱量、年长期租箱量和年短期租箱量。

(1)年度用箱总量S_T

$$S_T = \sum M_i = M_1 + M_2 + \cdots + M_i$$

式中 M_i——资料预测年的月用箱量数据,TEU,$i = 1$, 2, $\cdots$, 12。

(2)年度最低自备箱量S_s

$$S_s = 12 \cdot \min(M_i)$$

式中　min(M_i)——资料预测年的最低月用箱量数据,TEU。

（3）年度租箱量S_C

$$S_C = S_T - S_S$$

（4）年度长期租箱量S_{LC}

$$S_{LC} = 1/2 \left[S_C + 12 \cdot m - S_S - \sum | m - M_i| \right] = S_C - 1/2 \left[\sum | m—M_i| \right]$$

式中　m——平均每月应备箱量(TEU),$m = S_T/12$。

（5）年度短期租箱量S_{SC}

$$S_{SC} = S_C - S_{LC}$$

练习题

某集装箱运输船舶公司预计下一年度每月用箱量见表6.4,试确定该公司年租箱总量、年长期租箱量和年短期租箱量。

表6.4　某集装箱运输公司下一年度每月用箱量

月　份	1	2	3	4	5	6
月用箱量/万TEU	5.1	3.1	3.8	3.6	5.4	2.8
月　份	7	8	9	10	11	12
月用箱量/万TEU	5.7	4.4	5.6	3.8	5.8	4.9

6.3.5　制订班轮船期表

制订班轮船期表是集装箱班轮运营组织工作的一项重要内容。班轮公司制订和公布船期表,一是为了招揽航线途经港口的货,二是有利于船舶、港口和货物及时衔接,使船舶在挂靠港口短暂停泊中达到尽可能高的工作效率,三是有利于提高船舶公司航线经营的计划质量。

1）船舶的往返航次时间（班期）应是发船间隔的整数倍

船舶往返航次时间与发船间隔时间之比应等于航线配船数。很明显,航线上投入的船舶数必须是整数,船舶往返航次时间应是发船间隔的整数倍。在实际操作中,按航线参数及船舶技术参数计算得到的往返航次时间往往不能达到这一要求,多数情况下是采取延长实际往返航次时间的办法,人为地使其成倍数关系。

2)船舶到达和驶离港口的时间要恰当

船舶应尽可能避免在双休日、节假日、夜间到达港口,最好在早晨六点到达目的港口,这样可减少船舶在港口的非工作停泊,到达后就可开工,加速船舶周转。一般港口的白天作业,装卸费率也是最低的。当有几个班轮公司的船舶同时到达某一港口时,装卸公司一般会具体安排每艘船舶的停泊时间。在这种情况下,制订船期表时,必须考虑这方面的时间限制。

3)船期表要有一定弹性

在制订船舶运行的各项时间时,均应留有余地。因为海上航行影响因素多,条件变化复杂。在船停泊港口中,因装卸效率变化、航道潮水变化等因素的干扰,也会对船期产生复杂的影响,对这些问题都应根据统计资料和以往经验留有一定的余地,保持足够的弹性。

4)班轮船期表的内容

班轮船期表的内容通常包括航线,船名,航次编号,始发港、中途港、终点港港名,到达和驶离各港的时间,其他相关事项等,见表6.5。

表6.5 某一班轮公司船期表

North-West Express(NWX)

| Vessel | VOY | Reference Code | Cargo Closing | | (ETD) Pusan | (ETA) | | | | |
			CY 23:00	CFS 12:00		Vacouver	Sattle	ontroal-toronto	Chieago	NewYork
VANCOUVER EXPRESS	17E10	NWX· VCX017·E	12·Mar	11·Mar	14·Mar	24·Mar	27·1Mar	31·Mar	3·Apr	6·Apr
SEATTLE EXPRESS	17E11	NWX· STX017·E	19·Mar	18·Mar	21·Mar	31·Mar	3·Apr	7·apr	10·Apr	13·Apr
COLOMBO EXPRESS	44E12	NWE· CX044·E	26·Mar	25·Mar	28·Mar	7·Apr	10·Apr	14·Apr	17·Apr	20·Apr
HOUSTON EXPRESS	42E13	NWE· HSX042·E	2·Apr	1·Apr	4·Apr	14·Apr	17·Apr	21·Apr	24·Apr	27·Apr

练习题

1.总结常用的船期表术语。

_____

_____

_____

_____

_____

2.首先确定发船间隔,然后依次制订每一艘船的船期。

Mike是某航运公司业务部门总经理,因为亚太地区集装箱运输业务的不断发展和港口吞吐量的持续增长,公司决定开辟一条亚太地区的集装箱班轮运输航线。该航线的船舶为:COSCO BASEL、HANJIN LOS、TIAN LIHE、SAN FRANCISCO BRIDGE,共四条全集装箱船。

航线要求挂靠上海、宁波、香港、深圳蛇口港、新加坡(Singapore)、泰国曼谷港(Bangkok)。已知上海到宁波的航程为10 h,宁波到香港的航程为20 h,香港到蛇口的航程为3 h,蛇口到新加坡的航程为56 h,新加坡到曼谷的航程为62 h,相同路程往返的时间一样。船舶于5月1日早上8点在上海港首航,在每个港口挂靠25 h。根据航程时间和船舶数量合理安排发船间隔。

_____

_____

_____

项目4　大陆桥运输

在国际多式联运中,陆桥运输(Land Bridge Service)起着非常重要的作用,其主要包括大陆桥运输、小路桥运输以及微型路桥运输。

6.4.1　大陆桥运输

大陆桥运输是指利用横贯大陆的铁路(公路)运输系统作为中间桥梁,把大陆两端的海洋连接起来的集装箱连贯运输方式。简单地说,就是两边是海运,中间是陆运,大陆把海洋连接起来,形成海—陆联运,而大陆起到了"桥"的作用,所以称为"陆桥"。海—陆联运中的陆运部分就称为"大陆桥运输"。

大陆桥运输比全程海运运程短,但需增加装卸次数。在某一区域,大陆桥运输能否生存和发展,主要取决于它与全程海运相比在运输费用和运输时间等方面的综合竞争力,能否缩短运输里程,能否降低运输费用,能否加快运输速度,能否简化作业手续,能否保证运输安全与简化货物的包装。

大陆桥运输目前主要有三条,即北美大陆桥、西伯利亚大陆桥、新亚欧大陆桥,一些学者提出了第三条亚欧大陆桥的构想。

1)北美大陆桥

20世纪50年代初,日本运输公司将集装箱经太平洋运至美国西海岸,然后再利用横贯美国东西部的铁路运至美国东海岸,然后装船继续运往欧洲,由此产生了大陆桥的雏形——美国大陆桥。1967年,由于阿以战争,苏伊士运河被迫关闭,又赶上巴拿马运河拥挤堵塞,远东与欧洲之间的海上货船不得不改道绕航非洲好望角或南美洲得雷克海峡,导致航程和运输时间大大延长。当时又逢油价猛涨,海运成本增加,加之正值集装箱运输兴起,大陆桥运输应运而生。

北美大陆桥是日美联合利用美国港口和铁路网开辟的,这条大陆桥全长4 500 km,东起纽约,西至旧金山,西接太平洋,东连大西洋,缩短了两大水域之间的距离,省去了货物由水路绕道巴拿马运河的麻烦。北美大陆桥是世界上历史最悠久、影响最大、服务范围最广的陆桥运输线。据统计,从远东到北美东海岸的货物50%以上是采用双层列车进行运输的,因为采用这种陆桥运输方式比采用全程水运方式通常要快1~2周。

北美的加拿大和美国都有横贯东西的铁路公路大陆桥,它们的线路基本相似,美国的大陆桥的作用更为突出。美国有两条大陆桥运输线,一条是从西部太平洋口岸至东部大西洋口岸的铁路(公路)运输系统,全长约3 200 km,另一条是西部太平洋口岸至南部墨西哥港口岸的铁路(公路)运输系统,长500~1 000 km。

2)西伯利亚大陆桥

西伯利亚大陆桥,也称为亚欧大陆桥,因其东起海参崴,西到车里亚宾斯克的西伯利亚大铁路,所以称为西伯利亚大陆桥,又因跨亚、欧两个大陆,所以又称亚欧大陆桥。

20世纪60年代末,日本和苏联联合,利用苏联纳霍得卡港及西伯利亚铁路和东西欧铁路开辟了世界上第二条大陆桥。它大大缩短了从日本、远东、东南亚及大洋洲到欧洲的运输距离,并因此节省了运输时间。从远东经俄罗斯太平洋沿岸港口去欧洲的陆桥运输线全长13 000 km,而相应的全程水路运输距离(经苏伊士运河)约为20 000 km。从日本横滨到欧洲鹿特丹,采用陆桥运输不仅可使运距缩短1/3,运输时间也可节省1/2。此外,在一般情况下,运输费用还可节省20%~30%,因而对货主有很大的吸引力。

此条大陆桥运输线东自日本和东南亚海运至海参崴的纳霍特卡港口起,横贯欧亚大陆,至莫斯科,然后分三路,一路自莫斯科波罗的海沿岸的圣彼得堡港转船往西欧北欧港口;一路从莫斯科至俄罗斯西部国境站,转欧洲其他国家铁路(公路)直运欧洲各国;一路从莫斯科至黑海转船往中东、地中海沿岸。从远东地区至欧洲通过西伯利亚大陆桥有海—铁—海、海—铁—公路和海—铁—铁三种运送方式。

3)新亚欧大陆桥

1990年9月12日,随着中国兰新铁路与哈萨克斯坦土西铁路接轨,连接亚欧的第二座大陆桥正式贯通。新亚欧大陆桥东起中国连云港,西至荷兰鹿特丹,途经哈萨克斯坦、乌兹别克斯坦、吉尔吉斯斯坦、塔吉克斯坦、俄罗斯、白俄罗斯、波兰、德国和荷兰等国,全长10 800 km,辐射20多个国家和地区,在我国境内全长4 134 km。新亚欧大陆桥在中国境内经过陇海、兰新两大铁路干线,全长4 131 km。它在徐州、郑州、洛阳、宝鸡、兰州分别与我国京沪、京广、焦柳、宝成、包兰等重要铁路干线相连,具有广阔的腹地。

新亚欧大陆桥于1993年正式运营,亚洲地区运往欧洲、中东地区的货物可经海运至中国连云港上桥,出中国西部边境站阿拉山口后,进入哈萨克斯坦国境内边境站德鲁日巴换装,经独联体铁路运至其边境站、港,再通过铁路、公路、海运继运至西欧、东欧、北欧和中近东各国。远东至西欧,经新亚欧大陆桥比经苏伊士运河的全程海运航线缩短运距8 000 km,比通过巴拿马运河缩短运距11 000 km。远东至中亚、中近东,经新亚欧大陆桥比经西伯利亚大陆桥缩短运距2 700~3 300 km。

练习题

1.多式联运经营人对货物承担的责任期限是(　　　)。
  A.自己运输区段　　　　　　　　　　B.全程运输
  C.实际承运人运输区段　　　　　　　D.第三方运输区段

2.第三国货物来上海换装或不换装运输工具,在中国另一口岸继续运到第三国的货物是(　　　)。
  A.过境货物　　　　B.中转货物　　　　C.转运货物　　　　D.通运货物

3.国际多式联运货物运费由运输总成本、经营管理费和利润三部分构成,其中运输总成本主要由(　　　)组成。
  A.从内陆接货地至枢纽港费用　　　　B.海上干线运费
  C.从海上目的港至最终交货地费　　　D.集装箱租用费和保险费等

4.目前,MLB(小陆桥)运输路线主要包括(　　　)。
  A.远东到美国西海岸转内地或反方向运输
  B.澳大利亚到美国西海岸转内地或反方向运输
  C.欧洲到美国东海岸转内地或反方向运输
  D.欧洲到美国湾地区转内地或反方向运输

6.4.2　小陆桥运输

小陆桥运输从运输组织方式上看与大陆桥运输并无大的区别,只是其运送货物的目的地为沿海港口,比大陆桥运输缩短了一段海运运输距离。

北美小陆桥运送的主要是日本经北美太平洋沿岸到大西洋沿岸和墨西哥湾地区港口的集装箱货物,也有从欧洲到美西及海湾地区各港的大西洋航线的转运货物。

北美小陆桥在缩短运输距离、节省运输时间上效果是显著的。以日本—美东航线为例,从大坂至纽约全程水运(经巴拿马运河)航线距离17 964 km,运输时间为21～24天。而采用小陆桥运输,运输距离仅13 704 km,运输时间16天,可节省1周左右的时间。

①小陆桥运输是完整的多式联运,由运输经营人签发全程联运提单,并收取全程运费,对全程运输承担责任。

②小陆桥运输的集装箱货物,其提单应分别注明卸船港和交货地的名称。

③小陆桥运输成交的货物,卖方(发货人)承担的责任、费用终止于最终交货地。

④小陆桥运输的集装箱货物,应根据运输经营人在美注册的运价本收取运费,原则上无任何形式的运费回扣,除非运输经营人与货主之间订有服务合同,即在一定时间内提供一定货运量后,货主可享有较低运价。

⑤在按服务合同收取运费而货物托运人是无船承运人时,小陆桥运输的集装箱货物应出具两套提单,一套是无船承运人签发给货主的HOUSE—B/L,另一套则是船舶公司签发给无船承运人的MASTER—B/L。前者给货主用于结汇,后者供无船承运人在美国的代理凭其向船舶公司提货。

6.4.3　微型陆桥运输

微型陆桥运输与小陆桥运输基本相似,只是其交货地点在内陆地区。微型陆桥运输是指利用大陆桥的一部分而不通过整条大陆桥,比小陆桥短了一段的陆上运输。将海上运输的集装箱运至陆地港口附近的一部分地区,故又称为半陆桥运输。

北美微桥运输是指经北美东、西海岸及墨西哥湾沿岸港口到美国、加拿大内陆地区的联运服务。例如,往来于日本和美东内陆城市匹兹堡的集装箱货物可从日本海运至美国西海岸港口,如奥克兰,然后通过铁路直接联运至匹兹堡,这样可完全避免进入美东的费城港,从而节省了在该港的港口费支出。

6.4.4　OCP运输

OCP称为内陆公共点或陆上公共点,英文全称为Overland Common Points,它的含义是使用两种运输方式将卸至美国西海岸港口的货物通过铁路转运抵美国的内陆公共点地区,并享有优惠运价。

美国的OCP地区只限于美国的中部和东部各州,它以落基山脉为界,在其之东的各州均为OCP地区,在其之西的各州均为非OCP地区。OCP虽然由海运、陆运两种运输方式来完成,但并不是也不属于国际多式联运。国际多式联运是由一个承运人负责的自始至终的全程运输,而OCP运输的海运、陆运段分别由两个承运人签发单据,运输与责任风险也是分段负责。因此,它并不符合国际多式联运的含义,而是一种国际多式联营运输。在CIF或CFR条件下,如果出口商按OCP运输条款达成交易,不仅可享受美国或加拿大内陆运输的优惠费率,而且可享受OCP海运的优惠费率。但使用时须注意以下问题:

①在成交时应在运输条款中明确"自×××(装运港)至×××(美国或加拿大西部港口)OCP×××(内陆地点)"×××(Shipment from ××× to ××× OCP ×××)。

②在装货单和提单卸货港一栏中须注明OCP字样,并在货物内容和运输唛头一栏内标明内陆地点。如卸货港:温哥华(Vancouver),并在货物内容和运输唛头内标明内陆地点。如卸货港:温哥华(Vancouver),在货物一栏内打上"转至蒙特利尔"(In transit to Montereal)。

③在货物包装的运输唛头中也应在卸货港一栏内刷注OCP字样,并将卸货港和最终目的地同时列明。例如"温哥华OCP蒙特利尔"(Vancouver OCP Montereal)。

练习题

1.总结大陆桥、小陆桥、微型陆桥以及OCP运输的异同点。

_____

_____

_____

2.中国以CIF条件出口至美国一批货物,卸货港为美国西雅图,最终目的地为芝加哥。西雅图港在美国西海岸,芝加哥属于美国内陆地区城市,这个案例中选择哪种运输条款更好?

_____

_____

_____

能力单元7　集装箱公路运输

学习目标

- 熟悉集装箱公路运输车辆的类型,掌握主要的集装箱公路运输车辆特点。
- 了解集装箱公路车型选择的基本要求,掌握集装箱公路运输业务的组织与流程。
- 掌握集装箱公路运输的主要装卸工艺。

知识点

公铁联运;公路运单;装卸工艺

导入案例

公铁联运,1+1=无限大

我国交通运输部调研资料显示,在欧美物流业发达国家,多模式联运普遍提高了30%以上的运输效率,减少货损货差10%左右,降低运输成本20%左右。目前我国多模式联运体系尚处于襁褓期,运量规模仅占全社会货运量的2.9%,远低于美国的发展水平;海运和铁路集装箱联运比例为2.5%左右,不足欧美发达国家的十分之一,货物中转转运所耗费的成本约占全程物流成本的30%。据综合测算,每当中国多模式联运运量占全社会货运量比重升高1%,社会总物流费用就会降低0.9%,节约成本支出可达1 000亿元,具有可观的商业利益和社会价值,也符合节能减排、保护环境社会主旋律。

2017年,经缜密科学论证后,交通运输部等18个部门联袂发出了《关于进一步鼓励开展多式联运工作的通知》,首次从国家层面明确多模式联运战略,纳入了物流业的供给侧结构性改革,宣示多模式联运迎来了发展的春天。

借势政策东风,货车帮成功联姻神华集团,开启了对"公路+铁路"联运模式的探索。然而知易行难,作为一个国内罕有先行者的陌生领域,开发公铁联运固然存在极大的蓝海价值,但是需要面对的挑战同样不容小觑。虽然,货车帮与神华集团各自在公路和铁路物流场景具有深厚的资源积淀和行业影响,但是对于大数据、云计算、人工智能等新技术的成功应用,同样是合作成功的关键,特别是"大数据"的杠杆效应,在此次合作中,尤其具有难以替代的价值。

货车帮作为估值超过10亿美元的独角兽型初创企业,诞生于物流业供给侧结构性改革背景下,其创新的"互联网+物流"模式,深刻地改变了中国公路物流生态。创新的"车货匹配+车辆后服务"的商业模式,从最基础的货运信息优化对接开始,逐步打造了万亿级O2O

闭环。目前,货车帮已经建立了中国最大也是唯一的公路物流互联网信息平台,建立了中国第一张覆盖全国的货源信息网,并为平台货车提供综合服务,致力于做中国物流基础设施。最新公布的数据显示,货车帮拥有370万辆诚信会员车辆,63万名诚信货主会员,平台日发布货源500万条,在全国360个城市布局1 000家线下服务网点,为货车帮立足大数据优势开展精细化运营奠定了基础。

货车帮大数据管理,通过用户精准画像,实现智能调度、精准匹配车货资源,减少空驶和等待时间,大幅提高了物流效率。2016年,货车帮为社会节省燃油价值615亿元,减少碳排放3 300万t。同时,通过与专业大数据和云端服务机构阿里云合作,货车帮建立了"全国公路物流指数",全面反映了全国各区域公路物流货物运输流向、货物分布情况、车辆分布情况,进一步发掘大数据潜在价值。2017年的数博会上,货车帮就展示了包括大数据+公铁联运、大数据+"一带一路"等众多延伸服务内容和大数据技术解决方案,不断促进中国的物流业生态进化。通过深耕"互联网+物流"产业,货车帮孕育出了强有力的大数据杠杆,在成功撬动公路物流场景之后,响应国家发展多模式联运政策,拓展公铁联运新场景。随着与神华集团的联姻成功,公路铁路两大物流巨头,未来将携手开拓"互联网+"公铁联运新业态,共启智慧物流新时代。

神华集团在铁路物流领域拥有丰富的路网资源和一体化优势。神华铁路货车横跨内蒙古、陕西、山西、河北以及北京、天津四省两市,是国内最大的铁路自备货车专业化管理运营企业,管理运营铁路自备货车5万多辆,下设4个检修分公司,2个运营分公司。目前,神华集团拥有铁路里程2 155 km,干线运输能力6.5亿t,3个港口与码头的年吞吐量2.7亿t,船舶40艘,是我国三西地区下水路径最短、联通多条铁路、成本最低的黄金大通道,也是连接"一带一路"东西通道的最短路径。

此前,交通运输部运输服务司巡视员王水平曾在媒体上发声,表示通过发展多式联运,到2020年,如果公路中长距离运输向铁路转移10%,交通运输行业能源消耗将下降约1 000万t标准煤,节能减排效益十分显著。如今,正向现代综合物流服务企业转型升级的神华集团,成功遇见了公路物流行业独角兽货车帮,相信二者能够为社会实现的将绝不是简单的"1+1=2",也不是节能减排进化。

练习题

1.简述公铁联运的特点。

2.简述多模式联运包含的种类,以及其发挥的作用。

项目1 集装箱公路运输设备

7.1.1 集装箱公路运输车辆主要类型

从物资流通的过程来看,在多数情况下,汽车总是担负着物资的起始运输和最终运输。也就是说发展集装箱运输必将推动汽车集装箱运输的发展,否则整个流通领域的集装箱运输则会受到制约。集装箱运输车辆按其结构形式、牵引方式和用途可有多种分类方法。如按驾驶室形式分,有平头式、长头式;按牵引挂车分,有半拖挂式、全拖挂式、杆拖挂式和双拖挂式;按车轴的数量分,有三轴至五轴的,有单轴驱动至三轴驱动的;按用途分,有箱、货两用的,集装箱专用的,能自装自卸的;按挂车结构分,有骨架式、直梁平板式、阶梯梁鹅颈式、凹梁低床式、带浮动轮的摆臂悬架式、车架可伸缩式等。

1)集装箱牵引车

集装箱牵引车按驾驶室的形式分为平头式和长头式两种。

平头式优点是:司机室短,看前方和看下方的视线好,轴距和车身短,转弯半径小。缺点是:发动机直接布置在司机座位下面,司机受到机器振动影响,舒适感较差。

长头式(又称凸头式)牵引车的发动机和前轮布置在司机室的前面,其优点是:司机受发动机振动的影响较小,舒适感较好;撞车时,司机较为安全;开启发动机罩修理发动机较方便。缺点是:司机室较长,因而整个车身长,回转半径较大。

2)集装箱半挂车

集装箱半挂车具有机动性好,适用于"区段运输""甩挂运输"和"滚装运输"的特点,是一种理想的集装箱运输车型。根据具体结构形式的不同,集装箱半挂车可分为平板式、骨架式及自装自卸式半挂车。

(1)平板式集装箱半挂车

平板式集装箱半挂车,其支承台面由两条承重的主梁和若干横向的支承梁构成,并在这些支梁上全部铺上花纹钢板或木板。同时在应装设集装箱固定装置的位置,按集装箱的尺寸和角件规格要求,全部安装旋锁件。它既能装运国际标准集装箱,又能装运一般货物。在装运一般货物时,整个平台承受载荷。平板式集装箱半挂车因为自身的整备质量较大,承载面较高,所以只有在需要兼顾装运集装箱和一般长大件货物时才采用它。

用牵引车拖带装载了集装箱的挂车,称为半拖挂方式(图7.1);载重汽车与集装箱挂车相连,称为全拖挂方式(图7.2);半拖挂方式牵引车后面再加上一个集装箱挂车,称为双联拖挂(图7.3)。

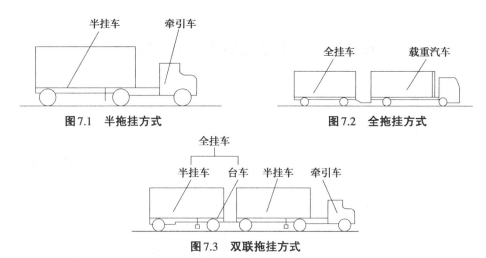

图7.1 半拖挂方式　　　　　　　　图7.2 全拖挂方式

图7.3 双联拖挂方式

（2）骨架式集装箱半挂车

骨架式集装箱半挂车专门用于运输集装箱，仅由底盘骨架构成。车架的前后四角装有集装箱固定锁件装置，车架下部前方有单脚或双脚支架，后方有一个或两个车桥装有轮胎，而且集装箱也作为强度构件，加入到半挂车的结构中予以考虑。其自身质量较轻，结构简单，维修方便，在专业集装箱运输企业中普遍采用。

（3）可伸缩式集装箱半挂车

可伸缩式集装箱半挂车是一种柔性半挂车。它的车架分成三段。前段是一带有鹅颈及支承20 ft箱的横梁，并有牵销与牵引车连接，整个前段为一个框架的刚体。中段是一根方形钢管，一端插入前段的方形钢管中，另一端被后段的方形管插入，使前段和后段成为柔性连接，后段由两个框架组成。

（4）自装卸集装箱运输车

一般的集装箱运输车都需与集装箱码头、车站、仓库等专用起重设备配合才能完成集装箱的装卸作业。自装卸集装箱运输车是一种能够独立完成装卸和运输作业的专用集装箱运输车。这种车辆按其装卸方向的不同又可分为后面装卸型和侧面装卸型两类。

练习题

1.公路运输中的（　　　）是指托运的货物在3 t以上或虽不足3 t，但其性质、体积、形状需要一辆3 t及以上汽车装运的货物运输方式。

A.零担运输　　　　B.整车运输　　　　C.联合运输　　　　D.包车运输

2.公路货运中，将平均每立方米重量不足333千克的货物称为（　　　）。

A.实重货物　　　　B.轻泡货物　　　　C.普通货物　　　　D.特种货物

3.特种货物是指在运输、保管及装卸过程中具有特殊要求的货物，在运输过程中必须采取相应措施或工艺，以确保货物的安全，一般分为（　　　）。

A.危险货物　　　　B.贵重货物　　　　C.鲜活易腐货物　　　　D.长大笨重货物

4.联合运输是指一批托运的货物需要两种及以上运输工具的货物运输方式。联合运输实行的是(　　　)。

A.一次托运　　　　　B.分段负责　　　　　C.一次收费　　　　　D.一票到底

7.1.2　车辆运输作业的条件

1)运输条件

(1)集装箱的规格尺寸和额定总质量对车辆的要求

配备车辆要以40 ft和20 ft车为主,半挂车的结构以直梁骨架式和平板式为主。运输超高型集装箱,则需采用鹅颈式或凹梁式半挂车。由于集装箱每次装载各类货物的单位容重有很大差异,而且货物的包装尺寸也各不相同,故货物装箱后,集装箱的实际总质量是不相等的。如果车辆的吨位结构只按照集装箱的额定总质量标准来配置必将出现重箱实载率过低,会经常出现亏吨现象。所谓合理配置车辆,是指在一个阶段内的相对合理,因为集装箱实际总质量的吨位比例会随着进出口商品的变化而变化。所以,企业在经过一个阶段之后,应根据集装箱载重量结构的变化,对所配置车辆的吨位结构比例作必要的调整,调整时可结合车辆更新或配套工作进行。

(2)集装箱运量和运距对车辆的要求

集装箱运量和运距是确定需配置运输车辆数量和结构形式与比例的重要依据。当集装箱运量不大时,为提高车辆的利用率,宜采用平板式箱货两用型车辆。当集装箱运量较大、箱源集中时,宜采用骨架式集装箱专用车辆,并应设置专业车队。汽车运输的合理运距是与公路技术等级、企业经营管理水平和箱内货物的价值有关的。我国集疏运港口国际集装箱的汽车合理运距:二级和三级公路一般为200～300 km;一级和高速公路一般为300～500 km。车辆的持续行驶里程通常可达400～600 km。

2)道路条件

道路技术条件对集装箱车辆的运输过程和运用效率影响很大,路面的承重能力、桥涵的通过能力及公路的限界标准,都决定着车辆允许的载重量、行驶速度和车辆的外廓尺寸。各国对汽车列车的总质量和轴载重量均有相应的规定。

根据我国《公路工程技术标准》(JTJ 01)和《货运挂车系列型谱》(GB 6420)的规定,要求集装箱汽车列车的最大总质量不超过45 t,单轴最大载重量不超过12 t,双联轴最大载重量不超过20 t。40 ft集装箱的最大载重量为30.48 t,则装载40 ft集装箱的汽车列车的最大总质量为43～45 t。从《公路工程技术标准》可知,装载重量在30 t以下的车辆,基本上可以适应在二级公路上行驶。但对40 ft集装箱车用来运载两只20 ft集装箱时,则20 ft箱总质量应限制在每箱15 t以下,超过15 t的,只能与轻箱搭配或单只箱运输。

3)气候条件

气候条件对集装箱运输车辆的要求是,应能满足夏季温度最高时汽车发动机不能过热,冬季最低温度时能够容易启动。例如华东沿海地区,上海市一年中最高气温为37.8 ℃,最低气温为-10 ℃,江苏、浙江地区与上海市的温差只有1~2 ℃,说明这些地区的气温对车辆没有特殊要求。但对于东北地区、华南地区,冬夏季的温差很大,在选配车辆时须采取防冻、防过热措施并要考虑低温启动的影响。

4)国家有关法规要求

①集装箱运输车辆的外廓尺寸必须符合《汽车外廓尺寸限界》(GB 1589)的规定,即载货汽车的总长度不超过12 m,半挂汽车列车的总长度不超过16.5 m,全挂汽车列车的总长度不超过20 m,各种车辆的总宽度不超过2.5 m,如各种车辆的总高度在空载状态下不超过4 m。此外,车辆在装载集装箱后的总高度必须符合交通管理法规,即装载高度自地面起不能超过4 m。半挂汽车列车影响其装载高度的主要因素是牵引车牵引鞍座的承载面离地高度,在无负荷时应不大于1.3 m。

②集装箱运输车辆的制动性能及运行安全技术要求必须符合《机动车运行安全技术条件》(GB 7258)的规定。对制动稳定性的要求是车辆任何部位不得超出的试车道宽度为3 m,即不能有明显的制动跑偏。对汽车台试制动性能检验的要求是汽车和汽车列车的制动力总和与整车质量的百分比为空载时大于等于60%,满载时大于等于50%,前轴制动力与轴荷的百分比为空载或满载时均大于等于60%。对汽车制动力平衡的要求是每轴左右轮制动力差与该轴两轮制动中大者比较,前轴不能大于20%,后轴不能大于24%。

③牵引车与半挂车匹配时,要求同级吨位车辆之间应保证能够互换拖挂,以利开展甩挂运输,提高牵引车的利用率。半挂车的牵引销是连接牵引车与半挂车并承受和传递牵引力与制动力的重要零件,牵引销的尺寸均已标准化。载重量为40 t以下的半挂车一般采用50号牵引销。

④半挂车上的转锁及固定装置,其外形尺寸和在挂车上的定位尺寸必须符合《系列1集装箱分类、尺寸和额定质量》(GNT 1413)及《集装箱角件技术条件》(GB 1835)所规定的要求。集装箱半挂车上一般设有两种形式的转锁。固定式转锁旋转90°可将集装箱角件锁住,一般用于20 ft或40 ft集装箱半挂车的前端和后端两组锁紧装置;可藏式转锁是用于20 ft和40 ft两用集装箱半挂车中间的两组锁紧装置,当两用挂车上只装载一只40 ft集装箱时,需将这两组共四个转锁缩到挂车承载面之下。

练习题

1.按照托运批量大小,公路运输可以分为整车运输、零担运输、集装箱运输和(　　　)。

    A.包车运输　　　　　B.长途运输　　　　　C.短途运输　　　　　D.普通货物运输

2.公路运输中,适应将各种汽车折合成小客车的年平均昼夜交通量为15 000~30 000

辆的公路等级是(　　)。

　　A.一级公路　　　　B.二级公路　　　　C.三级公路　　　　D.高速公路

　　3.高速公路为专门供汽车分向、分车道行驶并全部控制出入的多车道公路,分为(　　)高速公路。

　　A.四车道、六车道、八车道　　　　B.二车道、四车道、六车道

　　C.六车道、八车道　　　　D.双车道、单车道

　　4.公路运输中,在托运环节涉及的单证主要有货物运输合同、托运单等。其中,如果托运人在一定时期内需要经常向承运人托运货物的话,可以与承运人签订(　　)。

　　A.委托书　　　　B.订舱单　　　　C.托运单　　　　D.货物运输合同

项目2　集装箱公路运输业务

集装箱公路运输是集装箱运输的重要组成部分,最大的特征是能够实现"门到门"的运输。集装箱公路运输既是一个独立的运输体系,又是铁路车站、港口和机场集散物资的重要手段,连接铁路、水运和航空运输的起点和终点。

7.2.1　集装箱公路运输货源组织

开展集装箱公路运输的前提条件是存在对集装箱公路运输的需求,即相应的公路集装箱货源,因此各公路运输企业均应重视集装箱货源的组织工作,采取各种方式争取更多的集装箱货源。

合同运输是集装箱公路运输的主要货源组织形式。由船舶公司、货运代理或货主直接与公路运输企业签订合同,确定其公路运输任务。根据货源的大小、合同期限的长短,还可以分为临时托运和长期合同关系。临时托运通常是小批量的、无特殊要求的集装箱货物运输,主要由一些短期的、临时的客户托运。这是公路运输企业组织货物的一个不可缺少的来源,往往也是承托双方建立长期合同关系的基础。

计划调拨运输是公路运输企业获得货源的另一种方式,即由货运代理公司或配载中心统一受理口岸进出口的集装箱货源,由货代公司或配载中心根据各公路运输企业的车型、运力以及货源对口情况统一调拨运输计划。计划运输对集装箱公路运输的运力调整和结构调整起着指导作用。

7.2.2　集装箱公路运输货运流程

按照集装箱公路运输服务的对象区分,其主要业务内容及生产作业流程如下:

①编制进口箱运量计划。根据船期动态表以及船舶公司或货代提供的进口箱数,结合

公司运力编制运量计划。

②接收汽车托运。收货人或其代理向公司提出进口集装箱陆上运输申请,公司在了解箱内货物和卸货地点后,对符合条件的接收托运。

③申请整箱放行计划、安排运输。根据货物具体情况,合理安排运输计划,超重、超限、跨省运输应向有关部门申请。

④向码头申请作业办理理货、卫检等事宜。及时向港区提出作业申请,由港区根据需要配备机械和人力。

⑤从堆场提取重箱。在取得放行单和设备交接单后,在指定地点提取重箱,办理出场集装箱设备交接单。

⑥交付货物,运回集装箱。货主接收货物后,在交接单上签收,将集装箱空箱在指定的时间运回指定地点。

练习题

公路运单填写,见表7.1。

表7.1 公路运单

托运人姓名		电话		收货人姓名		电话	
单位				单位			
托运人详细地址				收货人详细地址			
托运人账号		邮编		收货人账号		邮编	
取货人联系人姓名		单位		送货地联系人姓名		单位	
电话		邮编		电话		邮编	
取货地详细地址				送货地详细地址			
始发站		目的站		起运日期		要求到货日期	
运距		全行程		是否取送		是否要求回执	
路由				□取货	□送货	□否 □运单 □客户单据	

货物名称	包装方式	件数	计费重量/kg	体积/m³	取货人签字		
					签字时间		
					托运人或代理人签字或盖章		
					实际发货件数		件
					签字时间		
					收货人或代理人签字或盖章		
合计					实际发货件数		件

收费项	运费	取/送货费	杂费	费用小计	签字时间	
费用金额					送货人签字：	
客户投保声明	□不投保		□投保		签字时间	
	投保金额		元	保险费	元	备注：
运费合计（大写）						
结算方式 □现结 □月结 付款方式 □预付款 □到付						
制单人		受理日期		受理单位		

7.2.3 集装箱公路运输货损事故处理

1）货损事故责任的确定

（1）公路承运人责任范围

公路承运人对自货物承运时起至交付货物期间内所发生的货物灭失、损坏，系由装卸、运输、保管以及交接过程中发生运输延误、灭失、损坏、错运等引起，负赔偿责任。包括：

①货损。指货物磨损、破裂、变形、污损、腐烂等。

②货差。指货物短少、失落、错装、错卸、交接差错等。

③有货无票。指货物存在而运单及其他票据未能随货同行，或已遗失。

④运输过失。指误装、误卸，办理承运手续过程中的过失，或漏装过失等。

⑤运输延误。指已接受承运的货物由于始发站未及时运出，或中途发生变故等原因，致使货物未能如期到达。

⑥其他原因。造成货损、货差的其他原因，如破包、散捆、票据编制过失等。

（2）公路承运人免责范围

对下列原因造成的货损事故，公路承运人不承担赔偿责任。

①由自然灾害引起的货物遗失或损坏。

②包装完整，但内容已短少。

③由货物的自然特性所致。

④根据卫生机关、公安、税务机关有关规定处理的货物。

⑤由托运人自行保管、照料所引起的货物损害。

⑥货物未过磅发生数量短少。

⑦承托双方订有协议，并对货损有特别规定者。

2) 货损事故记录的编制

货损货差商务事故记录的编制一般根据下列要求进行:

①事故发生后,由发现事故的运送站或就近站前往现场编制商务记录。如系重大事故,在有条件时还应通知货主一起前往现场调查,分析责任原因。

②如发现货物被盗,应尽可能保持现场,并由负责记录的业务人员或驾驶员根据发现的情况会同有关人员做好现场记录。

③对于在运输途中发生的货运事故,驾驶员或押运人员应将事故发生的实际情况如实报告车站,并会同当地有关人员提供足够的证明,由车站编制一式三份的商务事故记录。

④如货损事故发生于货物到达站,则应根据当时情况,会同驾驶员、业务人员、装卸人员编制商务记录。

3) 货损事故的赔偿

(1)赔偿处理手续

受损方在提出赔偿要求时,首先应做好赔偿处理手续。具体做法如下:

①向货物的发站或到站提出赔偿申请书。

②提出赔偿申请人必须持有有关票据,如行李票、运单、货票、提货联等。

③在得到责任方给予赔偿的签字、盖章后,赔偿申请人还应填写赔偿要求书,连同有关货物的价格票证,如发票、保单、货物清单等,送交责任方。

(2)退费情况

在计算货损货差的金额时,主要有三种情况费用应予以退还。

①发货前的损失,应按到达地当天同一品类货物的计划价或出厂价计算,已收取的运费也应当予以退还。

②到达后损失,应按货物运到当天同一品类货物的调拨价计算赔偿。

③对价值较高的货物,应当按照一般商品调拨计算赔偿。

练习题

1.分析案例,完成下面习题

某汽车运输公司2010年完成货物运量150万t,平均运距80 km,车公里产量4 t·km,实现运输收入5 000万元,运输效率有明显提高。但当年货运质量和行车安全事故有所增加。据统计,全年货物总运次为20万次,共发生各类货运质量事故150车次,其中货损70次,货损吨数400 t,货差60次,货差吨数10 t,其他20次;发生各类行车安全事故80起,其中责任事故60起,非责任事故20起。全年货运质量和行车安全事故共造成直接经济损失30 000元,其中货运质量事故赔偿金额10 000元,行车安全经济损失20 000元。

(1)该公司当年货运质量事故频率为( )次/(百万t·km)。货运质量事故频率=货运质量事故次数/报告期货物周转量(百万t·km)。

(2)该公司当年货运事故赔偿率为(　　　　),货损率为(　　　　)。货运事故赔偿率=货运事故赔偿金额(元)/同期货运总收入(万元),货损率=货物损坏件(t)数/同期货物总件(t)数。

(3)货损金额在500~3 000元的货运质量事故为(　　　　)。

  A.大事故　　　　　　B.小事故　　　　　　C.特大事故

(4)该公司在今后服务质量管理中应采取的主要措施有(　　　　)。

  A.加强运输过程的安全管理　　　　　B.提高车辆的技术速度

  C.加强装卸环节中的质量管理　　　　D.完善各项运输合同制

  E.提高车公里产量

2.分析案例,完成以下习题。

物流公司承揽了4项货物运输任务,分别是:①从上海到赞比亚(非洲)的50 kg发电厂急需零件;②从青岛到美国各主要城市的1 000台电冰箱。③从天津某食用油工厂到乌鲁木齐的500箱食用油。④将某牛奶工厂在方圆50 km内收购的牛奶配送到本地超市。现假定你是这家物流公司的运输管理人员,要求从客户利益出发,为客户选择合理的运输方式。

(1)公司承揽的第一项运输任务应选择(　　　　)方式。

(2)公司承揽的第二项运输任务,除了在海上运输选择远洋集装箱运输,在美国本土应选择(　　　　)方式。

(3)公司承揽的第三项运输任务,在不需中转的情况下,应选择(　　　　)方式。

(4)公司承揽的第四项运输任务应选择(　　　　)方式。

(5)选择运输方式的主要依据是(　　　　　　　　　　　　　　　　)。

项目3　集装箱公路运输的装卸工艺

7.3.1　集装箱公路运输中转站的概念及功能

集装箱公路运输中转站是指在港口或铁路办理站附近用于水运、铁路向内陆和经济腹地运输的基地和枢纽,是集装箱内陆腹地运输的重要作业点之一。它集"门到门"运输,中转换装,集装箱交接、堆存、拆装和货物仓储以及集装箱的清洁、检验和修理等多种作业功能于一体,并可揽货、代办提箱、报关、报验等。它与船舶公司、港口、国际货运代理等企业及一关三检、理货、保险等部门有着密切的业务联系和协作关系。它是国际集装箱运输在内陆集散和交接的重要场所,是港口向内陆腹地延伸的后方库场,是海上国际集装箱向内陆延伸运输系统的后勤保障作业基地;既是内陆的一个口岸,又是国际集装箱承托运等各方进行交易和提供服务的中介场所,也可改善内陆地区的投资环境。

7.3.2 集装箱公路运输中转站生产工艺典型平面布置

图7.4是采用叉车工艺集装箱公路运输的中转站一般的平面图。站内若采用单行环道,路面宽4 m;采用双行道,路面宽7~8 m。它一般由主作业区和辅助作业区两大部分组成。主作业区包括集装箱堆场和集装箱拆装箱作业仓库,堆场既可以按照重、空箱堆码,也可以按照箱主划分区域,而集装箱拆装箱作业仓库应该具有开阔的足够的面积,也可以设置货物分拣的皮带输送系统。辅助作业区包括大门检查站、综合办公楼、加油站、停车场、洗车场以及修理车间。

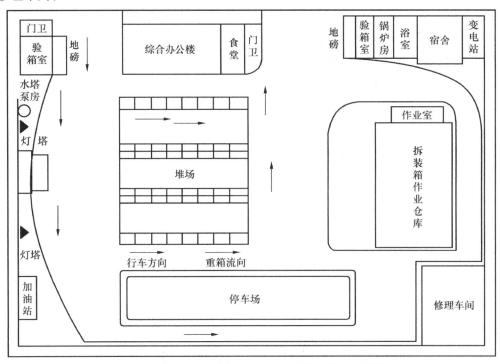

图7.4　采用叉车工艺集装箱公路运输的中转站平面图

练习题

设计集装箱公路运输中转站。

经过认真调查与可行性研究,某货运代理企业决定投资建设一个集装箱公路运输的中转站,建设场地如图7.5所示,要求该中转站必须有进闸口、出闸口、验箱场、空箱堆场、重箱堆场、特种箱堆场、危险品箱堆场(全部集装箱堆场的总面积至少为中转站总面积的二分之一)、拆箱拼箱作业仓库(仓库面积至少为中转站面积的五分之一)等主作业区,还必须有加油站、维修站、停车场、办公楼等辅助作业区。

已知堆场集装箱装卸使用堆五过六的全门式龙门吊和正面吊,请完成该集装箱公路运输中转站的布局规划图,并在规划图上标出车辆行驶路线。

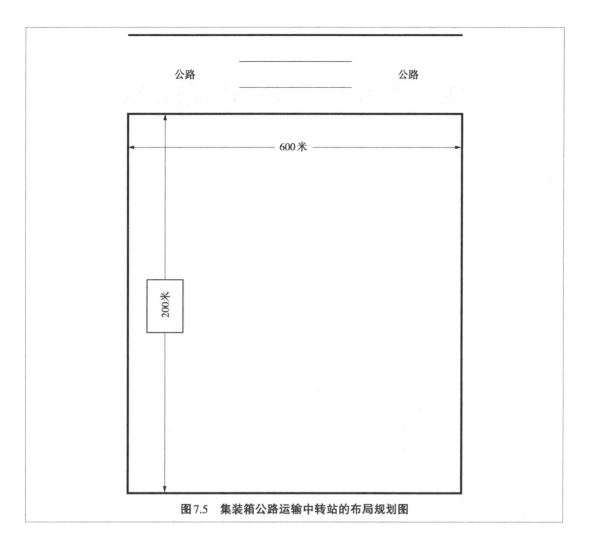

图7.5 集装箱公路运输中转站的布局规划图

能力单元8　集装箱铁路运输

学习目标

- ●了解集装箱铁路运输的设备分类,掌握常见的设备类型。
- ●掌握铁路集装箱中转站的装卸工艺。
- ●熟悉集装箱铁路运输的流程。

知识点

中欧班列;铁路运输设备;装卸工艺

导入案例

中铁集装箱运输有限责任公司

中铁集装箱运输有限责任公司成立于2003年11月,注册资本39亿元人民币,资产规模129亿元人民币,是经国家工商行政管理总局注册,隶属中国铁路总公司的国有大型集装箱运输企业,是中国铁路总公司中欧班列统一经营服务平台,是中欧班列运输协调委员会秘书处单位。

公司主要负责集装箱购置、租赁、维修,铁路箱管理信息系统的开发、维护,集装箱国际、国内货运代理、接取送达、堆存保管,中欧中亚集装箱国际联运班列经营与客户服务等工作。

公司经营范围:集装箱铁路运输,集装箱多式联运,国际货物运输代理业务,无船承运业务;集装箱、集装箱专用车辆、集装箱专用设施、铁路篷布的销售、租赁,货物仓储、装卸、包装、配送服务,与上述业务相关的经济、技术、信息咨询服务。

1)公司优势

(1)资源优势

中铁集装箱运输有限责任公司拥有28万余只20 ft国际标准中国铁路通用箱和20 ft新型宽体集装箱、4万余只40 ft国际标准中国铁路通用箱、6 000只20 ft超高集装箱、四大类十余种约8.5万余只中国铁路特种集装箱、16万张铁路货车篷布。

(2)场站优势

中铁集装箱运输有限责任公司拥有10个铁路集装箱中心站,分别是昆明、大连、重庆、成都、武汉、郑州、青岛、西安、上海、乌鲁木齐。

(3)国际优势

中铁集装箱运输有限责任公司是北美多式联运协会(IANA-Intermodal Association of North America)、跨西伯利亚运输国际协调委员会(CCTT-International Association "Coordinating Council on Trans-Siberian Transportation")理事会员,与哈萨克斯坦、俄罗斯、白俄罗斯、立陶宛、德国铁路等铁路组织建立合作关系,与哈萨克斯坦、俄罗斯铁路签署集装箱互使协议。

2）欧亚通道建设

(1)西部通道

西部通道主要吸引中国中西部地区与欧洲间的进出口货源,从阿拉山口(霍尔果斯)出入境,经哈萨克斯坦、俄罗斯、白俄罗斯、波兰到达欧洲。西部南通道从阿拉山口(霍尔果斯)出入境,经哈萨克斯坦、乌兹别克斯坦、土库曼斯坦、伊朗、土耳其(或哈萨克斯坦、阿塞拜疆、亚美尼亚、格鲁吉亚、土耳其)到达欧洲。

(2)中部通道

中部通道主要吸引中国华北、华中地区与欧洲间的进出口货源,从二连口岸出入境,经蒙古、俄罗斯、白俄罗斯、波兰到达欧洲。

(3)东部通道

东部通道主要吸引中国华东和华南沿海、东北地区与欧洲间的进出口货源,从满洲里口岸出入境,经俄罗斯、白俄罗斯、波兰到达欧洲。

3）中欧、中亚班列

中欧、中亚班列旨在倡导快捷准时、安全稳定、绿色环保的货运方式,促进中国与欧洲、中亚国家间贸易便利化,现已成为欧亚国际物流陆路运输的骨干方式,得到国际社会的广泛好评和沿线各国的普遍欢迎,成为推进中国与沿线国家经贸交流的重要载体和"一带一路"建设的重要抓手。

(1)中欧班列

按照固定车次、线路、班期和全程运行时刻开行,往来于中国至欧洲以及沿线各国的集装箱国际铁路联运班列是最高品质和等级的国际铁路联运列车,按高于客车等级安排,中欧班列日均运行1 300 km,正点率接近100%。最快10天抵达欧洲,运输时间是海运的1/3,分别从中国重庆、成都、郑州、武汉、苏州、义乌等国内38个城市开往德国、波兰、西班牙等13个国家36个主要城市。自2011年3月开行以来,截至2018年2月底,已累计开行班列7 000多列。2016年6月8日正式启用中欧班列品牌标志。

(2)中亚班列

中亚班列是往来于中国至哈萨克斯坦、乌兹别克斯坦等中亚各国的集装箱国际铁路联运班列,分别从中国天津、西安、济南、合肥、连云港、郑州、武汉、胶州、广州、成都开往中亚五国的主要城市。

4）铁水联运

公司与港口、船舶公司以及物流企业密切合作,先后开发经营了苏州至上海、金华至宁波、成都至上海、广州至成都等多条集装箱铁水联运班列,形成完整的铁水联运产品链条,打造了铁水联运品牌。

练习题

简述中欧班列目前主要存在的问题以及改进措施。

_____

_____

项目1　集装箱铁路运输设备

8.1.1　集装箱铁路运输设备的发展历程

在我国铁路集装箱运输的发展初期,通常是采用通用车辆(主要是敞车)来装运集装箱。如我国20世纪50年代投入使用的总重为3 t集装箱和70年代研制和投入使用的总重为5 t的集装箱,由于敞车侧板较高,故装卸作业时需要提升,影响装卸作业效率。另外,在装卸过程中,集装箱容易碰到敞车的侧板和端板,造成箱体和车体的损坏。在运行过程中,如果集装箱在车上没有加固,可能会使箱体窜动,损坏箱体和车体,还会造成货物总重心的偏移。而后铁路集装箱车辆的发展大约经过了三个阶段:

第一阶段:利用普通平车改造成集装箱专用车。这样处理费用较低,能应付急用。但其缺陷是集装箱的固定较困难,作业效率低,数量仍然有限。

第二阶段:大量新造集装箱专用车。20世纪60年代开始,随着集装箱国际标准化的推进和运量的大幅增加,对铁路集装箱运输提出了越来越大的需求,促使欧洲各国设计并制造了集装箱专用车。这些专用车与国际标准集装箱配套,装卸与固定便捷,作业效率高,能很好地体现集装箱运输的优越性。

第三阶段:不断创新,改进集装箱专用车的结构。围绕降低能耗、提高车速、简化结构、加大尺寸等,欧美各国进行了大量的研究与试验,对集装箱专用车进行了很多创新,出现了集装箱双层运输专用车等高效率的专用车结构。

8.1.2　集装箱铁路运输车辆的分类

1)按装卸方式分类

铁路集装箱专用车按装卸方式分类,可分为以下4种:

①吊装式集装箱专用车。集装箱采用各种起重设备进行装卸,目前大部分集装箱专用车均属于这种吊装式集装箱专用车。

②滚装式集装箱专用车。平板式集装箱专用车可以采用滚装的办法装卸拖车式集装箱,用于驮背运输的车辆都是滚装式集装箱专用车。由于集装箱连同拖车一起装在铁路集装箱专用车上,故其稳定性较差,载重量利用率低,并且容易超出铁路机车车辆界限。为降低其装载高度,欧美国家和日本均采用了袋鼠式凹平台的驮背运输专用车。

③侧移式集装箱专用车。在集装箱专用车上装备引导用的U形导轨,通过液压装置和锁链把集装箱移到拖车上。这种装卸方式不需要专用的装卸机械,只需要特殊的车底结构,

就能直接完成铁路与公路的转运。在日本和欧美的内陆运输中采用了这种车辆。

④回转式集装箱专用车。在集装箱专用车设置可以回转的转台,利用集装箱转台的回转来完成集装箱的铁路与公路的换装。

2)按车底板结构分类

铁路集装箱专用车按车底板结构分类,可分为以下两种:

①平板式集装箱专用车。这类专用车类似于普通平车,只是在集装箱的底角件位置增设有固定集装箱的紧固装置,通常为翻板式的锥形定位销。

②骨架式集装箱专用车。其车底架呈骨架式结构,专门用于装载各型集装箱。它的重量是在普通平车上减轻了10% ~ 15%,造价降低约15%,是装载集装箱经济安全的车型。如美国的骨架式绞接车组,设计一根重型中心梁作为车底架承载梁和纵向力的构件,承载着拖车走行轮或集装箱的底角件,平均每辆车自重减至14.5 t。

3)按车辆的轴数分类

铁路集装箱专用车按车辆的轴数分类,可分为以下3种:

①转向架式四轴车。13 m(40 ft)和19.7 m (60 ft)集装箱专用车,通常使用两台两轴转向架,共四个轴。

②转向架式六轴车。当集装箱专用车车体较长、载重量较大时(如装载4 TEU 的26.2 m (80 ft)集装箱专用车),如果使用两台两轴转向架超过了最大允许轴重,则应使用两台三轴转向架,共六个轴。

③铰接式车组。1984年,美国设计制造的双层集装箱专用车采用了铰接式结构,即将五辆双层集装箱专用车铰接在一起,形成一个固定的车组。

4)按车辆组织方式分类

铁路集装箱专用车按车辆组织方式分类,可分为以下两种:

①编挂于定期直达列车的专用车辆。这类集装箱专用车结构比较简单,大部分车采用骨架式,底架有旋锁加固装置,用以固定集装箱。由于这类车辆都以制定形式编组,定期往返于两个办理站之间,无须经过调车作业,因此车辆不必有缓冲装置,各种用于脱挂钩、编组的设施都可简化。美国南太平洋铁路公司研制的双层集装箱专用车辆采用凹底平车,全长19.2 m,可压放2个40 ft的集装箱。

②随普通货物列车零星挂运的专用车辆。这类专用车辆需要编挂到普通货物列车中运行。因为要进行调车作业,所以必须像普通铁路车皮一样装有缓冲装置,结构比前一种专用车复杂。我国铁路部门已研制出X6B集装箱专用形,载重量60 t,可装载1个40 ft集装箱,或1个45 t集装箱,或6个10 ft集装箱。全长16 388 mm,最大宽度为3 170 mm,空车装载的高度为1 166 mm,运行速度为120 km/h,自重22 t,已能满足对铁路集装箱专用车辆空车装载的需求。

练习题

简述铁路双层集装箱运输的装车注意事项。

_____

_____

_____

_____

_____

_____

_____

_____

8.1.3 集装箱铁路运输车辆

1)普通集装箱专用平车

普通集装箱专用平车是世界各国最常见、使用最普遍的集装箱运输车辆。X4K集装箱平车如图8.1所示,这种共用平车主要用于装载运输铁路标准集装箱,装运国际标准40 ft集装箱(1个)、20 ft集装箱(2个)、国际45 ft集装箱(1个)。其底架为全钢焊接结构,并设有国际集装箱翻转式锁头,采用13号C级钢车钩、MT-3型缓冲器和转K3型转向架。其运行速度由目前普通货车的70~80 km/h提高到120 km/h。

(1)X4K型集装箱平车

X4K型集装箱平车是供在准轨使用、装运国际标准集装箱的专用车,如图8.1所示。

图8.1　X4K型集装箱平车

图8.2　X2H(X2K)型集装箱平车

(2)X2H(X2K)型车

X2H(X2K)型车(图8.2)在中国标准轨距且满足双层集装箱车运行的铁路上使用。可装运ISO 668所规定的1AAA、1AA、1A、1AX、1CC、1C、1CX型国际标准集装箱及45 ft、48 ft、50 ft、53 ft等长大集装箱,集装箱双层叠装。

2)公铁路两用车、驮背运输车

当然,需要注意的是,还有公铁路两用车(图8.3)以及驮背运输车(图8.4)。公铁路两用车主要是结构比较复杂,使用和维修不方便,不好存放和管理等。而驮背运输车主要运用于公铁联运,这种运输可以减少换装次数,提高装卸效率,实现"门到门"运输。

图8.3　公铁路两用车　　　　　　　　　图8.4　驼背运输车

3)集装箱在底板上的固定方式

集装箱在底板上利用四个角件加以固定,集装箱在铁路车辆上一般采用锥体固定件来固定。

固定件在货车上有两种安装方式:第一种情况是固定件直接安装在货车底板上,如图8.5所示。第二种情况是把固定件安装在一块活动翻板上,如图8.6所示。当货车上不装载集装箱时,翻板通过铰链可翻倒在货车的两侧。这样在装载其他货物时既不会影响货物的装载,也可避免固定件的损坏。

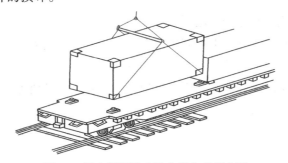

图8.5　固定件直接安装在货车底板上图

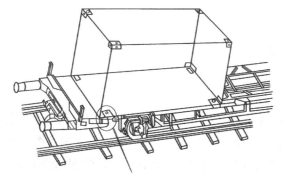

图8.6　固定件安装在一块活动翻板上

练习题

1. 比较表8.1所示X4K型集装箱平车和X2H(X2K)型车的技术参数。

表8.1　X4K型集装箱平车和X2H(X2K)型车的技术参数

技术参数	X4K型集装箱平车	X2H(X2K)型车
载重(t)	72	78
自重(t)	≤21	21.8
轴重(t)	23	25
车辆长度(mm)	19 416	19 466
车辆定距(mm)	14 200	15 666
车辆宽度(mm)	2 850	2 912
集装箱承载面距轨面高(空车,mm)	1 140	290
车钩中心线距轨面高(空车,mm)	880	190
限界	符合《标准轨距铁路机车车辆限界》(GB146.1—1983)的规定	铁路双层集装箱运输装载限界(暂行)

2. 补充下列习题。

(1)集装箱铁路定期直达班车起源于(　　　)国。

(2)集装箱在铁路专用列车上是利用四个(　　　)进行固定的。

(3)铁路集装箱运输的工艺流程有(　　　)种。

(4)国际标准集装箱在铁路运输中只限用(　　　)和(　　　)两种。

(5)集装箱定期直达班车编组一般以(　　　)辆专用车为一列。

(6)铁路集装箱办理站有(　　　　)和(　　　　)两种。

项目2　集装箱铁路运输业务

铁路运输是现代运输业的主要运输方式之一,铁路集装箱运输逐步实现了机械化和自动化。我国的铁路运输业获得了迅速发展,铁路集装箱运输量增长迅速,集装箱运输设备不断更新改造。同时,国家的综合交通网络、自动化运营管理加快了建设。

8.2.1　集装箱铁路的运输方式

1）定期直达列车

1965年11月,英国开始在伦敦和格拉斯哥之间编开了集装箱定期直达列车。这种列车定点、定线、定期、固定车底,循环运行于两个基地站间,不需重新编组,因此运行速度快、效率高。但各个国家,各个不同发展时期组织直达列车的形式也不一致。集装箱直达列车如何组织,要根据国家陆域的大小、主要资源的分布、铁路运输设备等情况加以确定,并遵循运送速度快、服务质量优、运营成本低的原则。

2）专运列车

专运列车一般是指在港口站编组开行的列车,当集装箱船到达港口时,在24 h内即可卸空,除到达港所在地区和近距离的集装箱可由汽车运送外,运程较远的集装箱则组织集装箱专运列车运送。集装箱专用列车与定期直达车的相同之处在于都在铁路运行图上有专门的运行线,不同之处在于专运列车虽然也是运送大批量的集装箱和运程较长,但不是定期的,这种运输可以解决货源不均衡或者船期不定的矛盾。

3）双层列车

双层列车或铁路双层集装箱运输的出现是集装箱运输史上的一次革命,它可以使单位运营成本降低25% ~ 40%,同时能使运能提高30%以上,是我国铁路货物运输的发展方向。我国铁路双层集装箱运输的运营还处于初始阶段。

8.2.2　集装箱铁路的运输流程

1）确定集装箱承运日期表

集装箱承运日期表是集装箱计划组织运输的重要手段,其作用在于使发货人明确装往某一方向或到站的装箱日期,有计划地安排货物装箱,以及准备短途搬运工具等,是做好集装箱货物计划运输的依据。

2）集装箱货物的接受

大多数车站都采用由货运公司集中受理的形式,分集装箱单独受理和集装箱零担统一受理两种情况。集装箱的接收一般采取随时受理的方式,发货人如实填写货物的完整品名、重量及其他注意事项。同时还有驻在受理、电话受理。

3）货物运单的审核

受理货运员接到运单后,按有关规定逐项详细审核下列内容:

①托运的货物能否装载集装箱运输。

②所到站能否受理该吨位、种类、规格的集装箱。

③有关货物质量、件数、尺码等是否按规定填写。

④应注明的事项是否准确、完整。

4）发放空箱和装箱

车站在发放空箱时,应认真检查集装箱外表状况是否会影响货物的安全运输而产生不应有的责任,在发放空箱和装箱时应做到以下几点:

①发送货运员在接到运单后,应核实批准进箱日期,审核运单填写是否准确,并根据货物数量核对需要发放的空箱数。

②对实行门到门运输的货物,应开具集装箱门到门运输作业单交发货人,填写集装箱门到门运输登记簿。

③会同发货人共同检查空箱箱体状态。发货人在"集装箱门到门运输作业单"上签字后,领取空箱。应注意的是,如发货人认为所领取的空箱不能保障货物安全运输时,发运员应予以更换。如未更换,发货人有权拒绝使用,若使用后发生货损,应由车站负责,除非空箱存在的缺陷是以一般手段无法从外表检查发现的。

④货物装箱时应堆码稳固,装载均匀,充分利用箱内容积,不撞击箱体,装箱完毕后,由发运员关闭箱门,并在规定位置悬挂标签和加封。

⑤发货人加封完毕后,在货运单上逐箱填记集装箱箱号和相应的施封号码,已填记的施封号码不得随意更改,必须更改时,应在更改处盖章证明。

练习题

1.铁路集装箱运输货源组织形式有哪些?

_____

_____

_____

_____

2.判断题。

(1)铁路集装箱内货物的质量由发货人申报。 （ ）

(2)铁路集装箱在铁路货场内造成的损失由铁路负责。 （ ）

(3)铁路集装箱装卸线长度一般在200 m左右。 （ ）

(4)铁路集装箱办理站不接受拼箱货的托运。 （ ）

(5)集装箱定期直达列车就是集装箱专用列车。 （ ）

5）集装箱货物的接受和承运

发送货运员在接受集装箱货物时,必须对由发货人装载的集装箱货物逐箱进行检查,符合运输要求的才能接受求运。接受集装箱货物后,车站在货物运单上加盖站名、日期戳记,表明此时货物已承运。

在接受所托运的集装箱货物时,发送货运员应做到如下几点:

①对由发货人装载的集装箱货物,应逐批、按箱检查箱门是否关好,合格后在运单上批注货位号码。对门到门运输的集装箱货物还要核对是否卸入指定货位,然后在"集装箱门到门运输作业单"上签字,返还给发货人一份。

②以运单为依据,检查标签是否与运单记载一致,集装箱号码是否与运单记载相符,铅封号码是否正确。

③检查箱体是否受损,如有损坏,应编制集装箱破损记录,如损坏是由发货人过失所致,则要求发货人在破损记录上签章,以划分责任。

④检查确认无误,车站便在货运单上签字,交发货人交款发票。对进行门到门运输的集装箱,还应补填集装箱门到门运输登记簿有关事项。

6）装车

装车货运员在接到配装计划后到站确定装车顺序,要做到如下几点:

①装车前,对车体、车门、车窗进行检查,检查是否过了检查期,有无限制,是否清洁等。

②装车时,装车货运员要做好监装,检查待装的箱子和货运票据是否相符、齐全、准确,并对箱体、铅封状态进行检查。

③装车后,要检查集装箱的装载情况是否满足安全运送的要求,如使用棚车装载时还要加封。装车完毕后,要填写货车装载清单、货运票据,除填写一般内容外,还应在装载清单上注明箱号,在货运票据上填写箱数总和,包括货种和箱体自重。

7）卸车

集装箱货物到达卸站后即行卸车。卸车时应做到如下几点:

①做好卸车前的准备工作。首先要核对货运票据、装载清单等是否与货票一致。然后确定卸车地点,并确定卸箱货位。

②开始卸车。对棚车进行启封,做好监卸和卸货报告。如在卸车过程中发生破损,应做记录,以便划分责任。

③做好复查登记。要以货票对照标签、箱号、封号,在运单上注明箱子存放的货位号码,根据货票填写集装箱到达登记簿和卸货卡片。

8）集装箱货物的交付

交货时,交箱货运员在接到转来的卸货卡片和有关单据后,认真做好车号、封号、标签的核对,核对无误后通知装卸交货,并当面点交收货人,见表8.2。

表8.2　　铁路集装箱货物运单

货物指定于	铁路局							承运人/托运人	装车
货位									
计划号码或运输号码:			**货物运单**					承运人/托运人	装车
运到期限:	日		托运人→发运人→到站→收货人						

托运人		承运人				
发　站		到站(局)		车种车号		货车标重	
到站所属省(市)			施封号码			
托运人	名称		经　由		铁路货车篷布号	
	住址		电话			
收货人	名称		运价里程		集装箱号码	
	住址		电话			

货物名称	件数	包装	货物价格	托运人确定质量/kg	承运人确定质量/kg	计费质量	运价类型	运价号	运价率	现　付	
										费别	金额
合　计											
托运人记载事项		保险:		承运人记载事项							

8.2.3　集装箱铁路运输货损事故处理

1)铁路方与发货人、收货人之间的责任划分

铁路方与发货人、收货人之间的交接主要指集装箱的交接、交付两个环节,直接关系到铁路方与发货人、收货人之间的责任划分。

铁路集装箱的交接均应在铁路车站、货场内进行,主要检查箱外体表状况,重箱还应检查铅封。铁路集装箱起运时应由发货人将集装箱堆放在指定货位上,关好箱门,按批逐箱与货签核对,检查完毕后,在运货单上加盖承运日期戳表明已承运。在交付集装箱时,应根据收货人提交的货物运单,与集装箱到达登记簿进行核对,然后到货场会同收货人逐箱进行检

查对照,经确认无误后,将集装箱向收货人进行一次性点交,并注销交货卡,交付完毕后责任终止。在车站货场交接集装箱时,箱号、施封号与货物运单记载一致,施封有效,箱体外表状况良好时,即使箱内货物发生损害,铁路也没有责任赔偿。

发站在接收托运的重箱时,检查发现箱号或施封内容与货物运单记载不符,未按规定施封,以及箱体由发货人过失行为造成损坏的,由发货人改善后接收。如发现封印内容和箱体有异状时,向车站提出声明。自备集装箱由于承运人责任造成上述后果时,由承运人负责赔偿。

2)货损事故记录编制

货运事故记录分商务记录、普通记录、技术记录三种。

(1)商务记录

商务记录是货物运送过程中对发生的货损、货差或其他不正常情况的如实记载,是具体分析事故原因、责任和请求赔偿的基本文件。记录中应列举事实,而不应包括关于责任问题和发生损失原因的任何判断。如发现以下情况,应当做商务记录:发现货物的名称、质量、件数等同运单和运行报单中所记载的事项不符,货物发生全部或部分灭失或损坏,包装破损,有货无票或有票无货,由国境站开启装有危险货物的车辆时。

商务记录必须在发现事故的当日编制,并按每批货物分别编制。如果运送同一发货人和同一收货人的同一种类货物时,准许在到达站对数批货物编制一份商务记录。接受商务记录的铁路部门,如对记录有异议,则应从收到记录之日起45日内,将异议通知编制商务记录的人。

(2)普通记录与技术记录

货物运送过程中,如发现上述属商务情况以外的情况时,如有需要,车站应编制普通记录,普通记录不作为赔偿依据。当查明货损原因是车辆状况不良所致,除编制商务记录外,还应按该货损情况编制有关车辆状态的技术记录,并附于商务记录内。

3)货损事故的赔偿程序及相关规定

(1)赔偿请求的提出与受理

发货人或收货人必须以书面形式向发送站提出赔偿,收货人以书面形式向到达站提出赔偿。如果由发货人或收货人的代理提出赔偿要求,该代理必须出示发货人或收货人的委托书,以证明这种赔偿请求权是合法的。自赔偿请求提出之日起,铁路部门必须在180天内审查此项请求,并对赔偿请求人给予答复。

(2)索赔的依据及有关文件

索赔人在向铁路部门提出赔偿要求时,必须同时出具下列文件:

①一旦货物发生全部灭失,由发货人提出赔偿时,发货人应出具运单副本,由收货人提出赔偿时,则应同时出具运单副本或运单。

②货物发生部分灭失或质变、毁损时,收货人、发货人均可提出索赔,同时应出具运单以

及铁路到达站给收货人的商务记录。

③货物发生运输延误时,应由收货人提出赔偿,并提交运单。

④对承运人多收运送费用的情况,发货人可按其已付的款额向承运人追回多收费用,但同时应出具运单副本或铁路规定的其他有关文件。如由收货人提出追回多收费用的要求,则应以其支付的运费为基础,还需出具运单。

在提出索赔的赔偿请求书上,除应附有运单或运单副本外,在适当情况下还需附商务记录以及能证明货物灭失、损坏和货物价值的文件。

(3)索赔请求时效

凡根据运输合同向铁路部门提出的索赔,以及铁路对发货人、收货人关于支付运费、罚款的赔偿要求应在9个月内提出。有关货物运输延误的赔偿,应在2个月内提出。上述时效的计算方法是:

①关于货物损坏或部分灭失以及运输延误的赔偿,自货物交付之日或应交付之日起计算。

②关于货物全部灭失的赔偿,自货物按期运到后60天内提出。

③关于补充支付运费、杂费、罚款的要求,或关于退还此项款额的赔偿要求,则应自付款之日起计算。如未付款,则从货物交付之日起计算。

④关于支付变卖货物的货款要求,则自变卖货物之日起计算。

练习题

分析破损的铁路集装箱由谁负责。

11月21日,贵阳东站卸C4931538集装箱一车,卸车时发现箱号为"6077319"的集装箱箱顶部变形,检查顶部有3 m×1.5 m×0.3 m的凹损,卸后货运员将箱子破损拍照后通知安全员编制箱破记录。该箱发站张家口南,品名为石材,收货单位为贵阳东站汽车队,当日上午通知收货人前来查看货物是否损坏,后经收货人确认货物无损,不需要编制货运记录,并于当天在场内将货物掏出。该箱于11月24日装车回送双流站修理。

_____

_____

_____

_____

_____

_____

项目 3　集装箱铁路运输的装卸工艺

不管铁路集装箱运输采用什么方式,基本工艺可以概括为从甲地集装箱办理站运至乙地集装箱办理站,再运至货主处。

8.3.1　集装箱铁路中转站的构成

1)装卸线及轨道式龙门起重机

装卸线应不短于相当于10节列车的长度,以一节集装箱专用车长14 m来计算,装卸线长度应不短于140 m。集装箱铁路基地站通常指有集装箱定期直达列车或集装箱专运列车始发或终端的办理站,这类办理站的装卸线一般应有2~3股,长度通常是一列50节专用车长度的一半,即350 m以上。铁路集装箱办理站通常以轨道式龙门吊作为装卸线上的基本装卸机械,以集装箱正面吊和集装箱叉车为辅助机型。

2)作业区堆箱场

铁路集装箱办理站有几个大小不等的堆箱场,堆箱场会划分为若干作业箱区。

(1)到达和发送箱区

"到达箱"是指用火车运输到达,等待由集装箱拖挂车、半挂车送往货主处的集装箱;"发送箱"是指货主托运的集装箱,已由拖挂车等送到集装箱办理站,等待装车发送的集装箱。

通常,"到达箱区"应设在靠近集装箱拖挂车场地的位置;"发送箱区"应设在靠近铁路装卸线的位置。一般国际标准集装箱与国内标准铁路箱应设不同的堆放箱区。

(2)中转箱区

中转量小的办理站不一定单独设中转箱区,中转箱可堆放在发送箱区。

中转量大的办理站应专设中转箱区。如有两条装卸线的办理站,中转箱区可设在两条装卸线之间,这样便于在两列集装箱列车之间换装。中转时间长的集装箱,则应移到较远的箱区堆放。

(3)拆装箱区

需在办理站内拆箱与拼箱的集装箱,应设专区堆放。这一箱区应选择在离轨道式龙门吊较远的地方,场地应较为开阔;也可设置在装卸场地外。铁路集装箱办理站应尽可能少承担拆、装箱业务。

(4)备用箱区

备用箱区一般设置在装卸机械作业范围之外,主要用于堆存到达后未能及时提取的集装箱,可提高"到达和发送箱区"箱位的利用率,一般设置在轨道式龙门吊的悬臂范围之外。

（5）维修箱区

有维修集装箱能力的铁路集装箱办理站,应单独设置维修箱区。

（6）其他设施

集装箱办理站会有许多集装箱拖挂车与半挂车进出。为了方便车辆等待和停留,应根据业务量的大小、疏运能力的优劣设置大小不等的停车场。其次还需要有维修、保养各种集装箱装卸设备、设施和损坏的集装箱的维修部门,以及对进出的集装箱货车进行登记、检查,办理各类承运交付业务手续的营业与办公部门。

8.3.2 集装箱铁路运输的装卸工艺

我国铁路集装箱办理站主要用轨道式龙门起重机进行集装箱的装卸作业。甲地集装箱办理站将承运的集装箱吊装到集装箱专用车或代用车辆上运走,到达乙地集装箱办理站后,再用龙门起重机卸下集装箱,放在堆场上;然后由龙门起重机将集装箱吊起装到拖挂车、半挂车或货车上运至货主处。

常见的铁路集装箱办理站有以下三种装卸工艺。

1）装卸线在轨道式龙门吊跨度内行走轨道旁（跨内一侧）

操作最协调,平面使用也比较经济,只要办理站的地形条件允许,大多数办理场均采用跨内一侧布置方式（图8.7）。这种布置方式,堆场可以布置在另一侧,面积利用率高。同时,龙门吊的小车移动不会太久,安全性高。

图8.7 装卸线在轨道式龙门吊跨度内
行走轨道旁（跨内一侧）

2）装卸线在轨道式龙门吊跨度中间（跨中）

集装箱堆场只能放在装卸线的两侧,面积被分割,对场地利用与管理均不利。龙门吊的装卸小车在装卸集装箱时,不断地在集装箱列车上方跨越,容易发生事故。

3）装卸线在轨道式龙门吊跨度外两端（悬臂下）

这种布置方式对于在原有基础上改、扩建集装箱办理站的情况较适宜,可以有效减少投资,同时堆箱场地可以利用全部龙门吊跨度位置,堆箱量更大。但是龙门吊装卸小车在装卸集装箱时,移动的距离较长,降低了作业效率。

练习题

1.通过案例分析总结临汾站的做法。

临汾站经查看集装箱追踪系统,发现箱号TBJU5967257的铁路通用箱为2012年11月27日由改貌站回送临汾北站的一组集装箱(票记箱号为:TBJU4110779和TBJU5967257)中的一个,2012年12月3日到达临汾北站,但实际到达的集装箱箱号为TBJU4110779和TBJU3882931,经查看回送清单箱号TBJU5967257涂改为TBJU3882931,并加盖有成都局改貌站刘继东的人名章,实际TBJU5967257未回送到临汾北站,属改貌站集装箱追踪系统录入错误。但临汾北站作业人员把关不严,当时未发现此问题,盲目录入回卸清单,造成TBJU5967257在系统中长期停留在临汾北站,临汾北站发现此问题后,于2013年6月17日违章将此箱虚录入发往临汾站(清单号770,车号001),借此消除大点箱,但后续未将该箱在系统中收回,因此造成临汾站产生了在途大点箱。

_____

_____

_____

2.查阅资料,或者实地参观团结村,分析铁路集装箱中转站的布局。

2018年4月,团结村集装箱中心站办理量完成43 834.75 TEU,创建站以来单月集装箱办理量最高历史记录,换言之,日均办理量已接近1 500 TEU。近年来,得益于"一带一路"倡议的推进、西部物流园通道建设和贸易自由化的具体实践,以及自身的不断创新、优化服务,中心站开启了场站运营的新常态。从2010年办理量19.8万TEU,以每年20%的速度攀升,在突破年办理量40万TEU大关的基础上,于2017年实现了43万TEU的新成绩,截至2017年12月,累计办理量近270万TEU,班列运输占了整个发送量的70%。

作为西部物流园两大核心铁路设施之一和中欧班列(重庆)的起点站,理念超前的中心站与生俱来有巨大的"身段"。它规划占地901亩(1亩=666.67 m²),已经投入运营540亩。一期工程于2007年10月开工建设,2009年12月10日正式开通运营;二期工程于2014年9月开工建设,次年12月10日正式开通运营。中心站现有4条货物装卸线,每条装卸线长800 m,8台40 t轨道式龙门吊,年设计作业能力达60万TEU。中心站比照国外最先进港站设计,装卸设备全国一流,世界领先,龙门吊配备有专用防摇吊具,率先在中国铁路实现了龙门吊作业半自动化;信息系统完善,场站作业组织实现信息化全覆盖,从入场智能大门开始,可以实现作业指令发布、箱号识别、箱体验残、箱位分配、自动验放功能,并通过铁路数据交换平台和电子口岸、海关全域通关系统交换平台,可以与港口、海关等系统进行数据交换。配套功能齐全,配备有良好的海关监管查验设施和充足的空箱调拨资源。

_____

_____

_____

能力单元9 集装箱航空运输

学习目标

● 深入了解集装箱航空运输的特点,包括相关组织、组成以及优势等。

● 掌握航空集装器的分类、尺寸以及型号等。

● 掌握集装箱航空运输的方式。

知识点

集装器;集中托运;航线。

导入案例

IATA代码和MDA双双获批 海尔生物正式开启全球航空温控物流业务

2021年海尔生物医疗联合南航物流,自主研发的主动式航空温控集装箱在广州白云机场完成装机实验后,近日在全球化业务布局上又获重大进展。2022年2月中旬,海尔生物医疗先后获得中国民用航空局和国际航空运输协会(IATA)分别颁发的重要改装设计批准书(MDA证书)和IATA代码,这一系列动作标志着海尔生物医疗全球航空温控物流业务已正式开启。

(1)消费多元化催生航空温控新需求

近年来,随着市场对生物医药、疫苗、鲜活易腐货物等温敏物资需求和产品品质要求的不断提升,航空冷链物流作为时效性更高、安全性更佳的运输方式,取得了长足发展。尤其是航空医药冷链物流,更是成为全球航空公司与大型航空枢纽争夺的重点市场。

内外部因素催化下,市场更加青睐温控效果更精准、货值更高的主动式航空温控集装箱,它能够有效满足对温度要求严格、货值较高、需要通过航空运输的货物的要求。然而,由于当前市场上能够提供主动式航空温控集装箱的厂家非常有限,行业箱源供应不足、使用成本较高等问题依然存在。

当前,国际环境的不稳定性、不确定性明显增加,我国制造业正面临着转型升级的调整期,服务新兴消费市场需求能力的增强也为我国航空温控物流产业提供了黄金发展期。越来越多的国内企业开始探索建设能力多元、资源共享、多方协同的航空物流服务体系。作为国内进军航空温控物流领域的先锋代表,海尔生物医疗凭借多年技术积累,除自主研发进行产品方案布局、积极寻求生态合作外,还于2021年成立青岛鸿鹄航空科技有限公司,专门从事航空温控集装箱的租赁、运维和销售服务等相关业务。

（2）自主创新为行业发展注入新活力

海尔生物医疗基于自身在航天领域的技术积淀，自主研发的主动式航空温控集装箱，不仅实现了全自动检测、精确控制内部温度，且在飞行过程中无须借助外部电源，通过制冷机组就可实现箱内温度控制，更好地满足了生物医药、生物制品、鲜活易腐货物等温敏物资的航空冷链运输需求。

得益于领先的温控技术和稳定可靠的性能，2021年，海尔生物医疗仅用一年时间就获得了中国民航局技术标准规定项目批准书（CTSOA），为全面进入航空温控物流领域打下技术基础。海尔生物医疗航空温控产业一经布局，就保持快速稳定的良好发展势头。同年，公司获得中国民用航空华东地区管理局的适航批准标签，是我国在航空温控集装箱技术领域的又一重要里程碑，表明中国航空运输设备国产替代进入新时代。

装机实验成功后，2022年2月14日，海尔生物医疗获得中国民航局颁发的重要改装设计批准书（MDA证书）；2月15日，国际航空运输协会（IATA）第762次会议决议，会议一致通过为其颁发代码6U，海尔生物医疗主动式航空温控集装箱自此拥有了一个国际通用的"身份证"，也成为国内第一家获得IATA代码的主要运营商，它标志着公司全球航空温控物流业务正式"起飞"。海尔生物医疗的加入，为行业发展注入了新的活力。

（3）生态协同打造航空物流服务新生态

一面是国内市场对温敏物资需求的日益扩大，一面是我国航空冷链运输起步较晚的现状，发展我们自己的高质量、高标准的航空冷链运输服务场景势在必行。

海尔生物医疗在坚持温控集装箱技术创新的同时，持续释放生态品牌的张力，积极携手全球优质生态资源，并先后与中国南航物流、伏尔加第聂伯旗下的空桥货运航空公司等达成战略合作。在航空冷链物流业务、产品、租赁、运营网点、维修站点、其他航空温控相关业务等领域展开合作创新，致力于通过协同创新，打造更加灵活、更高性价比、可定制化的航空温控物流服务场景方案，共同构筑中国航空温控物流服务新生态。随着海尔生物医疗航空温控物流服务生态圈的持续扩大，中国航空温控物流行业发展迎来更多可能。

海尔生物医疗相关负责人表示，目前公司全球化航空温控物流业务刚刚起步，未来，公司还将积极探索欧美市场相关资质，通过系列布局的落地，不断加速推动我国航空温控物流产业的发展壮大。

练习题

1.简述航空冷链物流与普通物流的异同。

_____

_____

2.简述温控航空集装箱与普通集装箱的异同。

_____

_____

项目1 集装箱航空运输设备

由于航空运输在集装箱尺寸、结构和容积等方面与其他运输方式所使用的集装箱不同,并且航空公司更注重避免飞机损伤和减轻箱体质量,因此,所有空运集装箱和国际航空协会批准的成组货载装置、弯顶、低底板的集装箱都比国际标准化集装箱要轻得多。

9.1.1 集装器按是否注册划分

1)注册的飞机集装器

注册的飞机集装器是国家政府有关部门授权集装器生产厂家生产的,适宜于飞机安全载运的,在其使用过程中不会对飞机的内部结构造成损害的集装器。

(1)规格及型号

规格包括集装板和集装箱,型号多种多样,常见的有 AKE、AVE、DPE、DQF、PMC、PAG、PLA、PKC。他们都是按照飞机机身的样子做的,大小都适合飞机大小。表9.1、表9.2中列出了主要的航空集装箱、集装板的代码、尺寸以及型号。

表9.1 常见航空集装箱的代码、尺寸以及型号

	ATA 类型	IATA 代码	底板尺寸/mm	高度/mm	容积/m³	自重/kg	最大毛重/kg	适用机型
集装箱	LD-3	AVE AKE	1 534×1 562	1 630	4.3	91~135	1 588	通用
	LD-3	RKN	1 534×1 562	1 630	3.6	235	1 588	通用
	LD-2	DPE	1 194×1 534	1 630	3.4	90~105	1 250	767专用
	LD-6	DQF	2 438×1 534	1 630	7.2	135	2 449	767专用
	LD-8	ALF	3 175×1 534	1 630	8.9	159	3 175	767禁用

表9.2 常见航空集装板的代码、尺寸以及型号

	IATA 代码	底板尺寸/mm	自重/kg	最大毛重/kg	适用机型
集装箱	P1P	2 235×3 175	120~126	6 804	通用
	P6P	2 438×3 175	131~135	6 804	通用
	PMC				
	PLA	1 534×3 175	80~97	3 174	767禁用
	PLB				

	IATA代码	底板尺寸/mm	自重/kg	最大毛重/kg	适用机型
集装箱	P7E	2 438×6 058	540~665	13 608	747combi
	PG				747F
	FQA	1 534×2 438	100	2 449	767专用
	FQW	1 534×2 438	118	2 449	767专用
	PMW	2 438×3 175	175	6 804	767禁用

(2)集装器的识别代号

例:AKE 3166 CA

A——集装器种类代码;

K——集装器底板尺寸代码;

E——标准供外形和适配代码;

3166——集装器识别编号;

CA——集装器所属承运人。

2)非注册的飞机集装器

国际航空运输协会对其定义是,用铝、波纹纸、硬板纸、玻璃纤维、木材、胶合板和钢材等组合制成,并可以铅封和密封的箱子,其侧壁可以固定,也可以拆卸。非注册的集装器是指未经有关部门授权生产的,未取得适航证书的集装器。这种集装器不能看作飞机的一部分,与飞机不匹配。一般不允许装入飞机的主货舱,仅适合于某些特定机型、特定货舱。

练习题

1.在航空货物运输中,某集装器代号为PAP2334CA,其中第三个字母"P"表示(　　)。

　　A.集装器的底板尺寸　　　　　　　　B.集装器的种类

　　C.集装器所有人　　　　　　　　　　D.集装器的外形以及与飞机的适配性

2.以下(　　)不是航空集装货物的基本原则。

　　A.底部为金属的货物一般不使用垫板

　　B.体积较小、质量较轻的货物装在集装箱内

　　C.一般情况下不可以组装低探板货物

　　D.一票货物应尽可能集中装在一个集装器上

3.某集装箱代号为AKA1234CZ,该集装箱属于(　　)。

　　A.南方航空公司　　　B.东方航空公司　　　C.国际航空公司　　　D.海南航空公司

4.在航空货物运输中,一个集装器代号为PAP2334CA,另外一个编号为AKE 3166 CA,最前面的P表示(　　),A表示(　　)。

A.适航审定的集装箱;非适航审定的集装箱

B.非适航审定的集装箱;非适航审定的集装箱

C.适航审定的集装箱;适航审定的集装箱

D.非适航审定的集装箱;适航审定的集装箱

5.某集装箱代号为AKE1100CA,该集装箱属于(　　)。

A.南方航空公司　　B.东方航空公司　　　C.国际航空公司　　　D.海南航空公司

9.1.2　集装器按是否航空用划分

1)航空用集装器的特点

航空用成组器是指装载在飞机内与固定装置直接接触,不用辅助器就能固定的装置,它可以看成飞机的一部分,从结构上又可分为部件组合式和完全整体结构式两种。

(1)部件组合式

部件组合式集装器指由托盘、货网、固定结构圆顶或非固定结构圆顶组合成一个可在机舱内固定的装卸单元,如图9.1所示。货物与托盘之间依靠装在网下的金属环连接,也有与顶网、侧网连成一体的,这种集装器主要用在非固定结构圆顶上。固定结构圆顶是一种与航空用托盘相连接的,不用货网就能使货物不移动的固定用罩壳。分为飞机集装板(PALLET)加网套(NET)和飞机集装板加网套再加一个非结构性的集装棚两种。

图9.1　部件组合式集装器

图9.2　完全整体结构式集装器

(2)完全整体结构式

完全整体结构式指单独形成一个完整结构的成组器,它的外形不是长方形,而是与机舱形状相配合,可直接系固在机舱中,如图9.2所示。这类成组器又可分成上部货舱用集装箱(上圆下方)和下部货舱用集装箱(上方下圆)。也可分为底舱货物集装箱(LOWER DECK CONTAINER),空/陆联运货物集装箱(AIR/SURFACE INTERMODEL CONTAINER)和结构性的集装棚、集装板(STRUCTURAL IGLOO)三种。

2)非航空用集装器的特点

非航空用集装器是指未满足上述航空用成组器条件的成组器,该类成组器的形状与飞机内部不吻合,为长方形,也不能直接在机舱中系固。

这类成组器中,国际航空协会标准尺寸集装箱与ISO国际标准集装箱不配套,不能进行多式联运。

3)飞机与集装器的配合

集装器装入飞机时,使用升降台提升到飞机高度,然后通过下面的滑轮顺着飞机里面的滑道滑入飞机里,如图9.3、图9.4所示。表9.3列出了一些飞机以及适应其的集装器的具体型号。

图9.3　集装器准备装入飞机

图9.4　集装器准备装入飞机

表9.3　各种机型及其集装器数据

机型	地面承受力/(kg·m⁻²)	货门尺寸/cm	最大装载量/m³
747-200F	1 952	主货舱前门(鼻门)	29块P1P/P6P集装箱或12块20英尺和4块P1P(P6P)集装板
		249×264	
		主货舱侧门305×340	
	976	前下货舱:168×264	5块P1P/P6P集装板或18个AVE集装箱
AB-310	732	前货舱:169×270	3块P1P/P6P集装板或8个AVE集装箱
		后货舱:181×170	6个AVE集装箱
		散货舱:95×63	8.0 m³(2 770 kg)
A340-300313型	1 050	前货舱:169×270	6块P1P/(P6P)板或18个AVE集装箱
		后货舱:169×270	4块P1P/P6P板或14个AVE集装箱

练习题

1.整体结构式成组器的外形结构为(　　　　)。

　A.长方形　　　　　B.正方形　　　　　C.三角形　　　　　D.与机舱形状相配

2.非结构性的集装棚与结构性集装棚有何区别?

项目2 集装箱航空运输业务

9.2.1 航空运输的特点

飞机最初用于邮件运送,后来发展为载运旅客和货物;1909年法国最先创办商业航空运输。1972年,波音公司的B747—200F大型专用货机在大西洋线上投入运营,并采用了标准集装箱装载系统,实现了国际标准集装箱的航空运输,揭开了航空集装箱运输的序幕。

航空运输的主要特点如下:

1)货物运输快速便捷

这对需要急运货物的货主来说,是一种最快捷便利的运输方式,不受地形限制,机动性强、运程长、速度快。

2)安全性能高

航空运输可以节省包装费,降低货物的货损、货差,破损率低,安全性好。

3)货物运输的价值性与经济性

航空运输适应高价值的物品,诸如金银财宝、贵重物品、快递急件等的运输要求,同时,它能够节省费用和时间,可以创造出更高的经济价值。

4)航空货运市场也就是集装箱货运市场

但是对航空承运人所承揽的货物,一般均为适箱货物。也就是说,航空承运人的货运市场就是集装箱货运市场。

5)货物的价值是判定其是否适于空运的主要条件

可见,货物的高价值无疑是促使货物采用航空运输的一个重要特征,其原因如下:

①空运运费比水路、公路、铁路的运费都要高,而货物价值越高,越容易承担较高的运费。

②货物价值越高,采用空运给货主带来的好处也更大,这种好处包括能保证货运质量、能使商品即时投放市场、能减少货物的库存量等。

6）货物的运送时间要求是判定其是否采用空运的重要因素

有些货物的价值虽然并不高，但其运送的时间要求却很高，这类货物如特定的普通件货或急件货物，在航空货运量中占有相当大的比重。

9.2.2　集装箱航空运输的组成

航空运输由航空港、航线以及航空器组成。

1）航线

民航从事运输飞行必须按照规定的路线航行，这种路线称为航空交通线，简称为航线，包括飞行的起点、经停点、终点，分为国际航线、国内航线和地区航线。

国际航协IATA将全球划分为三个区域：

一区——包括所有北美和南美大陆及与之毗连的岛屿，格陵兰、百慕大、西印度群岛和加勒比海群岛、夏威夷群岛（包括中途岛和帕尔迈拉）；

二区——包括欧洲全部（包括俄罗斯联邦在欧洲的部分）和与之毗连的岛屿，冰岛、亚速尔群岛、非洲全部和与之毗连的岛屿、阿森松岛和地处伊朗伊斯兰共和国西部并包括其在内的亚洲部分；

三区——包括除二区已包括部分亚洲全部和与之毗连的岛屿，东印度群岛的全部、澳大利亚、新西兰和与之毗连的岛屿，以及除一区所包括之外的所有的太平洋岛屿。

2）航空港

航空港一般称为机场，是航空运输的经停站，是供飞机起降、停放、维护、补充给养及组织保障飞行活动所用的场所，由飞行区、运输服务区和机务维修区3部分组成。按照所处的位置不同，航空港分为枢纽航空港、干线航空港和支线航空港；按业务范围分为国际航空港和国内航空港。

3）航空器

航空器是指可以从空气的反作用中取得支承力的机器，航空器既包括重于空气的飞机、直升机、滑翔机，又包括轻于空气的飞艇、氢气球，其中飞机是航空器的一种。

按机身的宽窄，飞机可分为宽体飞机和窄体飞机。

常见的窄体飞机有：Airbus Industries（空客）A318\A319\A300\A321，Boeing（波音）B707\B717\B727\B737\B757，MCDONNEL Douglas DC8\DC9。

常见的宽体飞机有：Airbus Industries（空客）A300-B\A310\A330\A340，Boeing（波音）：B747\B767\B777\B787。

按用途的不同，飞机也可分为客机、全货机和客货混合机。

按发动机不同，飞机分为螺旋桨式飞机、喷气式飞机；按速度分为超音速飞机、亚音速飞机、高速飞机、低速飞机(飞行速度低于400 km/h)。

按飞机的客座数将飞机划分为大、中、小型飞机。

练习题

1.下列关于航空运输缺点的说法,正确的是( )。

    A.载运量小,运输费用高   B.能耗大,技术复杂

    C.运输成本高   D.连续性好

2.航空运输设备包括( )。

    A.航空器   B.航空港   C.集装设备   D.航空机场

3.下列城市属于IATA三个航空运输业务区中的TC3区的有( )。

    A.伦敦   B.开罗   C.大阪   D.釜山

4.下列( )城市属于IATA三个航空运输业务区中TC区。

    A.新德里   B.开罗   C.惠灵顿   D.釜山

5.我国某航空货运代理企业准备从北京运往巴黎三箱冷冻肉,需要查询( )手册才能知道目的地机场有无冷库。

    A. SLI   B. TACT   C. CCA   D. LAR

6.日本大阪关西国际机场的三字代码是( )。

    A. KIX   B. ORD   C. AN   D. NRT

9.2.3 航空运输组织机构

1)国际民用航空组织(ICAO)

国际民用航空组织成立于1947年4月4日。它是政府间的国际航空机构,也是联合国所属专门机构之一,总部设在加拿大的蒙特利尔,现有成员国150多个。其宗旨是发展国际航空的原则和技术,促进国际航空运输的规划和发展,以保证全世界国际民用航空的安全和有秩序地增长。

具体工作:

①鼓励用于和平用途的航空器的设计和操作技术。

②鼓励发展国际民用应用的航路、航站和航行设备。

③满足世界人民对安全、正常、有效和经济的空运需要。

④防止因不合理的竞争而造成经济上的浪费。

⑤保证各缔约国的权利充分受到尊重,每一缔约国具有开辟国际航线的均等机会。

⑥避免各缔约国之间的差别待遇。

⑦促进国际航行的安全。

⑧普遍促进国际民用航空在各方面的发展。

2）国际航空运输协会（IATA）

国际航空运输协会（International Air Transport Association，IATA）简称"国际航协"，国际航协是各国航空运输企业之间的联合组织，会员必须具有民用航空组织的成员国颁发的定期航班运输许可证的航空公司，是各国航空运输企业（空运承运人）之间的联合组织。国际航协的总部设在加拿大的蒙特利尔，执行总部设在瑞士日内瓦。

国际航协有全体会议，并设有执行委员会和专门的委员会等机构。全体会议是国际航协的最高权力机构，每年举行一次，经执行委员会召集，也可以随时召开特别会议。

国际航协的会员分为正式会员和准会员两类。申请加入国际航协的航空公司如果想成为正式的会员必须符合两个条件：

①批准它的申请的政府是具有资格成为国际民用航空组织成员的国家政府。

②在两个或两个以上国家从事航空服务。

协会的主要任务是：

①促进安全、正常和经济的航空运输。

②为国际空运企业提供协作的途径。

③促进本组织与其他国际组织合作。

④进行航空技术合作。

⑤协商制订国际航空客货运价。

⑥统一国际航空运输法律和规章制度。

3）国际货运代理人协会（FIATA）

国际货运代理人协会是国际发货人协会和世界上私人发运公司的组织，其目的是解决由日益发展的国际货运代理业务所产生的问题，它的会员不局限于货运代理企业，还包括海关、船舶代理、空运代理、仓库、载货汽车、铁路等，这是因为这些部门都是国际运输的一部分。

国际货运代理协会联合会的最高权力机构是会员代表大会，下设主席团。主席团对外代表FIATA，对内负责FIATA的管理。设有航空货运、海关事务、多式联运等研究机构，并成立了常设工作组、危险货物咨询委员会、信息技术咨询委员会、法律事务咨询委员会、公共关系咨询委员会、职业培训咨询委员会等常设委员会。该联合会制订了《国际货运代理业示范规则》《国际货运代理标准交易条件》以及有关单据、凭证格式，供会员采用。

FIATA每年举行一次世界性代表大会，即FIATA年会。大会通过FIATA上年度的工作报告和财务预算，并对一年内世界货运代理业所发生的重大事件进行回顾，探讨影响行业发展的紧迫问题，通过主要的法规和条例，促进世界贸易和货运代理业健康发展。

FIATA被联合国及许多政府组织、权威机构和非政府的国际组织，如国际商会、国际航空运输协会、国际铁路联合会、国际公路运输联合会、世界海关组织等认为是国际货运代理行业的代表。

4)空运代理

航空货运是一项较复杂的商业业务,处理不当往往有可能造成错误和损失,因而货主比较愿意委托空运代理办理有关业务。空运代理在经营出口货运时,通常向发货人提供下列业务:

①从发货人处接收货物,向航空公司订舱,并按时将货物运至机场。

②填写航空运单,计算运单上所列明的各项费用,保证发票及其他商业单据符合航空运输的需要。

③检查进出口许可证是否完善,办理其他有关政府规定的事项。

④为发货人办理保险等。

练习题

1.( )组织是各国政府之间组成的国际航空运输机构。

    A. ICAO   B. IATA   C. SITA   D. FIATA

2.在IATA运价体系中,在相同航程、相同承运人的条件下,公布直达运价应优先使用( )。

    A.普通货物运价   B.指定商品运价   C.等级货物运价   D.集装货物运价

3.航空运输中,如发生货损、货差,根据《华沙公约》规定,最高赔偿为每公斤货物( )。

    A. 15美元   B. 20美元   C. 30美元   D. 40美元

4.航空货运中的特殊操作代码EAT表示的中文含义是( )。

    A.活动物   B.航材   C.食品   D.干冰

5.国际航空货运代理涉及的当事人包括( )。

    A.发货人   B.收货人   C.航空公司   D.航空货运公司

项目3　集装箱航空运输的方式

9.3.1　班机运输(Scheduled Airline)

班机运输指具有固定开航时间、航线和停靠航站的运输。班机运输具有以下特点:

班机由于固定航线、固定停靠港和定期开航,便于收、发货人掌握货物的起运和到达时间,这对市场上的急需货物、鲜活易腐货物以及贵重货物的运输是非常有利的。但是班机运输一般是客货混载,舱位有限,大批量的货物往往需要分期分批运输,大大影响了运输的及时性,这是班机运输的不足之处。

9.3.2　包机运输（Chartered Carrier）

包机运输适合于大宗货物运输,费率低于班机,但运送时间比班机要长些。

1)整架包机

整架包机即包租整架飞机,指航空公司按照事先与包机人约定的条件及费用,将整架飞机租给包机人。整架包机能够解决包括时间、多次发货的手续、不用中转、在空运旺季缓解航班紧张状况、对于海鲜与活物、仓位不足等问题。包机费用一般是一次一议,随国际市场供求情况变化。原则上包机运费是按每一飞行公里固定费率核收费用,并按每一飞行公里费用的80%收取空放费。

2)部分包机

部分包机是指由几家航空货运公司或托运人联合包租一架飞机,或者由航空公司把一架飞机的舱位分别租给几家航空货运公司装载货物。各国政府为了保护本国航空公司利益,常对从事包机业务的外国航空公司实行各种限制,如包机的活动范围比较狭窄,降落地点受到限制。

9.3.3　集中托运（Consolidation）

集中托运是指航空公司把若干批单独发运的、发往同一方向的货物组成一批办理托运,填写一份总货运单将货物发运到同一目的站,由其在目的站的代理人负责收货、报关,并将货物分别交给各收货人的做法。

集中托运具有以下四个方面的特点:①为了方便货主,降低成本,增加收入,航空货运代理公司一般利用航空公司的不同运价等级,组织集中托运方式来发运货物。②集中托运方式节省运费,航空货运代理公司可以将其中一部分返还给发货人,另一部分由两地的代理公司按一定标准分给收货人所在地的代理公司作为劳务费,其他部分作为自己的收益。③集中托运业务在国际航空运输中采用较多,也是航空货运代理公司的主要业务之一以及盈利的主要手段。④贵重物品、危险品、活动物以及文物等不能办理集中托运方式的空运。

9.3.4　联运方式

1)陆空联运

陆空联运是指以包括空运在内的两种以上的运输方式结合运输,陆空联运的种类包括:火车—飞机—卡车的联合运输(Train-Air-Truck, TAT)、卡车—飞机的联合运输(Truck-Air, TA)、火车—飞机的联合运输(Train-Air, TA)。

2)航空快递

航空快递也称急件传递、航空快件、快运,桌到桌运输(Desk to Desk)。航空快递业务的形式有门/桌到门/桌(Door/Desk to Door/Desk)的服务形式、门/桌到机场(Door/Desk to Airport)的服务形式、派专人运送(Courier on Board)。

航空快递在很多方面与传统的航空货运业务、邮政运送业务有相似之处,但作为一项专门的业务它又有独到之处,主要表现在以下方面:

①收件范围不同。航空快递的收件范围主要有文件和包裹两大类,其中文件主要是指商业文件和各种印刷品。对于包裹,一般要求毛重不超过32 kg(含32 kg)或外包装单边不超过102 cm,三边相加不超过175 cm。

②经营者不同。经营国际航空快递的大多为跨国公司,这些公司以独资或合资的形式将业务深入世界各地,建立起全球网络。航空快件的传送基本是在跨国公司内部完成。国际邮政业务则通过万国邮政联盟的形式在世界上大多数国家的邮政机构之间进行合作,邮件通过两个以上国家邮政当局的合作完成传送。

③内部组织不同。邮政运输的传统操作理论是接力式传送。航空快递公司则大多采用中心分拨理论或称转盘分拨理论组织起全球的网络。简单来讲就是快递公司根据自己业务的实际情况在中心地区设立分拨中心(Hub)。

④使用单据不同。航空货运使用的是航空运单,邮政使用的是包裹单,航空快递业也有自己独特的运输单据——交付凭证(Proof of Delivery, POD)。服务质量更高,航空快递一般洲际快件运送在1~5天内完成,地区内部只要1~3天。当然,航空快递、快递服务所覆盖的范围不如邮政运输广泛。

3)国内出口货物的联运方式

由于我国地域辽阔,用作国际航线的航空口岸只有北京、上海、广州等少数航空港,货运包机费用较高,联系手续也比较烦琐,因而内地空运出口货物一般采用陆空联运方式。

练习题

1.飞机的装载限制包括(　　　)。

　　A.重量限制　　　　B.容积限制　　　　C.舱门限制　　　　D.地板承受力限制

2.下列不得以集中托运形式运输的货物是(　　　)。

　　A.运动鞋　　　　B.金表　　　　C.农药　　　　D.陶瓷餐具

9.3.5　集装箱航空运输进出口程序

1)集装箱航空运输进口程序

①在国外发货前,进口单位就应将合同副本或订单以及其他有关单证送交进口空港所在地的空代,作为委托报关、接货的依据。

②货物到达后,空代接到航空公司到货通知时,应从机场或航空公司营业处取单(航空运单第3联正本)。

③取回运单后应与合同副本或订单校对。

④海关放行后,空代应按海关出具的税单缴纳关税及其他有关费用,然后凭交费收据将所有报关单据送海关,海关对无须验货的货物直接在航空运单上盖章放行;对需要验货的,查验无误后放行;对单货不符的由海关扣留,另行查处。

⑤海关放行后,当地货物立即送交货主;如为外地货物,立即通知货主到口岸提取或按事先的委托送货上门。对须办理转运的货物,如不能就地报关,应填制海关转运单并附有关单据交海关制作关封随货转运。

⑥提货时如发现缺少、残损等情况,空代应向航空公司索取商务记录,交货主向航空公司索赔,也可根据货主委托代办索赔;如提货时包装外表完好,但内部货物的质量或数量有问题,则属于原残,应由货主向商检部门申请检验出证向国外发货人交涉赔偿;如一张运单上有两个或两个以上的收货人,则空代应按照合同或分拨单上的品名、规格、数量、型号开箱办理分拨与分交。

2)集装箱航空运输出口程序

①委托空代办理空运出口业务。

②空代根据发货人的委托书向航空公司填写国际货运托运书,办理订舱手续。

③出口单位备妥货物、备齐所有出口单证后送交空代,以便空代向海关办理出口报关手续。

④空运出口货物要妥善包装,每件货物上要有收货人的姓名、地址、箱号、唛头、栓挂或粘贴有关的标签。

⑤大宗货物和集中托运货物一般由货代在自己的仓库场地、货棚装板、装箱,也可在航空公司指定的场地进行。

⑥空代向航空公司交货时,应预先制作交接清单一式两份。航空公司接货人员根据空代提供的交货清单逐一核对点收。

⑦空代将所有报关单证送海关后,海关审单未发现任何问题(必要时需查验货物)便在航空运单正本、出口收汇核销单和出口报关单上加盖放行章。

⑧出口单位凭空代签发的"分运单"向银行办理结汇。

⑨到目的地后,航空公司立即以书面或电话通知当地空代或收货人提货。

练习题

1.填写航空运单(表9.4)并模拟航空运输流程。

表9.4　航空运单

(1A)		(1B)						(1A)	(1B)

Shipper's Name and Address	Shipper's Account Number	
		Copies 1, 2 and 3 of this Air Waybill are originals and have the same validity.
Consignee's Name and Address	Consignee's Account Number	It is agreed that the goods described herein are accepted for carriage in apparent good order And condition (except as noted) and SUBJECT TO THE CONDITIONS OF CONTRACT ON THE REVERSE HEREOF. ALL GOODS MAY BE CARRIED BY AND OTHER MEANS INCLUDING ROAD OR ANY OTHER CARRIER UNLESS SPECIFIC CONTRARY INSTRUCTIONS ARE GIVEN HEREON BY THE SHIPPER. THE SHIPPER'S ATTENTIONIS DRAWN TO THE NOTICE CONCERNING CARRIER'S LIMITATION OF LIABILITY. Shipper may increase such limitation of liability by declaring a higher value for carriage and paying a supplemental charge if required.
Issuing Carrier's Agent Name and City 承运人代理名称和城市		Accounting Information 结算注意事项
Agent's IATA Code	Account No.	
Airport of Departure (Addr. of First Carrier) and Requested Routing		

To 目的地	By First Carrier Routing and Destination 第一程承运人（全称或代码）	To 第二中转站（代码）	By 第二承运人代码	To	By	Currency 币种	CHGS Code 支付方式	WT/VAL		Other		Declared Value for Carriage		Declared Value for Customs
								PPD	COLL	PPD	COLL			

Airport of Destination	Flight/Date For carrier Use Only Flight/Date		Amount of Insurance	INSURANCE–If Carrier offers insurance, and such insurance is（20A）requested in accordance with the conditions thereof, indicate amount（20B）to be insured in figures in box marked "Amount of Insurance."

Handing Information 操作信息（仓储或运输中的注意事项）

（For USA only）These commodities licensed by U.S. for ultimate destination ·················
Diversion contrary to U.S. law is prohibited（21A）

No of Pieces RCP	Gross Weight	Kg lb	Rate Class		Chargeable Weight	Rate Charge	Total	Nature and Quantity of Goods （incl. Dimensions or Volume）
				Commodity Item No.				

Weight Charge		Other Charges	
Prepaid	Collect		
Valuation Charge（声明价值附加费）保价费			
Tax			
Total other Charges Due Agent		Shipper certifies that the particulars on the face hereof are correct and that insofar as any part of the consignment contains dangerous goods, such part is properly described by name and is in proper condition for carriage by air according to the applicable Dangerous Goods Regulations.	
Total other Charges Due Carrier			
		························ Signature of Shipper or his Agent	
Total Prepaid	Total Collect		
Currency Conversion Rates	CC Charges in Dest. Currency		

续表

		Executed on（date）	at（place）	Signature of Issuing Carrier or its Agent
For Carrier's Use only at Destination	Charges at Destination	Total Collect Charges		

2.查阅资料,完成以下习题。

一托运人从上海运一批蔬菜到巴黎,代理人向航空公司交运。

(1)承运前应查阅TACT规则本中的哪些规定?

_____

_____

(2)该批货物必须具备哪些收运条件?

_____

_____

(3)货物的包装应符合哪些条件?

_____

_____

(4)货物的外包装上应该挂什么标签?

_____

_____

(5)应注意哪些运输事项?

_____

_____

(6)简单说明蔬菜在航空运输中的处理要求。

_____

_____

能力单元10　集装箱的运费计算

学习目标

- ●了解不同交接方式下的运费计算,熟悉集装箱整箱货内陆(公路、铁路、航空)运费计算。
- ●掌握集装箱拼箱货的空运运费计算。
- ●熟悉集装箱整箱货的运费计算。

知识点

整箱货海运运费;公路运费;铁路运费;航空运费。

导入案例

"疫情下"的海运运费

2021年8月12日,央视财经频道《正点财经》报道,全球集装箱海运价格一路上涨。2021年8月10日的全球集装箱货运指数显示,中国、东南亚至北美东海岸的海运价格首次超过了每标箱2万美元。

有行业专家预测,海运价格至少等到2022年春节前后才会回暖,当前处于欧美购物旺季,全球运力紧缺,加上疫情冲击,集装箱船运费大涨,其中美西航线运价较年初直接涨了近3倍,行业还频频产生甩柜现象。

从越南到澳大利亚的集装箱海运价格是如何涨上去的?

对一个在越南生产制造公司的了解,他们从越南到澳大利亚的集装箱海运,已经从2019年的1 200美元(40 ft)一度涨到4 400美元,随后才稍微有所回落。可是,船运公司已经告诉他们,目前基本不太可能回到原有水平,据说去美国的更夸张,已经到8 000美元了。

综合这条航线的分析,原因有多种,因为疫情关系,发达国家的需求都上涨了(政府发钱),货船供不应求。于是像澳大利亚这种利润低的航线就被一些船运公司放弃了。反过来增加了上涨幅度,因为留下来的涨价了。

另外,由于澳大利亚进口亚洲货物,出口的煤和铁矿石不需要集装箱,因此空集装箱都扔在码头,导致亚洲出口港缺少集装箱。据说美国那边的情况本来是卸货之后装一部分农产品,但是因为需求太旺,船运公司不想等农产品,就直接回去再运一趟更划算,缺集装箱自然也加剧了海运费上涨。

另外,因为疫情而产生的额外清关、消毒成本也要加在里面。除了集装箱在产能上去以后能得到缓解,剩下的可能都要等疫情完全平复再看了。

那么,到底是什么导致海运费上涨呢?一般而言,航运的港杂费会分三个部分:海运费、船东收取规定的费用和货代操作费。

目前大家普遍抱怨的是海运运费,你也许理解不了为什么疫情会让海运费暴涨三倍不止?

从船东角度而言,他们的运力平时是一定量的,因为原先的航运市场来来去去就几个货主在固定出货。这时的市场是一个存量市场,船东之间存在竞争关系,相互可以为了抢货降价。货代是船东的延伸,你可以理解船东只负责搞定VIP客户,剩下那些零星舱位放给货代去跑市场。

然而,疫情让原先半死不活的货代市场发生转变。国外不开工,让国内外贸订单增多,还有亚马逊2020年大爆发,很多拼箱走海派。这就让整个市场变成了增量市场。船东需要加派船只和班次。无纸化订舱一个舱位对应一个柜子,但是国内进口需求低迷,很多空柜无法回归,导致柜子短缺。

那么,船东他们收到订舱需求须调配一个柜子给你,但实际上没有柜子。这就完全市场化了,价高者得。混乱之中,货代销售加价也是理所应当。加200~300美元也是合理的,各种因素叠加后,就形成了如今舱位难订,海运费高昂的局面。

总的来说,目前海运费上涨的主要原因还是船舶和集装箱供不应求,相比疫情暴发前,航运业的集装箱数少很多,加上港口拥堵及工人短缺,导致集装箱在港口停留的成本同步增加。

目前集装箱短缺、港口拥堵、运费上涨已经成为社会焦点问题,各方都在寻求方法解决,国内集装箱生产厂已经在全力生产,也有媒体报道近期向凤岗海关申报集装箱,发行速度非常之快,南沙港也同盐田港之间进行交换停靠,以减少盐田港港口的压力。相信不久,海运运费将迎来春天。

练习题

1.简述海运运费的构成。

_____

_____

2.分析疫情下的"海运运费"为什么涨价。

_____

_____

_____

_____

项目1 整箱货的计算

集装箱货物运费的结构一般应包括海上运输费用、内陆运输费用、各种装卸费用、搬运费、手续费、服务费等。

10.1.1 9种交接方式的运费构成

①整箱货物—整箱货物(FCL-FCL)"门到门"交接方式的全程运费结构。发货地集散运费+装货港集装箱码头堆场服务费+海运运费+卸货港集装箱码头堆场服务费+收货地集散运费。

②整箱货物—整箱货物(FCL-FCL)"门到场"交接方式的全程运费结构。

发货地集散运费+装货港集装箱码头堆场服务费+海运运费+卸货港集装箱码头堆场服务费。

③整箱货物—整箱货物(FCL-FCL)"场到场"交接方式的全程运费结构。

装货港集装箱码头堆场服务费+海运运费+卸货港集装箱码头堆场服务费。

④整箱货物—整箱货物(FCL-FCL)"场到门"交接方式的全程运费结构。

装货港集装箱码头堆场服务费+海运运费+卸货港集装箱码头堆场服务费+收货地集散运费。

⑤拼箱货物—整箱货物(LCL-FCL)"站到门"交接方式的全程运费结构。

装货港集装箱货运站服务费+装货港集装箱码头堆场服务费+海运运费+卸货港集装箱码头堆场服务费+收货地集散运费。

⑥拼箱货物—整箱货物(LCL-FCL)"站到场"交接方式的全程运费结构。

装货港集装箱货运站服务费+装货港集装箱码头堆场服务费+海运运费+卸货港集装箱码头堆场服务费。

⑦整箱货物—拼箱货物(FCL-LCL)"门到站"交接方式的全程运费结构。

发货地集散运费+装货港集装箱码头堆场服务费+海运运费+卸货港集装箱堆场服务费+卸货港集装箱货运站服务费。

⑧整箱货物—拼箱货物(FCL-LCL)"场到站"交接方式的全程运费结构。

装货港集装箱码头堆场服务费+海运运费+卸货港集装箱码头堆场服务费+卸货港集装箱货运站服务费。

⑨拼箱货物—拼箱货物(LCL-LCL)"站到站"交接方式的全程运费结构。

装货港集装箱货运站服务费+装货港集装箱码头堆场服务费+海运运费+卸货港集装箱码头堆场服务费+卸货港集装箱货运站服务费。

10.1.2 整箱货(FCL)海运运费的计算

在海运运输中,对整箱货大部分公司都采用以箱为单位的计费方式,这种计费方式称为包箱费率(Box Rates)。包箱费率是船舶公司根据不同类型的集装箱为计费单位,确定整箱货的不同航线包干费。包箱费率一般分商品包箱费率(CBR commodity box rates)和均一包箱费率(FAK Box Rates)、FCB(Freight for Class 或 Basis)包箱费率3种。

包箱费率主要的计算方法有以下3种:

①按照FAK(Freight for All Kinds)包箱费率。FAK包箱费率是只分箱型而不分箱内货物种类统一收取的费率。

②按照FCS(Freight for Class)包箱费率。按不同货物等级制订的包箱费率。货物等级是1~20级,各公司运价本中按货物种类、级别和箱型规定包箱费率,但集装箱货的费率级差小于件杂货费率级差。

③按照FCB(Freight for Class 或 Basis)包箱费率。既按不同货物等级或货类,又按计算标准制订的费率。同一级费率因计算标准不同,费率也不同。如8~10级,CY/CY交接方式,20 ft集装箱货物如按质量计费为1 500美元,如按尺码计费则为1 450美元。

在整箱货所使用的集装箱为船舶公司所有的情况下,则有最低计费吨或最高计费吨支付海运运费的规定。如该箱子为货主所有,则另有规定。当货物由货主自己装载时,若箱内所装的货没有达到所规定的最低运费,货主应支付亏箱运费,以确保承运人的利益。

附加费如港口附加费、燃油附加费。国际集装箱还有港区服务费,包括集装箱堆场服务费。

堆场服务费又称码头服务费(THC, Terminal Handing Charges),在装卸港分别向发货人和收货人收取或在CY/CY条款下并入海运运费或在某些国家以附加费形式计收。

集装箱码头装卸作业费(Terminal Handling Charge,THC),THC按起运港和目的港不同可划分为起运港码头操作费(Origin Terminal Handling Charge,OTHC)和目的港码头操作费(Destination Terminal Handling Charge,DTHC)两种。出口到美国的货物没有DTHC。

练习题

某托运人通过中运某集装箱公司承运一票货物(2×20 ft FCL),采用包箱费率,从福州港出口到汉堡港经厦门港转船。另有货币贬值附加费10%,燃油附加费5%。托运人应支付多少海运运费?

1.该票货物从福州港出口到汉堡港经厦门港转船,运输航线属于中国/欧洲航线,汉堡港是航线上的基本港。

2.该票货物为2×20 ft FCL,采用包箱费率。

3.查中国/欧洲集装箱费率表得知:从福州港出口到汉堡港经厦门港转船,福州经香港转船出口欧洲,其费率在厦门、湛江费率基础上加USD 50/20 ft。

4.查中国/欧洲集装箱费率表得知:厦门、湛江经香港转船费率为1 950 USD/20 ft。

5.货币贬值附加费10%,燃油附加费5%。

10.1.3　整箱货(FCL)内陆运费的计算

1)公路运输费用的计算

公路运输集装箱运输以元/(箱·km)为计价单位。运费主要由基本运价、箱次费和其他费用构成,计算公式:基本运价×计费箱数×计费里程+箱次费×计费箱数+货物运输其他费用。整箱货物的基本运价指一整批普通货物在登记公路上运输的每吨·千米运价,箱次费按不同箱型分别确定,其他费用如延滞费、调车费、车辆通行费、运输变更手续费等。现行的集装箱汽车运输的运价是全国统一的基本运价,6.1 m(20 ft)标准箱基本运价为6元/(箱·km),12.2 m(40 ft)标准箱基本运价为9元/(箱·km)。各地可以根据实际情况的20%的上下幅度来制订本地区基本运价。

重(空)集装箱运费(元)=重(空)箱运价(元/(箱·km))×计费箱数(箱)×计费里程(km)+箱次费(元/箱)×计费箱数(箱)+货物运输其他费用(元)。具体的运价分为以下3种。

①标准集装箱运价。重箱运价按照不同规格箱型的基本运价执行,空箱运价在标准集装箱重箱运价的基础上减成计算。

②非标准箱运价。重箱运价按照不同规格的箱型,在标准集装箱基本运价的基础上加成计算,空箱运价在非标准集装箱重箱运价的基础上减成计算。

③特种箱运价。在箱型基本运价的基础上按装载不同特种货物的加成幅度加成计算。

我国规定从事营业性集装箱汽车运输所发生的各种费用,按照《国际集装箱汽车运输收费规则》《国内集装箱汽车运输收费规则》办理。

《集装箱汽车运输规则》关于运价的规定如下:

第五十九条　集装箱汽车运价以箱为单位,按不同规格箱型的重箱、空箱计费。根据计价方式的不同分为计程运价、计时运价和包箱运价,计价单位为:元/(箱·km)、元/(t·h)、元/箱。

第六十条　集装箱汽车运输的装卸费按不同箱型的重箱、空箱的箱次计费,计价单位为元/箱。

第六十一条　集装箱汽车运输统计按箱型分类,国际集装箱的统计单位为标准箱(TEU),国内集装箱和非标准集装箱的统计单位为自然箱。

2)铁路运输费用的计算

(1)普通集装箱计费

铁路集装箱运输以箱为单位。按照《铁路货物运价率表》和《货物运价里程表》,基本运费主要由发到基价和运行基价两部分组成:

$$集装箱货物每箱运价=(发到基价+运行基价×运价里程)×箱数$$

(2)罐式集装箱、其他铁路专用集装箱计费

罐式集装箱、其他铁路专用集装箱按"铁路货物运价率表"中规定的运价率分别加30%、20%计算;标记总重为30.480 t的通用20 ft集装箱按"铁路货物运价率表"中规定的运价率加20%计算,按规定对集装箱总重限制在24 t以下的除外。

(3)危险货物集装箱计费

装运一级毒害品(剧毒品)的集装箱按"铁路货物运价率表"中规定的运价率加100%计算;装运爆炸品、压缩气体和液化气体、一级易燃液体(代码表02石油类除外)、一级易燃固体、一级自燃物品、一级遇湿易燃物品、一级氧化剂和过氧化物、二级毒害品、感染性物品、放射性物品的集装箱按"铁路货物运价率表"中规定的运价率加50%计算。装运危险货物的集装箱按上述两款规定适用两种加成率时,只适用其中较大的一种加成率。

(4)空箱计费

自备集装箱空箱运价率按"铁路货物运价率表"规定重箱运价率的40%计算。承运人利用自备集装箱回空捎运货物,按集装箱适用的运价率计费,在货物运单铁路记载事项栏内注明免收回空运费。

(5)集装箱运输一口价

集装箱运输一口价是指集装箱自进发站货场至出到站货场铁路运输全过程各项费用的总和,包括门到门运输取空箱、还空箱的站内装卸作业、专用线取送车作业、港站作业的费用和经铁道部确认的集装箱、货场、转场货场费用。集装箱一口价由铁路发站使用货票向托运人一次收取,货票记事栏内注明"一口价",对托运人和收货人,一口价内所有费用不再另开其他收费票证。

练习题

1.一批货物(属于普货三级,计价加成30%)重2 800 kg,长3.5 m,高2 m,宽2 m,从济南运往齐齐哈尔,零担货物运价为0.002元/(kg·km),试计算其最高运费,与用5 t的整车运输相比哪个更划算?(备注:假设整车货物运价为0.27元/(t·km),从济南到齐齐哈尔总里程为2 000 km。)

2.从攀枝花到重庆北站运送铁矿石,总质量为76 t,总体积为110 m³,可采用10 t箱集装箱和20 ft箱装运,已知20 ft箱体积约为28 m³,问采用哪种集装箱运送合适?(查运价里程表知:攀枝花到重庆北站运价里程为1 064 km)。

项目2　拼箱货的计算

　　铁路和公路主要按照整箱货进行运费计算,所以在拼箱货这一章我们就集中进行海运运费和航空运费讲解。

10.2.1　拼箱货海运运费计算

　　不同的班轮公司或不同的轮船公司有不同的运价表,但都是按照各种商品的不同积载系数、不同的性质和不同的价值结合不同的航线加以确定的。班轮运费是由基本运费和附加费(有规定)两个部分构成的。

1)基本运费

　　基本费率是指每一计费单位(如一运费吨)货物收取的基本运费,基本费率有等级费率、货种费率、从价费率、特殊费率和均一费率之分。

　　集装箱基本运费计收,采用班轮公司的运价本或船舶公司的运价本。目前,班轮公司按航线、货种和箱型定有集装箱货物运价本,对拼箱货,按货物品种及不同的计费标准计算运费。

　　计算标准有下列几种:

①按货物的毛重计收。以"W"字母表示,一般以公吨为计算单位。

②按货物的体积计收。以"M"字母表示,以立方米为计算单位。

③按货物的毛重或体积计收运费,计收时取其数量较高者,在运价表中以"W/M"字母表示。

④按货物的价格计收运费,又称从价费。在运价表中以"Ad Val"表示,即拉丁文 Ad VALOREM 的缩写,一般按商品 FOB 货价的百分之几计算运费。

⑤按货物质量或体积或价值三者中选最高的一种计收,在运价表中以"W/M OR Ad Val"表示。也有按货物质量或体积计收,然后再加收一定百分比的从价运费的,在运价表中以"W/M PLUS Ad Val"表示。

⑥按货物的件数计收,如汽车、火车头按辆(Per),活牲畜如牛、羊等论头(Per Head)计算。

⑦大宗低值货物按议价运费,如粮食、豆类、煤炭、矿砂等。在订舱时,由托运人和船舶公司临时洽商议定。议价运费通常比按等级计算运费低廉。

⑧起码费率(Minimum Rate)。它是指按每一提单上所列的质量或体积所计算出的运费,尚未达到运价表中规定的最低运费额时,则按最低运费计收。

2)附加费

除基本运费外,集装箱货物也要加收附加费。为了保持在一定时期内基本费率的稳定,又能正确反映出各港的各种货物的航运成本,班轮公司在基本费率之外又规定了各种附加费用。

①燃油附加费。在燃油价格突然上涨时加收。

②货币贬值附加费。在货币贬值时,船方为实际收入不致减少,按基本运价的一定百分比加收的附加费。

③转船附加费。凡运往非基本港的货物,需转船运往目的港,船方收取的附加费,其中包括转船费和二程运费。

④直航附加费。当运往非基本港的货物达到一定的货量,船舶公司可安排直航该港而不转船时所加收的附加费。

⑤超重附加费,超长附加费和超大附加费。当一件货物的毛重或长度或体积超过又或达到运价本规定的数值时加收的附加费。

⑥港口附加费。有些港口由于设备条件差或装卸效率低,以及其他因素,船舶公司加收的附加费。

⑦港口拥挤附加费。有些港口由于拥挤,船舶停泊时间增加而加收的附加费。

⑧选港附加费。货方托运时尚不能确定具体卸港,要求在预先提出的两个或两个以上港口中选择一港卸货,船方加收的附加费。

⑨变更卸货港附加费。货主要求改变货物原来规定的卸货港,在有关当局(如海关)准许,船方又同意的情况下所加收的附加费。

⑩绕航附加费,由于正常航道受阻不能通行,船舶必须绕道才能将货物运至目的港时,船方所加收的附加费。

练习题

按照步骤完成计算。

某进出口公司委托一国际货运代理企业代办一小桶货物,以海运方式出口国外。货物的质量为0.5 t,小桶(圆的)的直径为0.7 m,桶高为1 m。货代最后为货主找到一杂货班轮公司实际承运该货物。货代查了船舶公司的运价本,运价本中对该货物运输航线、港口、运价等的规定为:基本运价是每运费吨支付100美元(USD 100/Freight Ton);燃油附加费按基本运费增收10%(BAF10%);货币贬值附加费按基本运费增收10%(CAF10%);计费标准是"W/M";起码提单按1运费吨计算(Minimum freight: one freight ton)。你作为货运代理人,请计算该批货物的运费并告诉货主以下内容:

(1)货物的计费吨(运费吨)是多少?

_____

_____

(2)该批货物的基本运费是多少?

_____

_____

(3)该批货物的附加费是多少? 总的运费是多少?

_____

_____

---

3) 拼箱货计费的注意事项

①有些港口因拼箱货源不足、成本偏高等,专做拼箱的货代公司对货量较少的货物采取最低收费标准,如最低起算为2个运费吨,即不足2个运费吨,一律按2个运费吨计价收费。因此货量较小,港口较偏的货物在成交时要多考虑一些这样的因素,以免日后被动。

②拼箱货的计费是与船舶公司或其他类型的承运人承担的责任和成本费用一致的,由于拼箱货由CFS负责装、拆,承运人的责任从装箱的CFS开始到拆箱的CFS为止。

③拼箱货的计费吨力求做到准确。拼箱货交货前,应要求工厂对货物质量和尺码的测量要尽可能准确,送货到货代指定的仓库存放时,仓库一般会重新测量,并会以重新测量的尺码及质量为收费标准。如遇工厂更改包装,应要求工厂及时通知,不要待货送到货代仓库时,通过货代将信息反馈回来,往往时间已经很紧,再更改报关单据,很容易耽误报关或产生加急报关费和冲港费等。

④承运人在运费中加收拼箱服务费等常规附加费后,不再加收件杂货码头收货费用。

⑤拼箱货运费按每份提单收取,计费时不足1t部分按1t收费。

⑥拼箱时,承运人一般不接受货主提出的选港和变更目的港的要求,因此没有变更目的港的附加费。

⑦对按拼箱货托运的成组货物,复核运价本中有关成组货物的规定和要求的,会给予优惠,如标准化的托盘运输,计费时可以扣除托盘的质量或体积。

⑧还有一些商品是按件(per unit)或头(per head)计收,前者如车辆等,后者如活牲畜等。对于大宗商品,如粮食、矿石、煤炭等,因运量较大、货价较低、容易装卸等,船舶公司为了争取货源,可以与货主另行商定运价。

练习题

完成运费的计算。

(1)从我国大连运往国外某港口一批货物,计收运费标准为W/M共200箱,每箱毛重25 kg,每箱体积为49 cm×32 cm×19 cm,基本运费为每运费吨70美元,特别燃油附加费率为5%,港口拥挤费率为10%,试计算200箱应付多少运费。

(2)出口某商品100 t,报价每吨1 950美元FOB上海,客户要求改报CFR伦敦价,已知该货为5级货;计费标准为W,每运费吨运费70美元。若要保持外汇净收入不变,应如何报价?若还需征收燃油附加费10%、港口附加费10%,又应如何计算?

(3)我方按CFR迪拜价格出口洗衣粉100箱,该商品内包装为塑料袋,每袋0.5 kg,外包装为纸箱,每箱100袋,箱的尺寸为:长47 cm、宽30 cm、高20 cm,基本运费为每尺码吨367港元,另加收燃油附加费33%,港口附加费5%,转船附加费15%,计费标准为M。试计算该批商品的运费为多少。

(4)某轮从广州港装载杂货人造纤维,体积为 20 m³,毛重为 17.8 t,运往欧洲某港口,出口公司要求选择卸货港为鹿特丹或汉堡,鹿特丹和汉堡都是基本港口,基本运费为 USD 80.0/ft,三个以内选卸港的附加费为每运费吨加收 USD 3.0,商品计费标准为 W/M。问:①该出口公司应支付多少运费?②如果改用集装箱运输,海运费的基本运费为 USD 1 100.0/TEU,货币附加费率为 10%,燃油附加费率为 10%。改用集装箱运输时,该出口公司应支付多少运费?③若不计杂货运输和集装箱运两种方式的其他费用,出口公司从节省海运费考虑,是否应选择改用集装箱运输?

(5)出口兔毛 10 t 至意大利,每件净重 50 kg,机器紧压包装,每件体积为 0.198 m³,兔毛按 15 级收取运费,计收标准为 W/M,中国至热那亚 15 级货物基本运费为港币 151 元,另加燃油附加费 25%,货币贬值附加费 20%。试计算该批货物应付的运费。

10.2.2　拼箱货航空运费计算

货物的航空运费是指将一票货物自始发地机场运输到目的地机场应收取的航空运输费用,不包括其他费用。货物的航空运费主要由两个因素组成,即货物适用的运价与货物的计费质量。运价又称费率,是指承运人对所运输的每一重量单位货物(kg or lb)收取的自始发地机场至目的地机场的航空费用。货物的航空运价一般以运输始发地的本国货币公布。货物按其适用的航空运价与其计费质量计算所得的航空运费,应与货物最低运费相比,取高者。

1)计费质量

货物的计费质量或者是货物的实际毛重,或者是货物的体积质量,或者是较高质量分界点的质量。计费质量包括三种类型,分别是:实际毛重,包括货物包装在内的货物质量;体积质量,体积质量换算标准为每 6 000 cm³ 折合 1 kg;计费质量,采用货物的实际毛重与货物的体积质量两者比较取高者。但当货物较高质量分界点的较低运价计算的航空运费较低时,则以此较高质量分界点的货物起始质量作为货物的计费质量。

国际航协规定,国际货物的计费质量以 0.5 kg 为最小单位,质量尾数不足 0.5 kg 的,按

0.5 kg计算;0.5 kg以上不足1 kg的,按1 kg计算。

2)运价种类

目前国际航空货物运价按制订的途径划分,主要分为协议运价和国际航协运价。国际航协运价是指IATA在TACT运价资料上公布的运价。

国际货物运价使用IATA的运价手册(TACT RATES BOOK),结合并遵守国际货物运输规则(TACT RULES)共同使用。按照IATA货物运价公布的形式划分,国际货物运价可分为公布直达运价和非公布直达运价。公布直达运价包括普通货物运价(General Cargo Rate)、指定商品运价(Specific Commodity Rate)、等级货物运价(Commodity Classification Rate)、集装货物运价(Unit load Device Rate)。非公布直达运价包括比例运价和分段相加运价。

3)运价体系及计算步骤

(1) 运价代号

最低运费(运价代号M);普通货物运价(运价代号N或Q),普通货物运价包括基础运价和质量分界点运价(基础运价为45 kg以下的普通货物运价,费率按照中国民用航空局规定的统一费率执行;质量分界点运价为45 kg以上运价,由中国民用航空局统一规定,按标准运价的80%执行);等级货物运价(运价代号S);指定商品运价(运价代号C)。

(2) 普通货物运价(GCR)的计算步骤

第一步:计算出航空货物的体积(Volume)及体积质量(Volume Weight)。体积质量的折算,换算标准为每6 000 cm³折合1 kg。即

$$体积质量(kg)=\frac{货物体积}{6\,000\ cm^3/kg}$$

第二步:计算货物的总质量(Gross Weight)。

$$总质量=单个商品质量×商品总数$$

第三步:比较体积质量与总质量,取大者为计费质量(Chargeable Weight)。根据国际航协规定,国际货物的计费质量以0.5 kg为最小单位,质量尾数不足0.5 kg的,按0.5 kg计算;0.5 kg以上不足1 kg的,按1 kg计算。

第四步:根据公布运价,找出适合计费质量的适用运价(Applicable Rate)。

①计费质量小于45 kg时,适用运价为GCR N的运价(GCR为普通货物运价,N运价表示质量在45 kg以下的运价)。

②计费质量大于45 kg时,适用运价为GCR Q45、GCR Q100、GCR Q300等与不同质量等级分界点相对应的运价(航空货运对于45 kg以上的不同质量分界点的普通货物运价均用"Q"表示)。

第五步:计算航空运费(Weight Charge)。

$$航空运费=计费质量×适用运价$$

第六步:若采用较高质量分界点的较低运价计算出的运费比第五步计算出的航空运费

较低时,取低者。

第七步:比较第六步计算出的航空运费与最低运费M,取高者。

练习题

1.计算该票货物的航空运费。

Routing: BEIJING, CHINA(BJS)

　　　　　TO AMSTERDAM, HOLLAND(AMS)

Commodity: PARTS

Gross Weight:38.7KGS

Dimensions:100CM×60CM×30CM

公布运价如下:

BEIJING	CN		BJS
Y. RENMIBI	CNY		KGS
AMSTERDAM	NL	M	320.00
		N	50.22
		45	41.53
		300	37.52

步骤一:计算货物的体积质量。

_____

步骤二:比较体积质量与实际毛重,取两者之间较大者为计费质量。

_____

步骤三:根据计费质量计算货物的运费。

_____

步骤四:根据较高质量分界点计算货物的运费。

_____

步骤五:比较步骤三和步骤四所计算出的运费,取两者之间较小者。

_____

步骤六:比较步骤五所得运费与最小运费,取两者之间较大者为最终的实际运费。

_____

2.航空货运单运费计算栏的填制。

在计算完成后,还要填写航空货运单。在填写时,应该注意以下事项:

(1)No. of Pieces RCP:填写货物的数量;

（2）Gross Weight：货物的总质量；

（3）Kg lb：以千克为单位用代号"K"，以磅为单位用代号"L"；

（4）Rate Class：若计费质量小于45 kg，填写N；若计费质量大于4 kg，填写Q；若航空运费为最低运费，则填写M；

（5）Commodity Item No：普通货物此栏不填；

（6）Chargeable Weight：填写计费质量；

（7）Rate/Charge：填写适用运价；

（8）Total：填写航空运费；

（9）Nature and Quantity of Goods（Incl dimensions or Volume）：填写商品品名及商品的尺寸。

填写航空货物单的运费计算栏。

No. Of Pieces RCP	Gross Weight	Kg Lb	Rate Class		charge-able weight	Rate/ Charge	Total	Nature and Quantity Of Goods（Incl dimensions of Volume）
			Commodity Item No.					

3.一批零件，实际毛重38.6 kg，体积为101 cm×58 cm×42 cm，从中国北京直接运往荷兰的阿姆斯特丹，请计算其航空运费。

_____

_____

_____

_____

_____

No. Of Pieces RCP	Gross Weight	Kg Lb	Rate Class		charge-able weight	Rate/ Charge	Total	Nature and Quantity Of Goods（Incl dimensions of Volume）
			Commodity Item No.					

4. Rate：200% of the Normal GCR

Routing：Beijing CHINA（BJS）to BOSTON, U.S.A.（BOS）

Commodity：Gold Watch

Gross weight : 32.0 kgs

Dimensions : 1 Piece 61 cm×51 cm×42 cm

BEIJING	CN		BJS
Y. RENMINBI	CNY		kgs
BOSTON	US	M	630
		N	79.97
		45	60.16
		100	53.19
		300	45.80

No. Of Pieces RCP	Gross Weight	Kg Lb	Rate Class		charge-able weight	Rate/ Charge	Total	Nature and Quantity Of Goods(Incl dimensions of Volume)
			Commodity Item No.					

（3）指定商品运价（SCR）的计算步骤

①使用指定商品运价的条件。

须满足三个条件：运输始发地至目的地之间有公布的指定商品运价；托运人所交运的货物，其品名与有关指定商品运价的货物品名相吻合；货物的计费质量满足指定商品运价使用时的最低质量要求。

②计算步骤。

第一步：先查询运价表，如运输始发地至目的地之间有公布的指定商品运价，则考虑使用指定商品运价。

第二步：查找 TACT RATES BOOK 的品名表，找出与运输货物品名相对应的指定商品代号。

第三步：计算计费质量，此步骤与普通货物的计算步骤相同。

第四步：找出适用运价，然后计算出航空运价。此时需要比较计费质量与指定商品运价的最低质量：

A.如果货物的计费质量超过指定商品运价的最低质量，则优先使用指定商品运价作为商品的适用运价,此时航空运价＝计费质量×适用运价。

B.如果货物的计费质量没有达到指定商品运价的最低质量,则需要比较计算。

a.按普通货物计算,适用运价为 GCR N 或 GCR Q 的运价,航空运价＝计费质量×适用运价;

b.按指定商品运价计算,适用运价为 SCR 的运价,航空运价＝计费质量×适用运价;

c.比较 a 和 b 计算出的航空运价,取低者。

第五步:比较第四步计算出的航空运费与最低运费 M,取高者。

在填制航空货运单运费计算栏时,Commodity Item No.填写指定商品代号,其余与普通货物的航空货运单运费计算栏的填制相同。

【案例】

Routing: Beijing CHINA（BJS）to NAGOVA, JAPAN（NGO）

Commodity: FRESH ORANGE

Gross weight: EACH 47.8 kgs, TOTAL 6 PIECES

Dimensions：128 cm×42 cm×36 cm×6

BEIJING	CN		BJS
Y. RENMINBI	CNY		kgs
NAGOVA	JP	M	230
		N	37.51
		45	28.13
	0008	300	18.80
	0300	500	20.61
	1093	100	18.43
	2195	500	18.80

a.按普通运价使用规则计算:

Volume：128 cm×42 cm×36 cm×6=1 161 216 cm³

Volume weight：1 161 216÷6 000=193.536 kgs

Gross weight：47.8×6=286.8 kgs

Chargeable weight：287.0 kgs

Applicable rate：GCR/Q45 28.13 CNY/kg

Weight charge：287.0 kgs×28.13=CNY 8 073.31

b.按指定商品运价使用规则计算:

Actual gross weight：286.8 kgs

Chargeable weight：300.0 kgs

Applicable rate: SCR 0008/Q300 18.80 CNY/kg

Weight charge：300.0 kgs×18.80=CNY 5 640.00

航空运费为:CNY 5 640.00

No. Of Pieces RCP	Gross Weight	Kg Lb	Rate Class		charge-able weight	Rate/ Charge	Total	Nature and Quantity Of Goods(Incl dimensions of Volume)
			Commodity Item No.					

4)国际货物运输的其他费用

①货运单费。用两字代码"AW"表示,按国际航协规定:航空货运单若由航空公司销售或填制,表示为"AWC";由航空公司的代理人销售或填制,则表示为"AWA"。

②垫付款和垫付费。垫付款仅适用于货物费用及其他费用到付。垫付款由最后一个承运人向提货人收取。在任何情况下,垫付款数额不能超过货运单上全部航空运费总额,但当货运单运费总额低于100美元时,垫付款金额可以达到100美元标准。垫付费代码为"DB"。

③危险品处理费。代码为"PA",自中国至IATA业务一区、二区、三区,每票货物的最低收费标准均为400元人民币。

④运费到付货物手续费,代码为CC Fee,在中国,CCFee最低收费标准为CNY100。

练习题

1.当采用指定商品运价、等级货物运价和普通货物运价计算的运费总额均低于所规定的起码运费时,按(　　)计收。

　　A.指定商品运价　　B.等级货物运价　　C.普通货物运价　　D.起码运费

2.SCR表示(　　)运价。

　　A.比例运价　　　　B.指定商品运价　　C.普通货物运价　　D.等级货物运价

3.航空货物运输中,指定商品代号0300指的货物是(　　)。

　　A.鱼和海鲜　　　　B.皮革　　　　　　C.水果　　　　　　D.纺织品

4.航空货物的指定商品品名编号在2000—2999的编号代表(　　)货物。

　　A.机器、汽车和电器设备　　　　　　B.可食用的动植物产品

　　C.活动物及非食用的动植物产品　　　D.纺织品、纤维及其制品

5.应用最为广泛的一种运价是(　　)。

　　A.指定商品运价　　B.等级货物运价　　C.普通货物运价　　D.起码运费

6.航空运价的特点包括(　　)。

　　A.运价是从一机场到另一机场,而且只适用于单一方向

　　B.运价不包括其他额外费用,如提货、报关、仓储等费用

C.运价通常使用当地货币公布

D.运价是按出具运单之日所适用的运价

7.航空运价中"N"表示标准普通货物运价,是指(　　)千克以下的普通货物运价。

A. 45　　　　　　B. 50　　　　　　C. 55　　　　　　D. 60

8.下列关于航空运输缺点的说法,正确的是(　　)。

A.载运量小,运输费用高　　　　　　B.能耗大,技术复杂

C.运输成本高　　　　　　　　　　　D.连续性好

9.A点至B点,某种普通货物为4 kg,M级运费为人民币37.5元,而45 kg以下货物运价即等级运价为人民币8元/kg,应收运费为(　　)元。

A. 32　　　　　　B. 37.5　　　　　　C. 32或37.5　　　　　　D. 35

10.航空运输设备包括(　　)。

A.航空器　　　B.航空港　　　C.集装设备　　　D.航空机场

11.航空运输业务的种类包括(　　)。

A.班机运输　　　B.包机运输　　　C.集中托运　　　D.航空快递

12.关于航空快递的特点,主要表现在(　　)。

A.收件范围不同　　B.经营者不同　　C.使用单据不同　　D.服务质量更高

13.航空运单正本具有的作用有(　　)。

A.第一份交发货人,是承运人或其代理人收货后出具的收据

B.第二份由承运人留存为记账凭证

C.第三份随货同行,交收货人作为收货依据

D.第四份由保险人留存为记账凭证

14.关于公布的直达运价,以下说法正确的是(　　)。

A.是一个机场至另一个机场的基本运费　B.不含其他附加费

C.该运价仅适用于单一方向　　　　　　D.包含其他附加费

15航空运输主要适合运载的货物有(　　)。

A.价值高的货物　　B.价值低的货物　　C.紧急需要的物资　　D.体积小的货物

16.下列关于航空主运单和分运单的说法正确的是(　　)。

A.凡是由航空运输公司签发的航空运单称为主运单

B.集中托运人在办理集中托运业务时签发的航空运单称为航空分运单

C.在集中托运的情况下,除了航空运输公司签发运单外,集中托运人还要签发航空分运单

D.在集中托运的情况下,货主与航空运输公司没有直接的合同关系

17.计算题。

Routing:Beijing,China(BJS)-London,Uinited Kingdom(LON)

Commodity:Books

Gross weight:980.0 kgs

Dimension：70 cm×50 cm×40 cm×20 Pieces

BEIJING			CN	BJS
Y. RENMIBI			CNY	KGS
LONDON		GB	M	200.00
			N	63.19
			45	45.22
			100	41.22
			500	33.42

（IATA1区及1区和2区之间，按普通货物运价的67%收取，其他区按50%收取。）

No. Of Pieces RCP	Gross Weight	Kg Lb	Rate Class		charge- able weight	Rate/ Charge	Total	Nature and Quantity Of Goods（Incl dimensions of Volume）
				Commodity Item No.				

附录　集装箱的类型代号

箱　　型	代　码	箱型群组代码	主要特征	箱型代码
通用集装箱（无通风装置）	G	GP	一端或两端有箱门	G0
			货物的上方有透气罩	G1
			一端或两端设有箱门，并且在一侧或两侧设"全开式"箱门	G2
			一端或两端设有箱门，并且在一侧或两侧设"局部"箱门	G3
			备用号	G4
			备用号	G5
			备用号	G6
			备用号	G7
			备用号	G8
			备用号	G9
通风式通用集装箱	V	VH	无机械排风装置，但在上、下两侧设有自然通风窗	V0
			备用号	V1
			箱内设有机械式通风装置	V2
			备用号	V3
			外置式机械通风装置	V4
			备用号	V5
			备用号	V6
			备用号	V7
			备用号	V8
			备用号	V9
无压干散货集装箱	B	BU	封闭式	B0
			气密式	B1
			备用号	B2

箱　型	代　码	箱型群组代码	主要特征	箱型代码
承压干散货集装箱	B	BK	水平方向卸货,试验压力 150 Pa	B3
			水平方向卸货,试验压力 265 Pa	B4
			倾斜卸货,试验压力 150 Pa	B5
			倾斜卸货,试验压力 150 Pa	B6
			备用号	B7
			备用号	B8
			备用号	B9
以货物种类命名的集装箱	S	SN	牲畜集装箱	S0
			汽车集装箱	S1
			活鱼集装箱	S2
			备用号	S3
			备用号	S4
			备用号	S5
			备用号	S6
			备用号	S7
			备用号	S8
保温集装箱机械制冷		RE	机械制冷	R0
制冷/加热集装箱		RT	机械制冷/加热	R1
自备电源的机械制冷/加热集装箱	R	RS	机械制冷	R2
			机械制冷/加热	R3
			备用号	R4
			备用号	R5
			备用号	R6
			备用号	R7
			备用号	R8
			备用号	R9
保温集装箱—带挂装式机械制冷/加热装置	H	HR	外置式挂装制冷/加热装置 $K=0.4\ W/(m^2 \cdot K)$	H0
			内置式挂装,制冷/加热装置	H1
			外置式挂装,制冷/加热装置 $K=0.7\ W/(m^2 \cdot K)$	H2

续表

箱　　型	代　　码	箱型群组代码	主要特征	箱型代码
保温集装箱—带挂装式机械制冷/加热装置	H	HR	备用号	H3
			备用号	H4
隔热式集装箱		HI	隔热层 $K=0.4$ W$(m^2 \cdot K)$	H5
			隔热层 $K=0.7$ W$(m^2 \cdot K)$	H6
			备用号	H7
			备用号	H8
			备用号	H9
敞顶式集装箱	U	UT	一端或两端开口	U0
			一端或两端开口并有活动的上端梁	U1
			一端或两端以及一侧或两侧开口	U2
			一端或两端以及一侧或两侧开口并有活动的上端梁	U3
			一端或两端开口以及一侧部分开口和另一侧全部开口	U4
			全部敞顶,带固定的侧壁(无开门)	U5
			备用号	U6
			备用号	U7
			备用号	U8
			备用号	U9
平台(和台架式)集装箱——上部结构不完整	P	PL	平台集装箱	P0
固端结构		PF	双固端结构	P1
			固定角柱,活动侧柱或活动顶结构	P2
折端结构		PC	可折的完整端结构	P3
			可折角柱,活动侧柱或活动顶结构	P4
带完整的上部结构的台架式集装箱		PS	敞顶、敞端(骨架式)	P5
			备用号	P6
			备用号	P7
			备用号	P8
			备用号	P9

箱 型	代 码	箱型群组代码	主要特征	箱型代码
罐式集装箱——非危险性液体货物	T	TN	最低试验压力 45 kPa	T0
			最低试验压力 150 kPa	T1
			最低试验压力 265 kPa	T2
非危险性液体货物		TD	最低试验压力 150 kPa	T3
			最低试验压力 265 kPa	T4
			最低试验压力 400 kPa	T5
			最低试验压力 600 kPa	T6
气体货物		TG	最低试验压力 910 kPa	T7
			最低试验压力 2 200 kPa	T8
			最低试验压力（未定）	T9
空/陆/水联运集装箱		AS		A0

参考文献

[1] 杨茅甄.港口企业装卸实务[M].北京:中国物资出版社,2009.

[2] 杨茅甄.集装箱运输实务[M].北京:北京师范大学出版社,2018.

[3] 杨志刚,王立坤,周鑫.国际集装箱多式联运实务与法规[M].北京:化学工业出版社,2008.

[4] 杨志刚,王立坤,周鑫.国际集装箱码头实务、法规与案例[M].北京:人民交通出版社,2009.

[5] 万强,苏朝霞.集装箱业务操作与管理[M].北京:科学出版社,2013.

[6] 蒋正雄,刘鼎铭.集装箱运输学[M].北京:人民交通出版社,2002.

[7] 段满珍.国际集装箱运输与多式联运[M].北京:北京交通大学出版社,2011.

[8] 朱艳茹,吴鼎新.集装箱运输与多式联运[M].南京:东南大学出版社,2013.

[9] 武德春,武骁.集装箱运输实务[M].北京:机械工业出版社,2015.

[10] 薛岱,余洪滨.集装箱业务[M].北京:北京大学出版社,2013.

[11] 真虹.集装箱运输学[M].大连:大连海事大学出版社,1999.

[12] 林益松,郑海棠.国际集装箱班轮运输实务[M].北京:中国海关出版社,2010.

[13] 李金龙,刘海英,宋作玲.集装箱物流实务[M].北京:清华大学出版社,2010.

[14] 刘伟,王学锋.国际航运实务[M].北京:人民交通出版社,2001.

[15] 刘雅丽,罗颖.集装箱运输管理实务[M].北京:人民邮电出版社,2011.

[16] 杨志刚.国际货运代理业务指南[M].北京:人民交通出版社,1997.

[17] 周世平,胡从旭.集装箱运输及多式联运方式[M].长沙:湖南师范大学出版社,2013.